周易象数丛稿

潘雨廷 著

上海文艺出版社

引　言

潘雨廷先生（1925—1991），上海人。生前担任华东师范大学古籍研究所教授、中国《周易》研究会副会长、上海道教协会副会长。潘雨廷先生早年就读于上海圣约翰大学教育系，毕业后师从周善培、唐文治、熊十力、马一浮、杨践形、薛学潜等先生研究中西学术，专心致志于学问数十载，融会贯通，自成一家。

潘雨廷先生毕生研究的重点是宇宙与古今事物的变化，并有志于贯通东西方文化之间的联系，对中华学术中的《周易》和道教，有深入的体验和心得。他的著作是二十世纪中国文化取得的重要成果之一。本书由张文江根据潘雨廷夫人金德仪女士保存的遗稿整理而成。

《周易象数丛稿》包括三部书：一、《易道履错》，观象玩辞，解析二篇经文。二、《周易象数与道教》，关注中国科技史和道教史，论及道教《度人经》中元始天尊的宝珠。三、《易学与几何学》，以多维空间理论，总结中国的思想，贯通东西方文化。

目　次

引言 / i

易道履错

卷一

一、初筮与原筮 / 3

二、无首与濡首 / 3

三、群龙与涣群 / 4

四、同人与旅人 / 4

五、龙与虎 / 5

六、发蒙与扔谦 / 6

七、用九与用六 / 7

八、肥遯与咸临 / 7

九、巽床与剥床 / 8

十、史与巫 / 8

十一、萃庙与涣庙 / 9

十二、厥孚与厥宗 / 9

十三、用冯河与畴离祉 / 10

十四、甲与庚 / 11

十五、束帛与徽纆 / 11

十六、频复与频巽 / 12

十七、干父之蛊与乘马班如 / 12

十八、归有时与萃有位 / 13

十九、用罔与罔孚 / 13

二十、三与事 / 14

二十一、甘节与虽旬 / 16

二十二、往有尚与行有尚 / 17

二十三、灵龟与十朋之龟 / 17

二十四、上与下 / 18

二十五、显比与颙若 / 18

二十六、括囊与改命 / 19

二十七、朱绂与赤绂 / 19

二十八、玄与黄 / 20

二十九、矢得与矢亡 / 20

三十、不遐遗与不远复 / 21

三十一、耳与目 / 21

三十二、鼻与劓 / 22

三十三、七日来复与七日得 / 22

三十四、升阶与即次 / 22

三十五、丧贝与无丧 / 23

三十六、所事与所思 / 23

三十七、三人与一人 / 24

三十八、初与终 / 24

三十九、先与后 / 25

四十、彭与鼫鼠 / 26

四十一、西南与东北 / 26

四十二、南狩与南征 / 27

四十三、西山与岐山 / 27

四十四、牵复与牵羊 / 28

四十五、闻言不信与有言不信 / 28

四十六、密云与方雨 / 29

四十七、硕果与来硕 / 29

四十八、盥与荐 / 30

四十九、泉与渎 / 30

五十、郊与野 / 31

卷二

一、主与宾客 / 33

二、九陵与丘园 / 34

三、幽人与幽谷 / 35

四、臀困与次且 / 35

五、众允与允升 / 36

六、九陵与履道 / 36

七、小往大来与大往小来 / 37

八、习坎与直方大 / 38

九、朋盍与噬嗑 / 39

十、由豫与由颐 / 40

十一、潜龙在渊与入于坎窞 / 41

十二、憧憧与井井 / 41

十三、无首吉与无首凶 / 42

十四、乃乱与终乱 / 43

十五、吉亨与吉无不利 / 43

十六、悔迟与迟归 / 44

十七、弗克违与吉 / 45

十八、为谷与无大咎 / 46

十九、需光观光与君子之光 / 47

二十、暌孤与独复 / 47

二十一、元亨利贞与天衢 / 48

二十二、复道与履道 / 49

二十三、用拯马壮与马匹亡 / 49

二十四、艰则与艰贞 / 50

二十五、栋桡与栋隆 / 50

二十六、勿用有攸往与不利有攸往 / 51

二十七、彼在与受兹 / 51

二十八、锡之鞶带与锡马 / 52

二十九、金柅与曳轮 / 52

三十、革耳与屯膏 / 53

三十一、独复与独行 / 54

三十二、彼兹与发挥 / 54

三十三、彼兹发挥与纷若 / 55

三十四、安贞与安节 / 56

三十五、曰动与不节 / 56

三十六、户庭与门庭 / 57

三十七、虎变与豹变 / 57

三十八、高宗与既济未济 / 59

三十九、帝乙与泰归妹 / 59

四十、箕子与明夷 / 59

四十一、论夬履与孚剥 / 60

四十二、鸣谦与鸣豫 / 60

四十三、鸣鹤与翰音 / 61

四十四、履霜坚冰与直方大 / 61

四十五、直方大与萃有位 / 62

四十六、直方大与归有时 / 62

四十七、直方大与畴离祉 / 63

四十八、直方大与用冯河 / 63

四十九、畴河与甲庚　/ 64

　　五十、畴河与筮占　/ 64

附录一　论纷卦之序　/ 66

附录二　论十二时卦大矣哉　/ 73

《周易》象数与道教

　　内容提要　/ 83

　　叙论　/ 83

　　论《周易》卦爻与《洪范》的象数　/ 87

　　论规矩与四营　/ 90

　　论《周易》象数与正则多维空间　/ 93

　　　　附篇　论几何学的发展　/ 98

　　论六十甲子与六十灵飞的象数　/ 101

　　论元始天尊的宝珠　/ 109

　　论《周易》卦爻当正则六维空间的对偶　/ 118

　　结论　/ 119

　　附录一

　　　　内容提要（手写订正稿）　/ 121

　　　　作者简介（手写订正稿）　/ 121

　　附录二

　　　　论爱因斯坦利用多维空间的物理意义（残篇）　/ 122

　　　　论易学的象数与柏拉图的几何学（残篇）　/ 124

易学与几何学——周易与希尔伯特空间

　　整理说明　张文江/127

　　Part A　/130

Part B　/162

Part C　/194

附录

　　论希尔伯特空间与正则多维空间　/254

　　论正则多维空间之顶点与胞腔中心点之关系　/255

　　论易矩阵与几何元素　/256

　　论六维希尔伯特空间的边界与直观图形　/258

　　论六维希尔伯特空间的对偶空间及其边界与直观图形　/260

　　论《周易》与六维希尔伯特空间　/261

后记　张文江　/265

易道履错

卷一

一、初筮与原筮

筮者,以数得象。数七七,象八八,经四营十八变而成。几在分二,唯其为几,其可必乎?不可必为命。初筮者,知命之谓。然大量恒静,究几之变,是谓原筮。原筮者,成性之谓。由初筮而原筮,知命而成性。更由原筮而初筮,尽性而至命。

初与原各有其象,蒙与比也,殊宜明辨之。当初筮而原筮之,为再三之渎,是集义所生者,非义袭而取之也,蒙者大忌。当原筮而初筮之,为无首之比,此屈原之问,所以不见告于太卜也。王者显仁,其可孜孜于前禽乎?

二、无首与濡首

卦象乾为首,爻为刚,位当五上天位。若乾卦六爻刚,各当六龙之首,然群龙皆首出而不主一龙为首,此有首若无首,用九之吉也。否则玄黄之血无已,龙象云乎哉?或飞龙一爻以显仁,上下皆应比之,此无首而首,诸柔可不以为首乎?比上六尚乘之而无首,有不凶者乎?首可无乎哉。

虽然,有首而濡之,犹无首也。既济及上而濡其首,已终乱而仍归未济。厉之之断,惜之甚,勉之亦甚,宜思患而预防之云。至未济之上而犹濡其首，尚能济乎？终身濡首于失是之孚，有不非者乎？两端消息，史巫纷若，觋首之有无濡出而知之。玩辞之君子，于乾首宜三致意焉。

三、群龙与涣群

涣四曰"涣其群"，涣群龙之谓也。六龙为群，能永保无首乎？潜惕飞与见跃亢，消息之变，其奈自然何？及坤上而龙战，时位之运，纵横之际也。当生玄黄之血，屯邅之难，亦奈自然乎？虽然，天定胜人，人定亦可胜天。天工人代，其涣群之谓乎？

盖潜惕飞与见跃亢之龙战外，若潜惕飞之间，见跃亢之间，莫不有战。由是其血遍野，其欲逐逐，龙欨虎欨，豹欨狐欨，安可不涣之欨？有丘园之贲，硕果乃生，匪夷者所思，大首始得。大首者，七日来复，有疾乎？无疾也。故涣群者，所以保群龙之无首而已矣。

四、同人与旅人

同人九五曰"同人先号咷而后笑"，旅上九曰"旅人先笑后号咷"。由上二爻，可知同人、旅人之所以为同人、旅人，亦以见同人、旅人之同异也。夫同人者，先未得乎人之同，是以号咷，能同人之志不已，人自然而同之，故而后笑焉。若旅人者，其先已得乎人之所同而笑，然同于此者，亦可同于彼，迨失其所同而为旅人，是以号咷。若先无所同，亦不致成旅人云。

故同人与旅人，皆所以能同乎人而人同之者也，唯先后有异。笑与号咷相对，其情一也。情一通性，其理各有所钟。同人成于后，旅人成于先，先后者，其先天、后天之谓也。故同人者，钟情于后天，旅人者，钟情于先天。先天而天不违，后天而奉天时，先后天变而为一，同人与旅人，亦若号而皆成一握之笑。情其性也夫，情其性也夫。

五、龙与虎

《文言》曰"云从龙，风从虎"，龙虎盖相对之象。《说卦》曰震为龙，故知兑为虎，后天之东西也。震顺息成乾而乾为龙，则兑逆消成坤而坤为虎，先天之南北也。纵横虽变，其相对之象未可变者也。故龙之象可取震可取乾，虎之象可取兑可取坤，或执一废一者未是。唯龙取震而虎取坤，龙取乾而虎取兑，则违相对之象，亦非也。

乾由复息，复下卦震为龙，故乾卦爻辞初二五上皆取龙。用九之群龙，更遍及六爻，有六龙之义焉。坤得主成复，下卦震亦为龙，息上而亢，龙其战焉。故乾坤之龙，其象兼及震与乾，因时而取之可也。

履下卦兑为虎，错谦上卦坤为虎，虎尾之履，咥不咥，皆人自取耳。颐中互坤为虎，错大过上卦兑为虎，眈眈之视，逐逐之欲，虎性固若是者，何咎之有。视履以见其眈眈，夬履以去其逐逐，全在乎人也。人而不人，以咎虎欲之逐逐，能不为虎所咥乎？故大人当革五而虎变，上卦兑为虎，错蒙上参坤为虎。革四变而济，非舍身饲虎而虎其伏焉之象乎？闻伯夷之风者，懦夫有立志，因蒙者，蓋其兴欤。

至若用九之群龙，其发挥旁通，《六龙图》以成。飞龙三锡，应爻之通也。惕龙三品，潜龙三狐，比爻之旁也。三狐三品比之显，王用三驱，以田获者也。或应或比，为阳位之三龙。又取一应二比一通二旁之变，则讼之三褫当三上之通为亢龙，革之三就当初四之通为跃龙，晋之三接当二五之通为见龙，兼取应比阴位之三龙也。

夬由复之震龙息成乾之六龙，兑虎其已成坤虎矣。坤上龙战，虎其兴焉。履卦辞与三四爻爻辞皆曰"履虎尾"，非当阴位三龙之战乎？三褫三就，咥人之凶也，以三仁喻之，其比干乎？三龙三接，愬愬之终吉也，其微子乎？三褫三接不咥人而利贞也（荀爽本履卦辞下有"利贞"二字），其箕子乎？履帝位而不疚，唯箕子足以当之云。

又观阳位之三龙，三驱以获三狐而成三品，其比同。或上或下，各变一位,旋之谓也。于三锡三品,视履之谓,其为眈眈之视乎?其为大人之利见乎?宜考其祥者也。于三锡三狐,夬履之谓,其为王庭之呼号乎?其为无首之后夫乎?虽有厉而不可不贞也。凡此虎与龙战,发挥之情生焉。降龙伏虎之道,推情合性之谓也。

六、发蒙与扐谦

蒙初曰"发蒙",谦四曰"扐谦",盖有深意焉。《系辞》所谓"其旨远",此其一也。于《文言》中特合之而曰"六爻发挥旁通情也",于《说卦》中又合之而曰"发挥于刚柔而生爻"。盖发挥者,爻变之道尽矣。

究卦之变化中,有消息焉。平陂往复,消息纷若,由时位以生。刚柔六位之分合,发挥之情可见,即由《既成万物图》而成《六龙图》。观群龙之变,庶喻发挥之情。发者阴阳异位之刚柔二爻相变,挥者阴阳同位之刚柔二爻相变。若刚柔二爻相同者,则不论发挥,卦象仍同云。曰发蒙者,以当正位之变,是谓之正,犹用六之利永贞。曰扐谦者,理犹让贤,有终之君子,有无首之象者也。故泛论发挥,其情万千。由谦者以发蒙,则之正而定于既济,情其性焉。

今泛论之,发之变共八十一,二爻一次变九,四爻二次变十八,六爻三次变六,此三十三种已详于《周易发蒙》。又有四爻一次变三十六,六爻一次变十二,此四十八种已详《论变换群与几何图形》。此文中八十一种皆备焉。

又挥之变共三十六,二爻一次变六,四爻二次变九与不变者一,此十六种已详于《周易扐谦》。又有三爻一次变四,六爻二次变四,此八者合不变者一,即《六龙图》之九变,无首之象备焉。又五爻二次变十二,其四为三爻一次变四者之易其纵横,其八为六爻二次变四者之易其纵横,盖于三爻一次变者,二以第一对角线为轴而易其纵横,二以第二对角线为轴而易其纵横。于六爻二次变者,可兼取二对角线为轴，故其数倍焉。此三十六种，亦已详于《论变换群与几何图形》之文中。若发挥兼取者，其变化数合九九六六数，共有七百二十种，亦皆详于彼文。

由是详察其象，人处于天地万物中之情，有不见者乎？得此发挥之要，庶足以读《易》而不惑也夫。

七、用九与用六

用九以摄一百九十二刚爻，用六以摄一百九十二柔爻。合用九与用六，三百八十四爻悉在其中。爻之变，用之谓也，用在发挥，情其可见。凡发挥共七百二十变，九六之用备焉。用六利永贞，犹既济刚柔正而位当之象。永正于既济，以免未济之穷，此圣人之情见乎辞者也。此发蒙之极则，心亨之要务，无咎而已矣。

若见六龙之无首，当遵执谦以变《六龙图》而九之。潜见惕跃飞亢，有不可中处者乎？故虎尾之履，当慎其视而重其夬，上旋下旋，以考其祥。收龙战之血，出已濡之首，无首而有首，有首而无首，补过无咎，吉其继焉。

八、肥遯与咸临

遯错临，遯上肥遯者，处消而远消，无不利也，且以止小人之否，咸临反泰所由起焉。象当临上卦坤为肥，遯上之临三，上卦坤土作甘，下参兑口得其味，是谓甘临。临六三由是而至二，卦成明夷，下参坎为忧。既忧之者，忧消息无已，其可徒甘而忘明夷乎？

故临而泰，下卦乾为大君。因六三之二而九二之五，卦成既济，上卦坎为知。知临大君之宜，宜在临二之行中，而初九与焉。乃临六五之遯上而遯成咸，盖临初二二阳之志合，肥遯而息泰成既济，遯亦山泽通气反否消而成咸。遯上临二，何不利之有，贞吉之道也。

九、巽床与剥床

巽二上皆曰"巽在床下",剥初二四皆曰"剥床",察此五爻,可睹人世消息安危之变。夫床者所以安人,剥则床上者不安而危。剥之者,犹消之也。消之者,为巽入于床下者所消也。

易象巽为床,阳安于阴,而一阴已在床下。初安之时,危已伏焉,可惧哉。虽然,伏在床下者,亦深察于时者也。或消或息,史巫纷若,无平不陂,无往不复,惜床下者已见,而床上者未知,则床有不剥者乎?厚下安宅,止消莫善,反泰莫速,为上者究之。

究则纷若之变,下以通上,乃床下者位及于上而已丧资斧,已将被剥,尚能斫床足而剥及辨肤乎?是即得舆剥庐之异,床上床下,安危之变也。象由巽二及上,上参三爻,变成未济,宜床下由吉而凶。巽纷咸,下以感上,庶免丧资斧之贞凶,非以田获三品以化床下者乎?若硕果之当入坤以反生,乃自然之消息,人其奈何哉。尽人事以安其床,至命之谓,入世之天则也。

十、史与巫

史以记事,物之变也。巫以通神,情之见也。巽二曰"史巫纷若",消息之道在矣。消息者,无平不陂曰位,无往不复曰时。位象既济未济,时象乾坤两端往来纷若无已。史以记事物,由位及时,既济未济之及乾坤也。巫以通神情,由时及位,乾坤之及既济未济也。纷若以见阴阳六位之变,成章之象生焉。坤三姤五之含章,皆含此史巫云。君子不成章不达,于史巫之理,可不深究乎?卦象巽下参兑为巫,错艮为史。

十一、萃庙与涣庙

王者假庙，其义有二。一曰萃庙，物既聚而假之，戒其散也。一曰涣庙，物已散而假之，复其聚也。前者为王者之守业，后者为王者之创业。创守虽异，假庙之诚一也。其唯亨祭之诚敬乎，始能创能守，万古长存，日新无已，假庙之道尽矣。王者以孝治天下，即假庙之谓。易象艮为庙，成终成始之几也，萃与涣纷卦云。

十二、厥孚与厥宗

厥，其也。然二篇中其字凡百余见，而厥唯及于孚与宗。厥孚厥宗，有深义焉，此其辞文之一端也。孚为信，宗为主，其信其主，以生人世之变幻，专用厥字，义在此乎？大有五曰"厥孚交如威如吉"，睽五曰"悔亡厥宗噬肤往何咎"。以象言，大有三变即睽，又大有综同人而同人二曰"同人于宗吝"，睽综家人而家人上曰"有孚威如终吉"。

夫孚为感应之本，中孚鸣鹤是也。《易》言孚字，皆由中孚而起，卦气起中孚，非偶然也。由感应而交，人伦乃生。大有同人与师比，二五之变，交如之志始发也。发之挥之，以消息旁通而备六十四卦，文之杂至矣。然忽乎反身而发挥无已，将有孚失是而穷，濡首不出，尚足为人乎？故威如反身，自胜曰强，方为厥孚之吉。

以厥孚之道同人，是谓同人于野。涣群涣血，有首无首，其宗岂小宗之象耶？此所以同人于宗吝，而悔亡于厥宗噬肤，以同而异。其往睽孤，以遇元夫，何咎之有。元夫者，始为厥宗也夫。以厥孚遇厥宗，以厥宗发厥孚，有大而小事亦吉，九六之用，悉在其中。去人世之幻，显人道之真，孚之宗之，三才易简之理也。

十三、用冯河与畴离祉

用冯河者，冯河以得河图之谓。河图数十，二篇中散见各处，而总系于泰二之冯河行中。于爻位二五为中，用中行而二五变，泰之既济之象。于十数阴阳，四方之中为五与十。中行者，阳数五，由一而三而七而九，以及十一、百一、千一、万一而至无穷。阴数十，由二而四而六而八，以及十二、百二、千二、万二而至无穷。即阴阳之各一无穷，而中数五与十盖有定者也。

若于中行之数，一者萃之一握，三者需之三人，七者复之七日，九者震之九陵，二者损之二簋，四者鼎方雨之四方，六者乾无首之六龙，八者临之八月。其中之五，当后甲三日与先庚三日。他半为由庚至甲，合之即天干十，河图之数备矣。

又畴离祉者，畴为九畴，洛书之象。群龙无首，九畴皆可中处而离祉，发挥之情无穷，甲庚之变反复。有肇事之始，自然有变更之日，既起于更，乃有成事之始。始者甲也，更者庚也。或准后甲三日与先庚三日，中五为守成之主，尚未见其创新也。或准庚至甲，经后庚三日先甲三日而成，实新民之主也。守成新民者之离此九畴，盖各有命而无咎。祉福丽之，性情利贞之谓也。

又震之丧贝者，非丧十朋之龟乎？丧十而九，九畴也。九陵有七日之得，七九易位而二四与之，河图以成洛书之象。一三九七，参天也；二四八六，两地也。于参天者即发四爻一次变换之三十六式，于两地者即去中处之二位，实当纵横之四龙云。用之离之，可睹体用之变。否泰反类，立象尽意，九六发挥，系辞尽言，百读用冯河与畴离祉二言，圣人之情钟焉。《系》曰"河出图，洛出书，圣人则之"，非所以赞此二辞者乎？

十四、甲与庚

天干十，由甲至癸。二篇中特重甲庚，于蛊卦辞曰"先甲三日，后甲三日"，于巽九五曰"先庚三日，后庚三日"是也。盖以甲庚之先后各三日，天干十数皆在，且有妙理焉。即后庚三日同先甲三日，后甲三日与先庚三日中又有丁日同。故后甲三日及先庚三日虽似六日，实仅五日，后庚三日与先甲三日则全同，而实仅三日耳。乃后甲至先庚与庚至甲恰各为五日，所以中分十日而明事物之化生也。

甲者始生之时，既生后有不变者乎。初尚不觉，三日后变更，即于是日起。先庚三日，象变渐著，迨庚日而化，与甲日已大异，此事物之更新也。若后庚三日即先甲三日，庚之犹始之也，及甲日而见事物之始生，亦即更新之成也。若是循环无已，甲庚其显仁之迹欤。

凡后甲三日为乙丙丁，先庚三日为丁戊己，于丁日者，方见始生之事物已有蔽而当更新云。又后庚三日即先甲三日为辛壬癸，巽尚以更新者自居，而蛊已本肇事之心将始生事物焉。蛊之巽之，甲之庚之，其孰为垂翼而三日不食者，孰为有言之主人，非迭为宾主而各自见其登天入地之象者乎？

十五、束帛与徽纆

河图十数，二篇中皆分散系之。然五数除九五、六五各三十二见外，未有系以五字者。或能细玩其辞，则五数之象盖二见，束帛与徽纆是也。束帛者以帛五匹束之，其色三玄二黄，象天地也。以束帛聘丘园之贲者，王道之始也。重参天两地之五数，不亦至乎？

徽纆者，绳索也。徽以三股亦象天，纆以二股亦象地。系用徽纆，以戒违乎天地之理者。违天而拘系以徽，违地拘系以纆，并违天地，乃从维上。随天随地，元亨利贞无咎，随人之道济矣。此五数之属于人，束帛五数之属于天，天人相应，生克相胜，先后甲庚之变化啧矣。

十六、频复与频巽

频之为言忧也，有屡屡不已之义。爻位三，当下卦之终而尚未及上卦。天地之际，日乾夕惕，有频象焉。然频有阴阳变化之异：频阴不已而阳，是谓频复。频阳不已而阴，是谓频巽。频复而复，息也。频巽而巽，消也。消息之理，否泰反类，复震出，重巽入，出入无疾，复巽一也。

虽然，三位多凶，频于出入，能无厉乎？虽危无咎，频复也。或频巽而涣，能无吝乎？小疵者，君子亦忧之，则频巽转为频复，补过之道也。

十七、干父之蛊与乘马班如

蛊初三五皆曰"干父之蛊"，屯二四上皆曰"乘马班如"。其辞之文，以明消息之道者也，象曰纷。以消息言，屯错鼎，消息于平陂之三爻。继之由屯鼎而随蛊，位当四爻。其纷卦之消息，往复之三爻为谦错履。由谦履而小过中孚，位当四爻是也。凡四爻不变而变其他五爻，蛊屯以通。

夫三四爻者，人道之仁义。仁义由消息而变，其理仍然，其迹错然，干之乘之，时位由人而生。穷阴阳之理，尽三才之性，参天地而立，主消息而化。中孚之气，共靡好爵，非干父之成乎？虎尾可履，谦谦有终，况乘马者乎？班如之难，君子几而舍，女子终于字，食雉膏而不屯，贞由小而可大，仁显义至，何有乎消息哉。高尚其事，非此事乎，实此事也。若定鼎王事，济屯侯事，莫不随此而生，其可事王侯而忘此高尚之事耶。

十八、归有时与萃有位

时位者，宇宙也，世界也。二篇中唯于归妹四曰"迟归有时"，于萃五曰"萃有位"，即此二字，时位之准在矣。《易》与天地准者，准此天时地位之谓也。

夫人之生也，因时而变，准时变而处，其可违乎天时乎？若女之归，其可失时乎？或不得父为之归而赖兄以归妹，其时已迟焉乎？虽有不得已而成归妹之象，奈于归妹而犹迟归，则失时不亦甚乎？宜归妹四特曰"迟归有时"，愆期之极，其时可废乎？震春离夏兑秋坎冬，四时之象，唯备于归妹一卦。乃唯于此卦曰时，旨远辞文，不已显乎？

若乎地之位，何由而定。乾天者，上出无极者也。又震雷隆然，巽风倏然，坎水流之不已，离火炎之无方，皆未能确有所准。此外为艮兑，观艮山之象，似可定位，惜山附于地，阳将为阴所剥。况艮乃成终成始之象，执于此，已反生于彼。

乾元周流于六爻，重在天时之消息，未可视之为地位者也。故地位之成象，唯泽上于地萃。盖泽钟于地，锲而不舍，其位之固，出乎其性者也。故于萃五曰"萃有位"，象当泽聚而其位可见，四方准之矣。又因兑见位，兑者即震兄所归之妹。位成于时，时不忘归之位。时位凝，乱而萃，一握为笑，非太极之象乎？

十九、用罔与罔孚

罔者无也，二篇中二言"罔"字，有傲然独立以免趋炎附势之概。大壮三小人因时而用壮，可谓之非乎？然君子用罔而无之。迨大壮而夬，独行之君子可免壮颀之凶，虽遇雨而无咎者也。又如晋四之鼫鼠，贪位以阻人之晋，摧初以自显其能，视初位者，必当下气以孚之者也。

乃位初者，既有郊可需，用恒无咎，何必有孚失是。故罔孚鼫鼠，庶免濡首，其贞之吉，光亨四国矣。故用罔非无用也，罔孚非无孚也。罔之罔之，以存藏用，仁道由是而显，君子其免旃。

二十、三与事

二篇中三字之类殊多，事字亦然。盖三者，皆指事而言，各类之三，以成各类之事。《系》曰"其言曲而中，其事肆而隐"，此类是也。宜逐类分述以明其理。

凡三字之类如下：蒙曰"再三"，需、损曰"三人"，讼曰"三褫"，师曰"三锡"，比曰"三驱"，同人、习坎、困、渐、丰曰"三岁"，蛊、明夷、巽曰"三日"，革曰"三就"，既济、未济曰"三年"。

事字之类如下：坤、讼曰"王事"，讼曰"所事"，蛊曰"不事王侯高尚其事"，睽曰"小事"，损曰"已事"，益曰"凶事"，震曰"有事"，小过曰"可小事，不可大事"。

夫事者，蛊也。蛊上论事，大别为二：其一王侯之事，其二高尚之事。高尚之事者，干父母之事也，重于王侯之事。虽王侯，能无父母乎？王假有家，高尚之事乃成。成此高尚之事，庶可从王侯之事。齐家治国，其可颠倒哉。若究此二类之事，又分为四，曰王事、侯事、高事、尚事。

王事犹大事，于位王事为三锡，大事为三驱。三驱以获三狐三品，当三狐之位为凶事，三品之位为已事。凶事者，戎事也。已事者，祀事也。国之大事，唯祀与戎，此之谓也。

曰侯事者，侯代王以行王事者也，及讼事与小事。以位观之，侯事三接，康侯也。讼初不永之事，讼事也，唯上位永之，终凶之三褫也。革言三就，小事也，睽革皆二女之象。又小过之可小事不可大事者，不及其君遇其臣之谓也。故合言六位王侯之事，当纵王横侯。侯从王事，犹坤讼三之无成。见群龙无首，盖此象也。理属原筮，以辨于高尚之事为初筮云。

曰高事者，三年三岁当之。尚事者，三日当之。年岁日皆天时，故高尚之事贵通消息，于王侯之事属发挥，未可混淆者也。凡消息重时，以天干纪其道，先后甲庚，乃用冯河，其象为蛊。若发挥以当畴离祉者，非蛊象也。

考高事三，一当三年，为高宗伐鬼方之事。高宗为中兴之主，善干父母之蛊，于天干属庚。以三年克之者，犹先庚三日而为先庚三年。既克而庚，乾元震出，勿用小人与有赏于大国，皆后庚三年之事。此高宗震用之高事，由丁至癸之七日来复也。

此外二高事当三岁，皆为同人之事。亲亲长长、老老幼幼，推恩以保四海，事有高于此者乎？世世创始，于天干属甲，然其位三者升高陵，其位四者乘高墉，各同其所同，宜其先号咷焉。若升高陵者三岁不兴，犹先甲三日而为先甲三岁。知弗克攻终莫之胜，甲也。归则其妇三岁不孕，亦先甲也。由是鸿渐陵而吉，后甲三岁之象也。

至于乘墉者，公也。藏器待时而动，先甲也。射隼有获，甲也。隼者升高陵而兴，盖负且乘者也。乃系用徽纆而三岁不得，负乘者之后甲三岁也。反则乘墉者，竟丰屋蔀家，窥户无人，三岁不觌凶，谓未能藏器以待时，其先甲三岁为何如，非裕父之蛊者乎？甲之动安在，势将城复于隍。乃困株木入幽谷，丰上旋下，当后甲三岁之象。

故大师相遇，克升陵而兴者，乘墉而未能射隼者，而后始笑。同人高事以光父母之德，治蛊莫善，由辛至丁之七日来复也。夫高宗三年，同人三岁，以甲以庚，各用其誉。凡高宗君也，乘墉者公，臣也，升陵者民也，位各有异。干父母之蛊，其有异乎。为人子者，其可忽乎哉。

曰尚事者，崇尚此高事也。天一生水，习坎甲也，行有尚者，尚先后甲以始事也。地二生火，其配数七，庚也。丰宜日中，奈消息有止之之时乎？当甘节之。故丰初节五皆曰"往有尚"，庚也。庚以从日，苦而甘之，犹高宗之中兴，不然将三岁不觌矣。若虽旬无咎，天干乃备，尚先后甲庚之事，不可有过，得尚于中行也。

三日不食者，非忧其过者乎？乙丙丁三日，所以验肇事之善否而忧。丁戊己三日，所以谋策庚新蛊事而忧。辛壬癸三日，既验其庚事之善否而忧，又为准备肇事而忧。忧心忡忡，其仁者乎，其懦者乎？主人有言，其《尚书·微子》一篇之言乎，其渔父语灵均之言乎？

一言以蔽之，尚三日之事，君子则其志者也。既雨既处，复自道而尚德载，七日来复，先后甲庚，震无丧有事之谓也。高尚其事，事王侯之本，其可舍此高尚之事而事王侯乎？不知消息，发挥之用安在。故成此高尚之事，始可言王侯之事。

又曰三人者，或事王侯，乃为不速之客，以弋取需待者也。三者，各当一纵一横而为六龙欤？或事高尚之事者，则损一人而为二人。二簋用亨，二者甲与庚乎？又一人得友，以壹壹天地，免再三渎，见初筮之诚。高尚之事，其在童蒙，赤子之心，其至矣夫，其至矣夫。

二十一、甘节与虽旬

旬者，十日也。以天干论之，终则有始，天行不息。然甲为始而癸为终，中在戊己，而变之在庚，皆准自然之次而节之，是之谓甘节。行之无已，节之无已，唯节之符于天时，不亦甘乎？宜圣人系辞于丰初曰"虽旬无咎，往有尚"，于节五曰"甘节吉，往有尚"。往有尚者，尚此十日之天行也。

于象丰初上旋而蛊，明先后甲。蛊初上旋而节，节五以旋卦视之，即丰初也。间经蛊上即高尚其事者，此往有尚者，尚事之一也。如丰初之过旬，犹未能甘节，则丰盈不节，终将丰屋蔀家窥户无人而三岁不觌。卦象丰上下旋而困，由丰屋而入于幽谷。困初以旋卦视之，即丰上也，宜其辞同为三岁不觌。尚事之穷困，当综之以普施井底之寒泉。井收勿幕，义犹法旬日庚之之甘节也。

二十二、往有尚与行有尚

准十干天行而甘节之，其往有尚，可免三岁不觌之凶，庚之也。悟天一生水而不盈既平，其行有尚，填坎窞，弋其穴，勿用坎坎，乃免三岁不得之凶，甲之也。于象离上来之坎三，离成丰而坎成井，此王用出征以平坎窞之象，王事也。然水行有尚，井泉寒冽何与哉。与之而丰屋，有三岁不觌之凶，与之而丧井，有三岁不得之凶，尚事者宜尽心焉。

若离初上旋而巽，离上来坎三者，以旋卦视之，即巽五之先后庚。故往有尚之庚，象及蛊之甲，行有尚之甲，象及巽之庚。此甲庚之七日来复也，谓以庚符甲而复。庚之之道，其可违乎甲之之道耶？

二十三、灵龟与十朋之龟

十朋之龟者，谓龟类有十。一曰神龟，二曰灵龟，三曰摄龟，四曰宝龟，五曰文龟，六曰筮龟，七曰山龟，八曰泽龟，九曰水龟，十曰火龟，是也。故灵龟者，十朋之一。《说卦》曰离"为龟"，二篇于损、益、颐系"龟"字，皆取颐为大离象，即损上伍颐、益下伍颐。

凡龟分十朋者，河图之数。盖时有否泰，道有损益，然于阴阳生克之理，未尝有变。故或益之十朋之龟而弗可违，其理得矣，有不吉乎？而或舍尔灵龟，其类为九，是即洛书九畴。十朋以明其体，舍灵龟而观其用。若用之之道，其为反否而泰之畴离祉乎，其为舍灵龟而观我朵颐乎？

于象损五益二之变皆成中孚，得河图数而信之也。其应爻变则损益皆成颐，得其理而能养生之谓也。然颐初之舍尔灵龟，将蔑贞而剥，剥复之几，反类之际也。用之者，可忽其本乎？跻九陵而七日得，其可逐逐如虎欲乎？用拯马壮，辨其所履，消息发挥在彼，群龙无首观我，则灵龟虽舍而犹未舍，此体用同源，图书一握之象也。

二十四、上与下

六爻称名，其位上者为上爻。以用九用六辨之，凡上九上六各三十二爻。然其位下者，不曰下爻而曰初爻。上下以位言，初终以时言。称上称初，爻名之文，时位也。仅以位言，上下相对，亦阴阳之象。上阳下阴，否象定位，上阴下阳，泰象交通。上下之宜不宜，位本乎时者也。

于小过曰"不宜上宜下"，谓四宜之初而三不宜之上，卦成明夷与晋。位有正不正，此所以有宜不宜也。至若飞鸟之凶，或翔或集，皆有被离之之灾眚，此明夷卦主人所以于垂翼不食之鸟有言焉。或宜下，而巽入床下固是乎？不宜上，而于高墉之上射隼亦非乎？唯位上而犹用床下之道，处高墉之上而所射非隼，则上下失宜，负且乘者是也。君子进而不泥于小过上下之宜不宜，庶可济而遍及于处六十四卦上下之道也夫。

二十五、显比与颙若

显比以显王，其用三驱，其孚盈缶，内比外比，上下皆应。若后夫无首，比之为匪，此自绝于王，非王之戒邑人也。不宁方来而宁之，前禽不围而失之，其仁不已显乎？飞龙为首之象，原筮之谓，于比卦得焉。

若观卦之颙若，似之而异。比为显仁，观为藏用乎？颙若之为首，其有首乎？我生之观，三五同功，任彼进退，未见比匪也。盥而不荐，下观而化，未见其三驱也。童观窥观，各有其象，未见其皆应也。虚己以观民，因时而风行，未见其有盈缶之孚也。此盖观其生者，硕果尚存，不为后夫，非颙若之幸，显比之不幸乎？又观纷贲，比纷讼，息讼之大人与丘园之贲者，犹显比颙若之志也欤。

二十六、括囊与改命

遯二执之用黄牛之革，其革何用，所以为囊。遯而革，革初巩用黄牛之革，其囊固之至，足以藏万物而不裂者也。唯囊口出入，不可不慎。革四改命，纷小畜豫，坤四当之。否泰反类，遯消而塞，趋时变化，囊口乃括。不然，瞬息以尽囊中之物，亦何补于时。

当巳日乃孚，改命而吉。大人虎变而由豫大有得，去玄黄之血，出日夕之惕，囊之括，斯可弛乎？九畴离祉，《洪范》以传，有命无咎，倾否反泰，非革囊之大用乎？凡洛书大法，以法龟文，取其善藏乎？取其龟息乎？藏之而无生息，括囊之用，尚次于十朋之龟。

然当天地变化之际，囊不可不备，亦不可不括，以作灵龟之用是也。饕餮之徒，尤宜日视此囊而戒之。朵颐朵颐，实生死之门，成毁出入之几也。

二十七、朱绂与赤绂

朱色与赤色，有辨乎，无辨乎？大而言之，朱犹赤。明而析之，朱为大赤，于象为乾。赤者一阳已陷阴，而为坎象云。困二来自否上，否上卦乾为朱，成困而困二视之，为朱绂方来。若困五应二而视之，下卦已成坎，故为赤绂。夫由朱而赤，已含玄黄之血，由赤而朱，血去之大赤也。绂者何，祭服也。否象乾衣坤裳之象，有位者所专用，其为天子乎？诸侯乎？一言以蔽之，无位者不得服者也。

宜二为酒食所困而来朱绂，非富而贵者乎？然征凶之戒，九二能知之乎？知之者唯困于赤绂者乎？剧焉而未能亨通其气，刚焉而不克身行其道，绂之困非甚于酒食之困乎？盖有孚用禴，不必杀牛，可免酒食之困，人皆有孝亨之祭，何必服绂。此情此境，乃徐有说者所深味者乎？非以徐，尚不得说。赤绂之陷人困人为何如哉，为何如哉。

二十八、玄与黄

易象乾天色玄，坤地色黄。天地相杂，一索出震，宜震色玄黄。坤上曰"其血玄黄"者，上坎下震之屯卦，继乾坤而生焉。然长子主器，而乾玄隐，其盘桓邅如于坤地，所以济屯。二篇系辞，除坤上外不言玄而屡言黄，盖此旨也。

夫黄为中色，皆坤象。坤五曰"黄裳"。乾坤二五，相索相交而成坎离。离二犹坤五，又曰"黄离"者，裳离下体，文中得正，文明之治。若玄衣有坎五不盈既平之义，唯隐而不言耳。垂衣裳而天下治，乾坤文当而定于既济之象也。

又离畜牝牛，而得童牛，其为黄牛乎？离二四挥大畜，大畜介遯，亦即离初五挥遯。遯二执之用黄牛之革，初上发革，革初又曰"巩用黄牛之革"，盖以革为囊，所以贮藏万物也。坤四曰"括囊"，即括黄牛之革所成之囊也。

又屯错鼎，以黄色为鼎耳，其色中，易于贯弦以行鼎也。屯介解，以黄色为矢，射之中，易于田获三狐也。屯上卦错噬嗑，五噬干肉而得黄金。黄金者，五中成乾金，金色黄，坚而得中，物之贵者也。

二十九、矢得与矢亡

晋五曰"矢得勿恤"，何谓也？谓上挥二解"田获三狐得黄矢"。又晋初正"贞吉"，卦为噬嗑，四曰"噬干胏得金矢"。晋五之得此黄金二矢，能勿恤乎？恤者，恤黄矢既得，如三狐复在田，能更获之乎？又恤干胏已噬，能以所得之金矢，射获禽兽之肉而更为干胏乎？不然，辜负其矢，尚能进乎？

幸晋五得中且明，能用其矢而勿恤，不愧为晋之主。众允三正卦为旅，五曰"射雉，一矢亡，终以誉命"，谓以所得之矢射雉有获。一矢虽亡，以雉膏为鼎食，终以誉命之象。夫矢得者晋之德，勿恤者能守晋德而用之云。或谓其亡一矢以射雉，他矢非用以射隼乎？

三十、不遐遗与不远复

泰二曰"不遐遗"，复初曰"不远复"。遐，远也。不遐遗者，虽远而及之，是犹远取诸物。不远者近也，近者复之，是谓近取诸身。能不遐遗者能备万物，万物皆备于我，不远复之谓也。由复息临而泰，近以及远，修齐治平之象。既泰而济，格致正诚之象。诚以复，复者七日来复，复其既济之道，乐莫大矣。

丁以复辛，甲也。癸以复丁，庚也，庚以复甲。万变不离其宗，仁远乎哉？然未能不遐遗，固未足以知之。夫于天地消息之际以观复道，君子日乾夕惕以反复道，复之复之，人之所以为人，非在此乎？实在此也。于象泰下卦乾为遐，复由坤息，坤为近为不远。初息复之，不远之复，由近及远，以成泰乾之遐。

三十一、耳与目

耳目聪明，人之所贵。耳不聪而灭，目不明而反，人之所蔽也。小畜上参离为目，上卦巽为妻，错豫上卦震为夫，夫妻盱豫，其视不明而反目。离目反坎，小畜成睽，二目相违，其蔽甚焉。噬肤不已，睽二正噬嗑，灭鼻而不闻其臭，终至灭耳而罪不可弇。忠言逆耳，蔽已极矣。

当修井消息，及三而鼎，黄耳贯铉以行鼎，其用不亦大哉。鼎之耳犹人之耳乎，奈蔽者犹将革鼎耳而塞其行，非以灭食鼎实者之耳乎？屯有坤黄坎耳而雉膏不食，巽而耳目聪明云乎哉。盖离目正于下，坎耳正于上，既济之象，非易致者也。其唯补过以要无咎乎？聪明之道在矣。

三十二、鼻与劓

鼻之用嗅也，嗅以辨气，岂徒知香臭而已，要在验气之善恶，悟消息升降之几也。其理玄之又玄，其道易而且简。惜厥宗噬肤，气犹未通，睽未孤，元夫未遇，乃成其人天且劓。劓犹灭鼻，所以通其气也。

于象艮为鼻，当噬嗑下参。噬嗑二变，灭鼻而劓。又噬嗑二次初旋上，卦为困，困五系以"劓刖"之象，劓义同。凡亨以通气，不亦善乎？困于赤绂者，有杀牛不如禴祭之象，尚能亨乎？其气不亦恶乎？灭之劓之，戒其不知气也。

三十三、七日来复与七日得

七日来复者，消息周流之迹也。盖史巫纷若，升阶无已，即其甲之庚之之始终验其象。有复者，有不复者，复者济，而不复者未济也。见心而定，终乱而穷，来复之元，可不体之乎？除复卦外，震二既济二皆曰"七日得"，得之即复之。震二丧贝，由十朋而九，九陵之跻，不观朵颐而大观其消息，群龙发挥，九首而吉。

观其生，高尚之事，得之者，丁之复于辛也。若已定而丧茀，有终乱之困焉，可不庚之乎？壹壹于戊己，用拯马壮而勿逐，得之者，癸之复于丁也。或震二而逐，有朵颐之凶，丧茀而逐，见甲而不见庚，何能用誉。唯皆勿逐，因时消息，验其象，符而得，乐莫大焉。合七日之得，又来庚复甲，天地之心，岂有二哉。乾元甲，坤元庚，资始资生，日乾夕惕而来复，君子勉诸。

三十四、升阶与即次

升阶以观消息，即次乃见同归。有阶可登，艰贞无咎；有次可即，济之有道。详究《升阶》与《即次》二图，或可有悟乎？若升与旅，盖纷卦也。升五升阶，阶以防其升之冥。旅二即次，次有终以誉命之得。得者得既济也，阶以观乎阴阳失得之变，其可冥乎哉。凡六子相敌与皆应，即消息与既成万物之变，观升阶者宜详焉。凡失得之所同，莫不有感应旁通之理，变乎此者，其错象亦旁通而变乎彼。履错之敬，唯即次者体之为精乎？

三十五、丧贝与无丧

离为鳖、为蟹、为蠃、为蚌、为龟，其甲皆可为贝。震二曰"丧贝"者，贝指十朋之龟言，故丧贝犹舍尔灵龟。十朋丧一而九，是以跻于九陵。九陵者，九畴洛书之象。九七西南之变，由图而书，是以七日得。若震五无丧者，十朋全而为河图。有事者，有高尚之事，将以壮马拯初涣者与明夷之夷于左股者。盖甲庚之事未成，同人尚未及野，宜不论贝之丧与无丧，皆有亿之之情。震雷虩虩，其可泥而不行乎？

三十六、所事与所思

所事者讼事，讼错明夷。所思者明夷之思，所者，有执之谓也。唯明之夷，其思有执，以有执之思见诸事，能免违行之所事乎？曰"不永所事"，以复即命，犹解之"无所往其来复吉"。解接睽，睽纷复，以遇元夫，小事吉而为大事，不永所事也。

又旅初曰"斯其所取灾"，所者，琐琐也。旅接涣综丰，丰四之涣初，遇夷主以匪夷所思，涣讼皆成中孚。涣群有丘，思匪夷，其孚不窒。事无所，谓解琐琐之灾。吉事由小而大，几在达夷者之所思也。

三十七、三人与一人

晋下卦坤为众，三曰"众允"。众者，自三人以上之象。晋错需，需上曰"有不速之客三人来，敬之终吉"。凡三人行必有吾师焉，况需极而有不速之客三人来，可不敬之乎？敬之犹众允，有待而行也。此三人者，三公也。晋而小过，公弋取彼在穴。彼者何，禽鸟乎？人乎？人而晋摧者乎？晋愁者乎？需郊者乎？需沙者乎？一言以蔽之，需极而入穴者也。自西郊而雨，当施及方雨而亏悔，岩穴之士出，康侯安国，可免晋角之吝。三人之来，盖王侯之事也。

然道有隆替，物有聚散，时有损益，人有盛衰。二簋可享，则三人之行宜损其一。阴阳相感，二人已足，且所损之一人又将得友而二。三而二，一而二，二者阴阳之消息，此高尚之事也。感人心而天下和平，何必弋取。山泽通气，以虚受人，非一人得友之象乎？致一一致，殊途同归。需者天一生水，晋者地二生火，水火既济，壹壹天地，易道生生，太极一握。人之所以为人，非在乎知人世之消息、三人与一人之损益乎？

三十八、初与终

六爻称名，其位初者为初爻。以用九用六辨之，凡初九初六各三十二爻。然其位终者，不曰终爻而曰上爻。初终以时言，上下以位言。位贵上，宜取上不取下；时贵初，故用初不用终。称初称上，爻名准时位之所贵而文之。

仅以时言，初终相对。初阳终阴，息也；初阴终阳，消也。消息往来于初终，阴阳变化之几也。既济曰"初吉终乱"，初为既济而终将消成未济，或吉或乱，定与穷之变也。反之，为巽五睽三之无初有终。无初者，巽为阴消而睽初之元夫犹未遇。有终者，巽震究变而出遇元夫而交孚也。又巽五初终之实，初为甲，终为癸，先庚三日为丁而无初，后庚三日及癸而有终。睽三者，其人为鬼方之人，先张弧而无初，及其化之，后说壶而有终，睽息成既济之象也。

若蒙之初筮，以对再三告之者。初吉也，渎而不告者，戒其无初，更防其终乱也。至于终之得失，每以断辞定之，有曰"终吉""终凶""终有凶""终无咎""终吝"。又曰"有终"者，其果善也，与"无初有终"之"有终"同。唯既济四之"终日戒"，终乱之象将成。乾三之终日乾乾，君子有终之因也。消极之防，奚若积极之改乎？讼而不改，乃有终朝三褫之终凶。有孚不终，乃乱而改，则乃萃而终来有他之吉。迷复者终有大败，三岁不兴，终莫之胜，反能改过而吉，可喻其初已矣。

其终之有无吉凶，人各自取。得不终日之几，必将终以誉命。庚以复甲，终初一握，可与论四时之消息矣。再者，时之对言有二：曰初终者，六爻消息之时也；曰先后者，先后天变化之时也。前者重爻，后者重卦，其理仍通。乃于明夷上特以初后对言，曰"初登于天后入于地"，即兼卦爻言。晋与明夷既当六爻消息之初终，又当或介或综之先后是也。

三十九、先与后

先后以辨时，有先后天之义焉。时显于消息，消息可见先后天之方位。观否泰反类，坎离上下，阴阳失得，消息纷若，此乾坤坎离，先天四正之位也。泰尚中行，冯河既济，先天之消息也。而或帝乙归妹，人道终始，泰与归妹四参，盖当后天之四正，非后天之消息乎？故泰变二五为先天，变三四为后天。且泰之中互归妹，则后天四正，早已在乎先天。先天而天弗违，后天而奉天时，于泰卦见其象矣。

曰先甲先庚者，甲庚犹未至也，至而甲之庚之，弗违先甲先庚之象，非先天而天弗违乎？曰后甲后庚者，甲庚已过，奉甲庚之象而行之，非后天而奉天时乎？以丁符辛，甲之七日来复，先后天一也。以癸符丁，庚之七日来复，先后天一也。更以庚符甲而七日来复，非以人心见甲之天心庚之地心乎？

凡二篇中系先后之辞，已具先后天之象。后天者，帝出乎震，宜震初曰"后笑言哑哑"。同人后笑者，大师克相遇而震出也。旅人后号咷者，下卦艮尚未成始也。又倾否后喜，亦当反泰而上参震出，坤而复，后得主也。唯比上无首而不复，是以后夫凶。至于张弧说壶，登天入地，其象能来复乎，其心能见乎？先后之几，又当合初终之几而一之。时之变化，庶可睹焉夫，庶可乘焉夫。

四十、彭与鼫鼠

彭者何，其位显而彭盛者也。遇盛不戒，上以凌君，下以暴民，其能行乎？宜彭字亦作尫，其足不良于行者也。故彭者之咎，大矣哉。匪之无咎，庶能永保其大有乎？

若大有下卦乾天变坤地，其象为晋。晋四鼫鼠之贪与大有四之彭者，易地皆然。唯其乘于乾天，故取离火之彭。唯其乘于坤地，则如阴晦之鼫鼠。于贪婪之性，岂有异哉。

夫若鼫鼠者，已舍灵龟而徒观朵颐，彭而自凝其匪，尚能出师以同人于天下乎？是皆为物所累，不良于行，彭与鼫鼠，盖亦可怜者也。摧人之晋，绝人之交，更见其色厉内荏，岂其能也哉。

四十一、西南与东北

西南于后天方位为坤，坤遇之而得朋。东北于后天方位为艮，坤遇之而丧朋。得之者，坤与坤同类。丧之者，坤与艮异类。又得朋者，犹得十朋之龟，河图之象，用冯河，五行相生，由南及中而西，西南壹壹之位也。丧朋者，犹舍尔灵龟，洛书之象，畴离祉，五行相克，由东及中而北，东北亦壹壹之位也。

或壹壹之而生，或壹壹之而克，生克各有其时，得朋丧朋，莫不有利。知命者，非知此而何。否泰反类，用拯马壮，亡马匹而壹壹，卦气乃生。九陵七日，图书以变，纷若升阶，来章即次，发挥旁通，群龙无首，呈壹壹之气，见形数之象。利生而不利克，难免有蹇。因生而复克，有命无咎，蹇其解焉。安贞之吉，应地无疆，何有乎西南东北哉。

四十二、南狩与南征

南方离明之象，明夷而南狩，欲以明之也。虽然，明夷而狩，得明之之大首则可，即欲以大首明明夷之晦尚未可，盖有时焉。因时而升，南征志行，大首非显比者乎？三驱出征，有嘉折首，所折之首，后天之无首乎？既未济之濡首乎？

折之所以出之，首出庶物，万国咸宁，此大首之贞，南征之志。故南狩为南征之象，南征为南狩之形，因时而形象变化。不可疾贞而原筮元永贞，仁道显，夷者明。向明而治，此之谓也。

四十三、西山与岐山

王者亨山，何谓也？山者其象艮，其德仁，亨之以显仁，王事之本也。仁静不变而变在其中，宜艮当成终成始之位。随者何，随四德而无咎。而或不知随，而或知随而不知四德，能无咎乎？此随之二三上柔爻，皆当有所系之。系以四德，望其免咎耳。奈因位而或系或失，可喻随兼与四德之难也。及上而拘系之不足，乃从维之。用徽用缠，欲其随之，更欲其随于四德也。臣民已随，王贵以身作则，是以亨山以显仁元者。仁，四德之本也。

又兑西艮山，西山者，仁义兼与之象。仁以说徽，义以说缠，自然以随四德，何用系维，亨山之功成矣。故随上不变而五爻变，其卦为升，终随始升，升亨山之仁，南征以推仁恩云。升四曰"王用亨于岐山，吉无咎"，吉始无咎，亨山者可无其德乎？岐有支义，属巽入之阴象，故由西山及岐山，以积王者之德，以养亨山之气。履霜坚冰，柔以时升，南征之基也。

又升四不变而五爻变，其卦为益，王由亨山而亨帝，震其出矣，王其成矣。然未经随上升四之亨山，何来益二之亨帝。故西山岐山，帝之所出，王者重之，即重艮象之成终成始，仁道缊焉。

四十四、牵复与牵羊

乾四之坤初，乾成小畜，坤成复。小畜二曰"牵复"，复接夬，夬四曰"牵羊"。义谓复自道以畜之，所畜者皆能复其自道，由此及彼，德不孤必有邻，牵复之象也。牵复而大之，临泰大壮，自然之息也。

唯大壮羝羊之触藩，有羸角之不祥，用壮及夬，有壮颀之凶，况更有往不胜之咎。故不可不往，不可壮往，能藩决不羸，其用斯可。奈羝羊之壮，或未能焉，是以夬四牵之，防其息之壮，有违乎时也。故牵复以速其息，朋来无咎也，牵羊以缓其息，不利即戎也。速之缓之，悉有其时，牵之者不可不慎。

四十五、闻言不信与有言不信

信者孚也，易贵中孚之气，重信也。然二篇中不系所信而二系不信，慨而言之，亦圣人之情也。夫其时为夬，其位在四，为决阴之事，行坐不安，且羝羊已具，足可决藩。奈竟牵之，且曰"牵羊悔亡"，闻此言者，其信乎？不信乎？惜不信者多，其聪明为何如？为咎而已，有凶而已，尚能藩决不羸乎？

以卦象论，夬者兑言上天，闻言不信，不信消息之时也。又困者，兑言上水，坎水为信，有兑言而信，不亦自然乎？奈言之无已，其信之流下无已，终至泽中无水，尚能言乎？一言尚存，流下尚存，安能信上出之言，此其所以困欤。

四十六、密云与方雨

云行雨施，乾坤以济，闻有有云而未雨，未闻无云而雨者也。密云者，小云也。宜小畜小过，皆取密云之象。密云不雨，犹大旱之望云霓。雨自西郊，其施未普，于象小畜牵复。小畜而家人，既雨既处，复而屯，方雨犹未施也。若小畜错豫，悔盱豫而小过，小畜成需而其云已大，乃四方之人莫不待焉。且需云之旁，小过又生密云而雨自西郊，公弋取其在穴者，以促需云之雨，所以使郊雨成方雨耳。

屯错鼎，方雨亏悔，雉膏不屯，雷雨之动满盈。屯难介解，解纷夬接睽，夬雨以济独行者，睽雨以济睽孤者，鳏寡孤独，施泽宜先及者也。然则方雨亏悔，非亏此孤独者之悔乎？故云雨之次，当由密云而需云，郊雨而方雨。若处密云之雨，德及一隅，君子何可征，需云而犹未雨，其泥何可需。介屯而解方雨亏悔，膏泽下于穷民之无告者，有不王者乎？象有不济者乎？经纶以定鼎，凝命以取新，理有外于此者乎？

四十七、硕果与来硕

硕果以反生，其可食乎？剥而复，是谓来硕。七日来复以复硕果之元，其理归诸反身。反身之道，尽性至命而已矣。

于象剥纷家人，复纷蹇，家人上反身于蹇初，来复之理也。蹇上曰"往蹇来硕"，即来此硕果于家人上，解睽孚蹇家人以济，生生之易道在矣。严君身教，以尽天命之性，元夫来硕，乃见帝出有命。此非天地之际，纷若消息之几乎？

四十八、盥与荐

盥与荐孰重？盥重。曷谓盥重？荐可变盥不变者也。荐变若何？其于损以二簋，其于萃用大牲，损益盈虚与时消息，此之谓也。盥不变若何？洁以亨神，可变为不洁乎。或谓废荐可乎？不可，神将何以所冯。

《易》曰"盥而不荐"，何也？不荐非废荐，主祭者不荐耳。主祭者何以不荐？以留荐于陪祭者，象下观而化也。然则陪祭者盥乎？盥。既盥而荐，何以言盥而不荐？《易》为主祭者言。主祭者何？颙若者也。颙若者何？显比者也。其荐以何？以三品中之上品。三品何来？获于田。获田何如？王用三驱以得之。得之之道奈何？贵失前禽，贵邑人不戒。或以前禽荐之何如？东邻杀牛，不如西邻之禴祭也。

盥以道，荐不以道可乎？不可。神不冯非道，何福之有。然则荐以道，盥不以道可乎？不可。盥有孚，无孚之荐，神弗亨焉。或曰盥之道何如？贲于丘园而白贲也。观何与于贲？纷也。其纷何谓？干父之蛊也。盥而白贲何指？杀一不辜行一不义得天下，不为也。若失盥荐之道奈何？失盥丧孚，失荐丧颙，由是以丧大观，我生乃剥。观曰"盥而不荐有孚颙若"，何也？止消防剥之道莫善矣。

四十九、泉与渎

水蒙于山而为泉，泉水洁白，山之功也。奈水性润下，泉岂独异，乃在山泉清，出山水浊，渎之为言浊也。或清或渎，包蒙者惜焉。惜之以救之，蒙介为塞。不包而止之，有逆乎泉水之性，救之不以其道也。

或告再三，任性而渎，流下无已，包蒙者何为耶？故宜绝其再三，敬告初筮，知命以成性，童蒙五正以涣泉，旁行不流，巽乎水而上水，涣介为井也。夫泉水行地下而不渫，繘井清泉之可食，其寒足以退热中之潮，其冽尤能净秽浊之心。包蒙之成，圣功不亦大哉，童蒙其勉诸。

五十、郊与野

易之为象，变化多端。仅以取事物之卦象言，大别有二：其一定者，如乾为天为父，坤为地为母等等是也；其一不定而变者，盖同一事物，其象有相对之变化，如郊与野等等是也。夫乾为天故又为远，坤为地故又为近，乾远坤近之象亦定而不变者。然取事物之象而有与于远近者，即生相对之变。如城郊对言，城近郊远；郊野对言，郊近野远。由是郊之取象，可坤可乾。凡此之例，不一而足，将言不胜言，唯于此明取象之旨耳。

今以城别远近，则郊野皆为乾象，虞氏所取者是也。然郊野仍不可不辨，不然，同人之上，可谓与卦辞相同乎？不可也。盖同人于郊视于宗于门，确为乾象，然以于野视之，郊实坤象。凡同人错师，大师克相遇，遇之处，由师上卦坤郊，以及同人上卦乾野。于野以同龙战，同人之极致也。师成而比为开国，同人而家人为承家。比而屯，三驱有玄黄之血，经纶郊野，同人乃济。

究其经纶之道，所以施行西郊之雨成方雨也。于卦小畜下参兑西，下卦乾郊，二正家人既雨既处，犹为郊雨。如小畜而需，豫而小过，需初需郊以待雨，谓四郊之人莫不如大旱之望云霓，非徒西郊之人耳。然小过而明夷，又施西郊之雨，其象上参兑西成下参坎雨是也。公弋取在穴者，亦以济需郊者。牧野之誓已成，《洪范》之道未得，其可乎哉？

箕子利贞，需云其雨，方雨亏悔，雉膏不屯，四郊有放牛之耕，乾野见同人之笑。与民更新，无憾于养生送死，王道之始也。反观坤野之穷,需郊之忍,其情为何如,其景为何如。伏戎乘墉者,于门于宗者,何以无郊野之思,何以无济郊野之志耶。此非郊野之象有所变化乎?然人参天地之象,有变乎?不变也。人之所以为人,其可知变而不知不变乎?

卷二

一、主与宾客

主者，乾元出震之象。宾客者，坤元巽入之象。出入无疾，犹主与宾之酬酢。欢宴通情，观光尚宾，此大观之主也。若姤阴始凝，宾有夺主之嫌。包中有鱼，慎防贯鱼之宠。出入有疾，消息未定，于宾不利，鸿门之宴，孰为宾孰为主耶？况以主而论，难免有盛衰晦明之变。以宾客而言，亦有迷途失主之悲。宜巽入而坤，先迷失道，其后得主，始有攸往。

于象坤而复，震主出，复纷睽，主即元夫。遇主于巷，犹复二之下仁，阴阳相错，义亦与姤二相反，可喻宾主利不利之变。夫复睽之主，其出尚小，明夷之主，其境犹晦。当正位于五，明夷纷比之象，天下莫不比之，尚能于巷中遇之乎？然易道消息，变化万千。丰盛日中，可见斗沫。二主相遇，阴阳类辨。夷主乎？配主乎？配主者，非夷主之配乎？

丰四变明夷，四所遇之夷主，即明夷初之主人。丰初变小过，初所遇之配主，即小过二所遇之妣与臣。且夷主者，纷比而显。如初接需上，其需在穴，小过公弋取之。来不速之客，非所以弋夷主乎？需或上旋睽，则弋之不得，又于巷中遇之乎？盖主而无光，固未能尚宾而来客。宾客而违顺，亦歧途纵横，奚能遇主哉。

二、九陵与丘园

十朋丧贝而跻九陵，由图而书。涣群有丘，书一而九，发挥之大义。勿逐七日得，有赖乎丘园之贲也。若夫贲之之道，九畴皆可处中，纵横不期而方雨，此丘园之妙境，自然之白贲。颙若之生，硕果之元，凝焉变焉。

观飞见之中为二五，参天方雨之象为上初、初四、四三、三上，其两地于二为初三，于五为四上，此一陵也。观飞跃之中为四五，参天方雨之象为初二、二三、三上、上初，其两地于四为初三，于五为二上，此又为一陵。观飞亢之中为上五，参天方雨之象为初二、二三、三四、四初，其两地于上为初三、于五为二四，此又为一陵。

观潜见之中为初二，参天方雨之象三四、四五、五上、上三，其两地于初为四上、于二为三五，此又为一陵。观潜跃之中为初四，参天方雨之象为二三、三上、上五、五二，其两地于初为二上、于四为上五，此又为一陵。观潜亢之中为初上，参天方雨之象二三、三四、四五、五二，其两地于初为二四、于上为三五，此又为一陵。

观惕见之中为二三，参天方雨之象为初四、四五、五上、上初，其两地于二为初五、于三为四上，此又为一陵。观惕跃之中为三四，参天方雨之象为初上、上五、五二、二初，其两地于三为二上、于四为初五，此又为一陵。观惕亢之中为三上，参天方雨之象为初二、二五、五四、四初，其两地于三为二四、于上为初五，此又为一陵。

合而观之，是谓九陵。其初也，亿跻于九陵，未及七日，尚屯邅于丘园，不亦吝乎？勿逐而得，贲成以白，方雨亏悔，有复乎先后甲，贲成丘园，束帛戋戋，终吉也。参天两地，用说徽缠之系，丘陵之地险云乎哉。

三、幽人与幽谷

幽人者，处于幽谷之人也。丰极蔀家，窥户无人，其人盖已入于幽谷矣。丰上旋困初，或尚在丰屋之中，或以困入幽谷，无人不觌之象盖同。虽然，三年之困，又见消息之变，其为困而不学者乎，其为困学而又有所得者乎？

以丰上言，上应三之二，卦成归妹，离目兑眇，幽而不明，利幽人之贞，仍以常道勉之也。若已入幽谷，坎水流之不已，困将日深。如能止坎而兑，上兑亦将变兑而乾。或谓坎不流下以涸泽，兑亦可不润下而上出，即困初上变成履，乃幽闇不明之人，庶能上出之二。盖坦坦之履道已成，幽人正以履之，贞吉也。其能丰极而未变常，困谷而中不乱，困学之情可见。幽人贞吉之果，岂偶然哉。夫履者礼也，礼以化人，此其一也。

四、臀困与次且

臀以坐，所以安身。坐有位，所以定人之所立。或三十未立，其位何在。无位而坐，臀有不困者乎？乃困于株木。株木者，可久坐乎？幽谷之晦，可久处乎？视困初与丰上之境，似大异焉，而其心盖同者也。三岁不觌，其臀之困，为何如哉。唯其经此一困，臀乃无肤。无肤之臀，其何以坐。随有位，其何以立。其象又见于一阴始终之夬姤，夬四即姤三，辞同为"臀无肤其行次且"。无肤者未能坐，次且者未能行，动静不安，盖为一阴而困者也。

凡夬四与上阴，姤三与初阴，犹二四、三五之同功。然位非中爻，故似同非同，似有与而非有与，不安之象，由是而生。幸一柔尚微，姤三虽厉而无大咎。乘刚者必决，当牵羊以止之，防羸角耳。人之信不信，各有其象，夬四亦仅能如是。玩臀困与次且之辞，可喻旋象与挥爻之情。

五、众允与允升

允者信也，《易》曰允，允于晋与升。晋象明出地上，升象地中生木，唯日光普照于大地，木乃于大地中生焉。既生而木又生火，卦为鼎。然则允者，非允于定鼎以取新乎？正位凝命，允之实也。

以允升言，允于升阶，其阶凡六，同阶之象乃允。初阶二卦相允，二阶十卦相允。三阶二十卦相允，四阶二十卦相允，五阶十卦相允，上阶二卦相允。必同阶相允，盖有命焉。此六阶之卦象，其变十六，定在初上阶之错纷数卦，间以阴阳失得为主。十六变之一，消息之本也。

阴阳为乾坤，失得为既济未济，亦各有所允。乾坤之允，允在阴阳爻之多寡，《卦变图》取法焉。既济未济之允，允在得失位之多寡，《即次图》取法焉。同等之卦相变，亦有命焉。故众允者，犹卦变、即次之同允于升阶，消息之本也。详观《消息图》与《既成万物图》，可喻所允之命。知之而凝之，凝之而至之，君子无入而不自得，有不允者乎？

六、九陵与履道

九陵起伏之势，不亦危乎？坦坦之履道，不亦易乎？然九陵与履道，盖相形相成。无平不陂，此之谓也。

以发挥明其象，《六龙图》九变。其中二五之一陵，纵为旋，横为咥人。其中三上之一陵，纵为旋，横为愬愬。其中初四之一陵，纵为旋，横为不咥人。其中初二之一陵，纵为夬履，横为愬愬。其中三四之一陵，纵为夬履，横为咥人。其中五上之一陵，纵为夬履，横为不咥人。其中初上之一陵，纵为视履，横为咥人。其中四五之一陵，纵为视履，横为愬愬。其中二三之一陵，纵为视履，横为不咥人。

凡此九陵，坦坦之履道生焉。龙虎发挥，降之伏之，人险云乎哉。虽然，以戋戋之束帛，跻九陵，登履道，中互错，贲而履，人事错然，世情纷然，履中离之，可不敬之乎？

至于旋位之变为初二、二三、三四、四五、五上、上初，皆为比爻。夬履之变为初上、上三、三二、二五、五四、四初，视履之变为初二、二五、五上、上三、三四、四初，此二者皆为一应一比相间而为三应三比。咥人之变为初二、二三、三上、上五、五四、四初，不咥人之变为上三、三四、四五、五二、二初、初上，愬愬之变为初四、四三、三二、二五、五上、上初，此三者皆为一应二比相间而为二应四比云。

七、小往大来与大往小来

小大者，阴阳也。往来者，爻位之升降也。泰坤三阴往之上，乾三阳来之下，是谓小往大来。否乾三阳往之上，坤三阴来之下，是谓大往小来。凡来有本，初也。往及末，上也。当阴小人之初来于乾，其象曰姤。阳大之往，尚不易察，然坤初已有履霜之戒。继之阴又来，阳又往，其象为遯。及遯而否，阴阳之多寡相等，然大往小来，是即否也。其后否而观而剥，小来已盛，大往已成一硕果耳。及剥而坤，大往已灭形，其硕果之元，乃七日来复，反生成大来之象。复其见天地之心，即小往大来之本也。

继之由临而泰，阴阳之多寡又相等，然小往大来，是即泰也。其后泰而大壮而夬，大来极盛，小往之柔乘五刚，已无号焉。及夬而乾，则小往灭形，其先迷之元又将巽入于乾。如是循环，《卦气图》名之曰十二辟卦。或以消息言，出入无疾，昼夜耳，四时耳，君子无容心焉。或以首乾言，不可不有所主。若泰否者，大小相等，尤宜知其往来之情。或交或塞，或生或杀，可任之乎，可不辨其是非乎？辨之行之，故否泰有反类之变。当泰而否，犹旅人之先笑后号咷。当否而泰，犹同人之先号咷而后笑。人情反复，有天命焉，亦有人事焉。知命以成性，尽性以至命，斯可无憾乎小大之往来、否泰之反类。

若夫反类之变，间有十八卦，属否泰者各九，即由否泰本卦往来而生。否初往四来生益，初往五来生噬嗑，初往上来生随；二往四来生涣，二往五来生未济，二往上来生困；三往四来生渐，三往五来生旅，三往上来生咸。以上九卦皆由否而生。又泰初往四来生恒，初往五来生井，初往上来生蛊；二往四来生丰，二往五来生既济，二往上来生贲；三往四来生归妹，三往五来生节，三往上来生损。以上九卦皆由泰而生。凡此往来九变之组合，由《六龙图》变二五而成，其图如下，名之曰《泰否往来图》：

初五	三四	二上
上三	二五	四初
二四	上初	五三

泰否往来图

上图中合纵横三次往来，即为否泰反类，其变各六。其一合益未济咸，其二合益困旅，其三合噬嗑渐困，其四合噬嗑咸涣，其五合涣随旅，其六合随未济渐。以上六种，皆可倾否反泰。又其一合恒既济损，其二合恒贲节，其三合井归妹贲，其四合井损丰，其五合丰蛊节，其六合蛊既济归妹。以上六种，皆可城复于隍。凡此否泰往来之反类，即卦变图中三类之一也。

八、习坎与直方大

下上两体之象相同之卦八，其七卦卦名亦同，乾坤震巽离艮兑是也。唯坎之三画卦名坎，坎三曰"来之坎坎"可见，而于六画卦特加习字，名习坎。或以二体坎象亦名坎者，习坎之简称耳。习者重习也，重习坎险，坎窞乃生，宜习坎初曰"习坎，入于坎窞"。盖三画卦不论位之失得，六画卦其位始定。故坎险得位，犹可说也，坎险失位，其险殊甚，况坎险失位之柔爻乎，此所以于习坎初三爻皆曰坎窞。坎窞者，漩涡也，急且深，习坎入之，有不凶者乎？勿用为是。

于象乾坤二五相交，黄裳而黄离，元吉也，即见龙而显比。然飞龙在师中，可忽王命乎？坤二曰不习，习即习坎之习，失律舆尸者，非坎窞乎？凡合师比成习坎，不习者，坤二不变之象，二不变以变初三，即变坎为离。故初变其动也直，二不变坤布为方，三又变阳为大。直方大犹黄离，不习以平坎窞，坤二之无不利也。

九、朋盍与噬嗑

盍同嗑，合也。同类相得，自然而合，是谓朋盍。以口噬物而合之，宜盍字加口而为噬嗑。朋盍犹西南得朋，噬嗑犹东北丧朋，得丧有异，皆能有所合则一，故莫不有利。

观乎卦变之理，其旨二。其一乾坤之索，其二乾坤之消息。凡索交以生六子，实即一阴一阳卦十二之合，是之谓朋盍。豫四曰朋盍者，其合复，复豫合，震长男之象。宜朋盍之解，系于豫四。以此例推，小畜姤合，巽长女之象。比师合，坎中男之象。大有同人合，离中女之象。剥谦合，艮少男之象。夬履合，兑少女之象。此一阴一阳合成六子之卦变，亦即乾坤相索之变，由乾坤变得十八卦是也。

凡乾坤之消息，盖及十辟卦。于一阴一阳之剥复夬姤，乃由索交以起消息，可谓之卦变之几。及二阴二阳为遯大壮临观，三阴三阳为否泰，此消息之合为噬嗑。噬嗑本卦在否泰反类，反类间否泰各变九卦。九卦中其合有六，皆三卦相合，合以成反类之功。以噬嗑言，或为噬嗑渐困相合，或为噬嗑咸涣相合，皆可反否而泰者也。

此外尚有四种三卦相合，可反否而泰。六种三卦相合，可反泰而否，皆已详《小往大来与大往小来》。至于二阴二阳之消息，临观合中孚，遯大壮合小过。一阴一阳之消息，剥复合颐，夬姤合大过。合之者，所以保合消息之两端，噬嗑之成也。

又阳卦多阴，阴卦多阳，以三画卦言，即六子之当三男三女。更以六画卦言，于三阴三阳卦，则阴阳画数相等，仍可以下上两体分辨其阴阳。若一阴一阳者，自然以一阴一阳定其阴阳卦。其合成颐大过为二阴二阳，与其他之二阴二阳卦同，仍以二阴二阳定其阴阳卦。唯二阴卦遯大壮合成小过为四阴卦，二阳卦临观合成中孚为四阳卦。而小过之四阴卦反当以二阳定其为阳卦，中孚之四阳卦亦当以二阴定其为阴卦。此犹三画卦之坎离，当阴阳相变之几也。

总上而言，卦变之旨二，其类有三。二旨即朋盍与噬嗑。三类者，一为一阴一阳卦，其中剥复夬姤，实当朋盍与噬嗑之几。二为二阴二阳卦，其合为中孚小过，实当阴阳卦变化之几。三为三阴三阳卦，则几在否泰反类。识此二旨三类，往来变卦之理备矣。若于朋盍、噬嗑之旨，尤当极深而研几者也。

十、由豫与由颐

由之者，由是而生也。豫四曰"由豫"，谓豫之所以为豫，由此九四一阳。颐上曰"由颐"，谓颐养之元，由此上九之阳。夫由豫朋盍，六子簪聚，由颐噬嗑，养生有道。保合消息，以观反类阴阳生死之变，乃知幽明之故，死生之说也。凡由豫者，豫合复以出震。由颐者，剥合复而养生。盖奋出之乾元，不忘来复之本。朋盍簪，犹复之朋来无咎也。

若硕果之成，神已反生，未烂而复，不食见心，自养以养天下，非由此硕果乎？况大观天地之间，复生无穷，或以硕果合之，是谓由颐，神以知来，何必食此硕果耶。或以奋出者合之，是谓由豫，知以藏往，何必更疑天地之心哉。考二篇之辞，由字二见，诚能悟此豫颐之由，庶可谓之知时矣夫。

十一、潜龙在渊与入于坎窞

跃龙者，既可上跃成飞龙，亦可处在渊成潜龙。若夫在渊，其深莫测，其水回漩，一如坎窞。或以讼事涉大川，不入于渊者盖鲜，此渊即坎窞。讼初三坎阴失位与习坎初三坎阴失位同，不慎而入于坎窞，其渊愈入愈深，水流愈漩愈急，终凶而已。非以龙德，尚能出此坎窞之渊者乎？反观跃龙之在渊，实已化成潜龙，龙潜于渊，盖以复见天地之心，尚何有乎坎窞之险耶。谓其漩涡之中已得，足以安位于五十，以视入于坎窞者，其能习坎而不习乎？其能入于坎窞而勿用乎？乃以壮马拯之。

凡已悟地心者，以天心拯之，其数一三七九，涣初之象也。凡已悟天心者，以地心拯之，其数二四六八，明夷二之象也。此非潜龙勿用之用乎，其用不亦大矣哉。确乎不拔，其一勿用，五十而其用四十有九。一即太极乾元，化二马以拯入坎窞之渊而有悟者。泰反复道，中行用冯河，七日来复，初九上出，于初六巽入，有不见者乎？唯能入而不能出，是谓坎窞。能入能出而出入无疾，是谓龙渊。初九可知初六，初六不能知初九，非潜龙与习坎之辨乎？

十二、憧憧与井井

憧憧何为耶？欲得朋而已矣，知得不知丧，憧憧何时能已。盖西南得朋固利，东北丧朋未尝不利。时有消息，位有升降，朋从尔思，其能从乎？憧憧必思从之，虽刹那之往来万千，朋之思能为所感乎？此一朋已得，又思二朋，二朋已得，又思三朋，则已过弗克违十朋之象，又思十一朋。故憧憧者，必终身憧憧。其于西南憧憧，尚通而仍感未足，于东北憧憧，则穷而自感无已。呜呼，人心之未孚，天地之心未复而放心未收者，不亦足悲乎？殊途百虑，其何以知同归一致之心耶。

夫天一生水，水德属地，山下于地而谦，水蒙于山而为泉。泉水寒洌，流而不渎，掘井得之，何处无之，是之谓"无丧无得，往来井井"。邑有东南西北之改，未闻井泉之或改也。是邑可改，邦可迁，井之一于是，何必改迁。地德之纯，有纯于井德者乎？精义入神以用之，井收勿幕，功可施及万物，朋之得有富于井者乎？安身以崇其絜，不渎之德，有清于井者乎？井井者，未尝憧憧，而反成憧憧之心。憧憧者，虽鯯想幻思，其何能知井井不改之往来，已尽其憧憧之往来耶。虽凶居吉，咸二四挥而井，憧憧者，其能有悟乎？学问之道无他，求其放心而已矣，非此象乎？

十三、无首吉与无首凶

或谓无首是乎非乎，吉乎凶乎，此实不及质之问，未可必者也。盖无首而当其象则是而吉，不当其象则非而凶。主在象之当否，非无首之有是非吉凶也。二篇两取无首之象，而一吉一凶，大义可喻。于用九曰"见群龙无首吉"，义谓乾卦六爻当六龙为群龙，同时并见而聚于一卦。若此卦中当以何龙为首，以潜龙乎见龙乎，惕龙乎跃龙乎，飞龙乎亢龙乎？凡此六龙，莫不可为首而皆不为首，首一以尾五，群龙所不为者也。是以六龙并存而无首，不亦吉乎？无首者，各首于六位，各行其所宜，于群龙间其可有首乎？故于乾卦言，群龙无首，是而吉也。

若夫涣其群龙，乾一涣而群龙为六。初九潜龙，其象为复。九二见龙，其象为师。九三惕龙，其象为谦。九四跃龙，其象为豫。九五飞龙，其象为比。上九为亢龙，其象为剥。当此六象，一阳各自为首而聚众阴首之。乃于比上曰"比之无首凶"，盖以飞龙为言，其他五龙实可类推。义谓一阳当为是象之首，而比上一阴尚乘之而为后夫，不以九五为首而自以无首之道处之，忽乎群阳与阴阳首乾之异境，其非而凶，亦宜也。

十四、乃乱与终乱

乱，治也，此相反之训，通乎消息之理者也。剥反来复，否泰反类等皆其义。若于七日以前，先否之时，是诚穷乱之象也。观乱之象有二：其一，消乾成坤先迷而乱，迨息阳成乾群龙无首为治，此往复之消息曰时。其二，消既济成未济，六爻失位，穷而乱也，及未济而济，利贞位当，定而治也，此平陂之消息曰位。时位消息，纷若升阶，乱与治实错然凝聚，何能截然而分。

二篇于萃初曰"乃乱乃萃"，萃纷丰涣，丰盛涣散乃乱之象，奔机告庙犹萃之亨庙，乃乱而乃萃焉。既济曰"初吉终乱"者，其初乘马班如，纷乾而吉，终则干父之蛊，纷坤而乱。吉者，定于既济，乱者，穷于未济也。盖纷此纷彼，其象已错而消息兼备，治之乱之，实自取耳。

虽然，既取其象，各有治乱之准，又何可视治为乱，视乱为治哉。故萃乱于前乃萃于后，既济则吉于初乱于终，前后初终，可不明辨之乎？合而观之，既济初吉之时，其位乃萃，终乱之日，其萃者涣而乱也。治乱相循，聚散反复，君子明其理，知其境，拨乱反正，当仁不让，亦所以补过而趋于无咎而已矣。

十五、吉亨与吉无不利

吉之来源有二：一曰元，是谓元吉；一曰贞，是谓贞吉。元吉者，吉在变动不居；贞吉者，吉在安居不变。变不变各有所宜，其有吉祥之善则一。《系》曰"吉事有祥"，吉事者，有元有贞之事也。而或得此吉事而外施之，及亨曰吉亨，及利曰吉无不利。再者，吉亨有元贞之辨，得乎元者为元吉亨，得乎贞者为贞吉亨。唯曰吉亨者，已贞下起元而贞元合一。若吉无不利，又有大往之异。曰大吉无不利者，大吉犹元吉。曰往吉无不利者，往以起贞下之元云。故唯曰吉无不利者，亦以合贞元而一矣。

玩二篇之辞，于鼎卦辞曰"元吉亨"，于否初曰"贞吉亨"，于泰卦辞曰"吉亨"，又于屯四晋五曰"往吉无不利"，于鼎上曰"大吉无不利"，于大有上临二曰"吉无不利"。凡此卦辞二爻辞六，吉与四德之渊源尽矣。夫元吉亨者，集所有之元吉而亨之，亨以显其吉之元。元者仁也，人道之本，位当九三。于卦凝九三之命以取新，其象为鼎，此所以唯于鼎卦卦辞曰"元吉亨"欤。若贞吉亨者，集所有之贞吉以亨之，亨以显其吉之贞。贞者正也，天尊地卑而天地定位，卦象莫正于否。倾否交泰，亨以反类，其本在初，特于否初曰"贞吉亨"，非此意乎？当否已反泰而小往大来，又于泰卦卦辞曰"吉亨"，集元贞之吉以交泰，天地之亨，尚有通于小往大来者乎？

至于鼎三正位曰仁，为"元吉亨"，其位应上，仁术普施，何不利之有，宜上爻又曰"大吉无不利"。鼎错屯，屯旋晋，屯四初晋五二皆为"往吉无不利"。若屯四者，待初求而往，免为见金夫不有躬之蒙三，往以起贞下之元，无不利也。晋五者，悔亡以得矢，藏器待时而勿恤，起元以射隼，无不利也。又鼎初变大有，上曰"吉无不利"与鼎上之"大吉无不利"相承。天右以行鼎，鼎行以得天右，其理一也。临与屯变在二五，临二曰"吉无不利"与屯四之"往吉无不利"相承，咸临或与其往，莫不有利。屯四在往以从阳，临二在感以倾否，开泰克家因贞元而无不利，其实一也。

十六、悔迟与迟归

豫可盱乎哉？不可也。不可而悔之，其可迟乎哉？迟迟而悔，其有及耶。不及悔而终身有盱豫之悔，不亦悲乎？豫三曰"盱豫悔迟有悔"，此谓迟悔之悔也。当几立断，其可迟乎哉，其可迟乎哉。然归妹者，人道之终始，卦象有三才之变。三四人道变，泰也，帝乙归妹是其义。五上天道变，履也，跛履者、眇视者及幽人，取象皆同。初二地道变，即豫也。豫与归妹又同系"迟"字，以见人执于地为迟之源。

源同境异，迟亦有辨。若归妹愆期，其归已迟，迟而有时，不妨愆期。义与迟悔相反，理则相成。盖愆期迟归，所以待时，时几未至，理当迟归。故迟字之准，其要在几。当其时几，何可有瞬息之迟。未当时几，虽速何为，不得不愆期迟归以待时。且时不负人，消息自然，必有其几。惜人之未能及时见几，屡屡有失耳。

十七、弗克违与吉

损益者，损益于上下之间。凡损下益上是之谓损，损上益下是之谓益。观象称名，盖以下为主，宜以损下为损，益下为益也。爻于损五益二，皆当受益之位，故爻辞同为"或益之十朋之龟弗克违"。或益之者，损五为损二所益，益二为益五所益。当时受益，其能违乎？曰十朋之龟者，龟类十，足以尽河图之数，万物备焉。受益而吉，自不待言。

然五二之位，有刚柔之辨。五者乾元之正位，二者坤元之正位。乾元重元，坤元重贞，用六利永贞是其义。故损五益二之受益虽同，于吉不同。损五者，受下益而弗克违，五上中得乾元而为元吉。益二者，受上益而弗克违，二下中得坤元之永贞而为永贞吉。五元吉，河图之中数五，用壮马以拯涣者，其数一三七九。二永贞吉，河图之中数十，用壮马之拯夷者，其数二四六八也。

泰二用冯河，亦谓此河图十数。泰初旋上而损，损五之元吉也。损初旋上而益，益二之永贞吉也。盖上之三成既济，即泰二用冯河成既济。龙马之入地上天，其道一也。负图出河，以悟损益盛衰之理，天下其平矣夫。

十八、为咎与无大咎

《易》为补过之书，所以化咎为无咎耳。玩二篇之辞，"咎"字百见。有似咎而实何咎者三，有防其咎而实非咎者一，而主要者咎有九十三，皆能因境补过，同归于无咎云。此外唯"为咎"一，"无大咎"二，若此三爻，尚有所过，读《易》者宜慎之。

爻于夬初曰"往不胜为咎"，若此爻者，当大壮之时，急于用壮以息阳，绝不顾触藩之羸角。及至夬象，又壮前趾，未闻有王庭之扬，呼号之厉，自邑不告，唯戎是即。如是之位，其能胜乎，其能决柔乎？不胜而往，尚能有初九之位乎？位失成大过为咎，上阴未决，初阴已入，其过咎不亦大哉。盖剥复之合，颐象为生，夬姤之合，大过为死。况自陷于伤勇之死，尚未可与过涉并论，死有余辜，是之谓"为咎"，可不鉴之戒之乎？

又于姤三曰"臀无肤，其行次且，厉，无大咎"，于蛊三曰"干父之蛊，小有悔，无大咎"。无大咎者，已非为咎可比，然尚有所小咎，未能为无咎也。以姤三言，综夬四，"臀无肤其行次且"之爻辞同。奈夬四应初，彼尚闻言不信而自陷于咎。此姤三者应上姤角，三为其吝而无肤次且，上能悔姤角之吝而无咎，可不陷于大过，则三虽厉尚无大咎。盖姤象已成，三何可急于求上之应己而使之过涉耶。履霜知戒，消息为主，正位为次。当变姤为履，变履为夬，不然消阳及己，由小咎而大咎，尚能无大咎乎？故姤三忽初之消，重上之正位应己，以为上其应也，初无与于己。呜呼，小咎即起于此，上而过涉即成大咎，可不悟履霜积善以补过之道耶。

又蛊纷小过为乘马班如，能干父之蛊则纷中孚，子和以起卦气乎，仅能宜下而为小过乎？若蛊三者，干父蛊尚未成，屯难犹未济，即鹿不舍，雉膏不食，此其所以有小悔乎？有悔而悔，成于干父用誉，中孚也。如有悔不悔，裕父蛊而吝，岂徒无大咎而已。于上有飞鸟离之之灾眚，于下垂翼亦凶，故小过者其咎亦大。夫悔吝小疵也，干裕一间耳，乃见吉凶之失得。咎成难悔，尚能事其高尚之事乎？凡此三爻，断辞咎之特例，启人深思，当纯思之以补其过也。

十九、需光观光与君子之光

易象离为光，光生于消息。息以生光，主也。消以观光，宾也。于卦息成大壮，四跃而飞为需之光亨。需上参离为光，光亨为需之本，无光而需，其能雨乎，需之何为哉。唯云行生光，光为我有，则虽韬光养晦而入穴，终有不速之客来，非君子之光有以致之乎？若当消阳而观，颙若之光自显，巽宾自然入王而观之。观而晋，上卦离为光，康侯安国，宾来观之，观昼日三接之礼，宾能不慨然乎？归国以兴邦，宜其入穴为不速之客，以弋取有光之君子云。

夫晋与明夷，昼夜也，消息之变即光之变。登天入地，不明而晦，无光之需，亦将入渊终凶。三接三褫，可醒黄粱之梦。而有光者，穴非坎窞，需二正而济，讼事可免。君子之光，何有乎昼夜哉。更究其光之源，实在未济，穷极知贞，起元生光，以息成既济之象。未济五曰"贞吉无悔，君子之光，有孚吉"。夫其光需，则隐而在穴，其光显，则大观尚宾。济与未济以变离象之位，其光何异之有耶。

二十、睽孤与独复

睽吉小事，以同而异，异而又异，终至睽孤。当二而未孤，仍有所睽，睽二而孤，其睽始已。或谓孤而又睽何如，则曰自戕耳，何吉之有。幸能及孤而悟，悟而不睽，庶能吉小事而复，元夫其遇矣。于象睽纷复，四睽孤而遇元夫，初也。初位元夫，即复初乾元，七日来复者也。唯四之睽孤，初乃丧马勿逐自复，悔其可亡，当元夫无愧也。

有德以化恶人，始可见之而无咎。恶人者，非睽孤而犹未悟之象乎？赖元夫之化，交之孚之，虽厉无咎，损疾有喜也。

再者，睽四睽孤外，睽上亦为睽孤。四上同于睽孤而各睽其所睽，各孤其所孤，不亦异乎？且四有元夫之遇，上有遇雨之吉，然则何忧乎孤，忧在已孤而尚无所遇耳。以纷卦观之，四之睽孤，犹独复也，上之睽孤，犹迷复也。独复以见天地之心，一如睽孤之遇元夫，然前者复于内以见心，后者睽于外而悟仁。或内或外，其向有异，见心悟仁，其获一也。

惟睽上之孤，尚未遇雨，非迷复乎？纷姤羸豕之蹢躅，故见豕负涂。济未济以成伐鬼方之功，故见鬼一车。一车之鬼，非鬼方之人乎？张弧说壶，匪寇昏媾，先迷后得之情，不已显乎哉。化迷而悟，因孤而复，云行雨施，亦睽初元夫之所为也。

二十一、元亨利贞与天衢

元亨利贞，是谓四德。衢者，四达之道。曰天衢者，所以四达以通四德云。大畜之极，以何天衢，盖乾道四德畜焉。曰元者其德仁，四德之本，顺次由天衢通于亨，又由天衢自贞而来，且亦可迳通于利。曰亨者其德礼，于天衢中来自元而往于利，又可迳通于贞。曰利者其德义，于天衢中来自亨而往于贞，若利与元又可迳自往返。曰贞者其德智，于天衢中来自利而往于元，若贞与亨亦可迳自往返。

且四德之次，亦有顺逆之变。故天衢之亨，亨之至，通之极，于四德之间，绝无所窒，不啻一也。即一而二，二而四，四经天衢犹一也。故一者曰元。一而二者，元亨一也，利贞一也。二而四者，元也亨也利也贞也。若元利与亨贞，有交有不交。交有一点，其德信。不交则天衢之形，犹正四面体乎？或以平面视之，不交者亦交，此信德相感之义。

二十二、复道与履道

　　道者，一阴一阳之谓。天道阴阳，地道柔刚，人道仁义。凡义也柔也即阴，仁也刚也即阳，故天地之道犹人道，三才之道一也。夫道有变，阴阳之消息。三才之位有定，五上天道，初二地道，三四人道也。

　　于卦乾道四之坤道初成小畜复，宜小畜初曰"复自道"，即复卦曰"反复其道"，谓道由剥上来反。盖乾道三之坤道上成履剥，宜履二曰"履道坦坦"，即剥上硕果已合阴阳而成。硕果反生，来复而复其见天地之心也，其心为道心。合小畜履为中孚，卦气所起，非人心乎？中孚纷随，随四曰"有孚在道以明，何咎"，明此道心，实何咎之有。

　　而或失道有获，何能起元，贞之有不凶乎？人心之危，蛊事丛集，于斯毕见。敌可不得乎，中可不孚乎？观剥复之合颐，即复道与履道颐养生生，非天地之生道乎？人参天地，孚道以明，平危而济，悟道其神矣夫。

二十三、用拯马壮与马匹亡

　　徒足以涉大川，孰若用马。用壮马以拯险，中行冯河，泰其济矣。观人之大险有二，其一涣，其二明夷。于涣之初，险在一切皆涣，知空不知空空，知无不知无无，殊非涣道之正。乃当用壮马以拯之，一三七九，其旋无穷，涣而不涣，不涣而涣，吉象也。又于明夷之二，左股已夷，尚能行乎？险在明夷而未能复明，箕子利贞，其明可息乎哉。故左股虽夷，有壮马拯之，足以复其行。二四六八，旋亦无穷，入地登天，夷而不夷，吉象又成。

　　凡此二险之化吉，皆壮马之功，其马可亡耶。然中孚四曰"马匹亡"，实指亡此壮马。义谓当拯者已拯，当济者已济，孚中以得五十，筌蹄不亦可亡乎？敂已得，月几望，宜马匹亡而无咎。信及五与十，河图已成，四方亡而未亡，壮马放之自去，呼之即来者也。

二十四、艰则与艰贞

艰之为言，险也，难也。因有险难而艰处之，所以去其险难也，故大有初"艰则无咎"，大壮上"艰则吉"。夫大有者得乾卦四德之元亨，大壮者得乾卦四德之利贞，宜大有当艰之于初，大壮当艰之于上。初者尚未陷于害，艰以自厉，得匪彭之道，是以无咎。上则已陷于险难，艰以守之，自思已过，自悔已失，悔之补之，艰以改之，险难之境必减而不增，吉象可成。故艰之于人，盖亦有益者也，是谓艰贞。

若观纷若之消息，泰三曰"艰贞无咎"，慎防观消息而陷于消息也。得金矢以噬干胏，噬嗑四曰"利艰贞吉"，须戒噬干胏不嗑，反为所伤。良马被畜，大畜三曰"利艰贞"，盖不可不往而不可不亨于天衢也。如明已晦，明夷卦辞曰"利艰贞"，当用晦已明也。凡上所述，艰境有六，神观其象，不寒而栗，然皆无凶咎，非动心忍性增益其所不能欤，亦孤臣孽子之所以达欤。

二十五、栋桡与栋隆

于家曰屋，于国曰王庭。丰屋蔀家，屋非其屋，不胜而往。王庭栋桡，大过死象，凶而已矣。于丰下互家人，中互大过，阒其无人，三岁不觌，屋之栋，能不桡乎？

然《易》尚补过，死地可生，宜大过三曰"栋桡凶"，四又曰"栋隆吉"。三位桡下，栋折屋崩，国家乃凶。或能惕厉以处之，由下而及上，即卦辞之利有攸往。巽入以说行，说以反桡而隆之。隆之者，桡上以救其桡下，犹艰处触藩，以使壮前趾而其往胜。王庭巍然，无号终凶，然则《杂卦》之终夬复乾，即栋桡之吉乎？

二十六、勿用有攸往与不利有攸往

《易》尚变动，贵有所往。然二篇中二见"勿用有攸往"，以明往固可贵，其可时时用之乎？或勿用而用之，其往不利，故又二见"不利有攸往"。凡此四象，尚往之君子戒焉。

夫勿用与不利，义盖相承，故四象犹二象，其一曰消阳，其二曰失位。于遯势将消否，然遯初曰"勿用有攸往"。君子好遯咸临，小人用往成否，谓初四相应以咸，未可用往以遯也。若遯消由否观而剥，于剥卦辞迳曰"不利有攸往"，惜往食硕果者不一而足，不利自取，圣人亦无如之何矣。

又于屯，玄黄之血已杂，理当建侯以经纶之，其可无虞用往以即鹿乎？指屯三失位，当正以济屯，其可匪正而往乎哉。如君子用往，女子不贞，二三位皆失，屯用往之弊也。二三失位为节，节纷无妄，故无妄卦辞又曰"其匪正有眚，不利有攸往"。其匪正有眚者，三四上。四可贞免眚，不利有攸往者，三上也。由屯而无妄，亦由勿用而不利，君子可不慎往乎？

更合二篇观之，"有攸往"五见，"利有攸往"十二见，故易道确为尚往。不利而勿用者，实在消息与失位耳，能以坤与未济为戒，已得其本矣。宜坤卦辞曰"君子有攸往"，无妄二正又曰"则利有攸往"，以见息阳正位之可往，殊未可因噎废食。有消阳失位之不可往，并息阳正位而不往，此不尚往之君子，尤宜戒之。

二十七、彼在与受兹

爻也者，言乎变者也。变由不变以显，不变者视变者而得，变不变盖相须而成者也。凡爻用九六，九变而八，六变而七，阳之阴，阴之阳，之彼之谓也。反则六爻中五爻之彼，一爻不变而九成七，六成八，是谓受兹，兹者此也。彼兹之变不变，错象之谓。

二篇于小过五曰"公弋取彼在穴"，小过五变彼在咸，感而弋取之，不速之客以弋取需穴者也。彼象推广之，即六十四卦三百八十四爻之一爻变。又于晋二曰"受兹介福"，晋二不变而其他五爻变，晋成既济之定，其福不亦大哉。推广兹象，即六十四卦三百八十四爻不变。

合而观之，即乾初彼在姤，受兹复。乾二彼在同人，受兹师。乾三彼在履，受兹谦。乾四彼在小畜，受兹豫。乾五彼在大有，受兹比。乾上彼在夬，受兹剥。若姤复同人师等，皆为错卦云。此以乾卦为例，其他六十三卦可类推。夫识此彼兹之名，以求彼兹之实，于本卦本爻之用，亦有一助者也。

二十八、锡之鞶带与锡马

不永所事而永之，讼不克而克之，不亦幸哉。然赵孟所贵，赵孟能贱，鞶带足贵乎，非良贵也。况以讼受服，能免三褫乎？然讼接晋，锡马蕃庶，殊非鞶带之比。马以拯明夷者、涣者，唯恐蕃庶之未多，安得悉拯天下夷涣之人耶。穷则独善，达则兼善，其晋未已，始为康侯之象。而或违行是务，徒以鞶带为达，自炫自诩，终凶入渊耳。

呜呼，锡鞶带与锡马，其可同日而语哉。虽然，其差实微，临其事每多不辨。有视鞶带为马者，有视马为鞶带者，前者失在不智，后者失在不仁。既仁且智，或褫或接，斯为君子。王三锡命，知命为贵。鞶带与马，义利之两端乎？天下为公，复即命渝。息讼之为德，其在此乎，其在此乎？

二十九、金柅与曳轮

柅者何，所以止车。金柅者何，以金为之之柅也。柅何以以金为之，取其坚刚。何取乎坚刚，唯坚刚之梶，始足以止车之行。其止车之道奈何，曰曳轮。何为乎曳轮，义二，其一既济，其二未济。既济何以曳轮？其车已济，更欲何往。未济何以曳轮？其向未正，将何以济，曳以正向耳。

何以知既未济曳轮之异，盖既济之曳轮，合濡尾而系于初，未济之曳轮，分濡尾而系于二。何为濡尾？如小狐之濡尾，止而不行也。故既济不妨濡尾，未济而濡尾，其何以济。何以有曳轮与濡尾之分合？其止义同，既济初之合也；其止之之义不同，未济初二之分也。

止义同何谓？既济之初，理当止之，无咎之道也，何分乎曳轮与濡尾。止之之义不同何谓？濡尾之不行，行已无力，是以吝。曳轮之不行，所以正向，是谓贞吉。正向贵中，宜曳轮分于濡尾而言于二也。然则金梶之辞何以系于姤初？明消息也。何明乎消息？凡息而复，利有攸往，何用乎金梶。消而姤，其往勿用，当处处系于金梶云。

或谓姤何与乎既济，曰纷也。其纷若何？既济乘马班如纷乾，乾消姤，可不系于金梶以曳轮乎。其变若何？既济而蹇，止之为贵，君子戒焉。然姤何与乎未济？未济乘马班如亦纷乾，姤复之向，在彼受兹。曳轮贞吉，其可忽乎哉。又于父之蛊纷坤，积善积不善，早辨为是。其变若何？贞吉以遇元夫，睽孤之转几也。虽舆曳牛掣，一车鬼方之人，将说壶而无初有终，曳轮正向，其用不亦大哉。

三十、革耳与屯膏

鼎有耳，贯铉以行鼎者也。行鼎以施雉膏，方雨之吉也。然则鼎之有耳，岂无用之饰耶。奈有欲革鼎耳者，视鼎有火化之功，何与于耳？铸鼎而附以两耳，不啻赘疣。革四改命，综及鼎三之耳。

呜呼，陋哉蒙哉，知改不知凝，知去不知取，鼎行能不塞乎？鼎错屯，雉膏能不屯乎？云行而未雨，天下能不班如乎？故经纶之旨，非所以重在铸两耳于鼎乎？火化之德，岂可无坎耳之水。耳目聪明，水火既济，其可偏废乎哉。

三十一、独复与独行

独之为象，处于群阴之中而独与阳应，处于群阳之中而独与阴应。前者是谓独复，后者是谓独行。独复者，系于复四。复四位于上伍五阴之中，能中行而独复，所以应于初九之阳也。上下四阴视之，非独自为主，不与之同复而为独复者乎？独行者，系于夬三。夬三位于下伍五阳之中，能夬夬而独行，所以应于上九之阴也。上下四阳视之，时当同心以决上，其可与无号者相应乎？

安知夬之君子，理当夬其所夬，应其所应，终得无咎，宜也，非幸也。观彼壮頄者果，其可壮頄以取凶乎？况消息纷若，执时忘位，岂君子之所当行。虽若濡有愠，尔能浼我乎哉。虽若能决柔乎，将罹来兑之凶耳。况独行者，本无畏乎濡者也。由上二爻庶见独之为德，亦足多焉。或更依象推之，于剥三姤四似之。乃剥三之剥之无咎，非小人中之君子乎？唯姤四之应初，实君子中之小人，无鱼起凶，早辨为是。

三十二、彼兹与发挥

彼在之象为一爻变，受兹之象为一爻不变。一爻变则五爻不变，一爻不变则五爻变，故同卦同爻之彼在受兹，盖为错卦云。然彼兹之象，尚可由一爻变不变，推及二爻变不变，乃象与发挥可通。

凡二爻变十五，即发九挥六，二爻不变十五，亦为发九挥六。二爻不变者即四爻变，故同卦中相同二爻之彼兹发挥，亦为错卦云。夫单言彼兹，义谓一爻变不变。合发挥而言彼兹，已谓二爻变不变。又单言发挥，义谓阴阳二爻之易位。合彼兹而言发挥，更言二爻同变其阴阳。如二爻为一阴一阳，则同变其阴阳，与阴阳二爻之易位同。唯二爻皆为阴或阳，则易位后其象未变。同变其阴阳，则两阴变成两阳，两阳变成两阴，而其象变焉。

下述三十种彼兹发挥之象。凡彼发九种，应于《六龙图》之九畴，每畴皆可彼发而变。兹发九种，亦应于《六龙图》之九畴，象当每畴受兹为不变。以变与此畴合成纵横二龙之其他两畴，或纵或横无以异也。

又彼挥六种，阴阳位各三。阴位者，变在二四，四上，上二。阳位者，变在初三，三五，五初。兹挥六种，亦阴阳位各三。阴位之三，则变三阳位及阴位所未及之一爻。阳位之三，则变三阴位及阳位所未及之一爻。曰阴位所未及之一爻，即二四未及上，四上未及二，上二未及四。阳位所未及之一爻，即初三未及五，三五未及初，五初未及三是也。

三十三、彼兹发挥与纷若

卦象之变，极于四千有九十六，筮道莫外。玩辞以观其象，盖在彼兹发挥纷五者，乃可由本卦变及六十三卦。至于不变之本卦，唯潜龙之德，始足以象之云。故本卦不变曰潜，一爻变曰彼，二爻变曰彼在发挥，三爻变曰纷若，又合以彼发，四爻变曰受兹发挥，五爻变曰兹，六爻变曰干乘之纷。考汉《易林》、宋《启蒙》之象，悉在其中，不亦几乎？

夫纷有干父之蛊与乘马班如之辨，以当刚柔之六位，故合干乘之纷即六爻变。取其一，纷若为三爻变，凡三爻变共二十。干纷与乘纷为二，各合以彼发九，三爻变备焉。或以纷若合以彼挥六，如刚柔位同，即一爻变彼在之六。如刚柔位不同，即五爻变受兹之六。至于三爻变纷若，亦可合以兹发九，然合以彼发，共变五爻。其间一爻二变而反复，仍同本卦之阴阳，故亦为三爻变。如合以兹发，则共变七爻。其间二爻，皆二变而反复，仍同本卦之阴阳，故亦为三爻变。

然兹发未若彼发之简，更以兹挥六合于纷若，则刚柔位同，为五爻变受兹之六，刚柔位不同为一爻变，彼在之六是也。呜呼，见几之君子，当具确乎不拔之德，本以观彼兹发挥纷，其能亲见伏羲乎，其已见之乎？极深研几，此其一也。

三十四、安贞与安节

安贞何谓也，安于正道，无与乎得丧也。其得丧若何，谓四时流行，八方有位。立秋位西南而得朋，安之也，立春位东北而丧朋，亦安之也。安于正道，朋之得丧，无容心焉，此坤之安贞。若讼四之安贞，同乎异乎？曰其理同，其迹异。理同若何，安于时位之正，不以得丧扰其心也。迹异何指，谓时当违行而讼，位四上出而复，此不同于括囊者也。复以即命，此不同于不习者也。不克讼而渝，此不同于含章可贞者也。一言以蔽之，坤之安贞犹性之，讼之安贞犹反之，及其致之一也。

若节四之安节，何谓也？所以异于节三之不节。然则安节于苦乎，安节于甘乎？曰甘而安之，理当坤之安贞，性之也。苦而安之，以渝不可贞为可贞，理当讼四之安贞，反之也。且未得安节之亨者，何能得安贞之吉。故安节为安贞之阶，安贞为安节之成，成贞道以起元，地应天而来复，安之功显焉。《书》曰"钦明文思安安"，非安节与安贞之谓乎？

三十五、曰动与不节

困极气塞，通之曰动。曰以通气，动以悔亡，困象斯亨。葛藟臲卼，征而去之，不亦吉乎？困介节，其唯不节，泽水能不涸而不困乎？其唯节之，泽取坎水有穷尽乎？宜节不节与困不困，互为消息。节以免困，困必不节。

玩二篇之辞，仅于困上系"曰"字以通气，所以节之，是谓气节云。静极不变，可不曰动以节其气乎？然则动极不变，亦当曰静以节其气。惟困乃曰动，若曰静者，象当潜龙勿用，以节坎窞漩渊之回水也。

三十六、户庭与门庭

一扉曰户，二扉曰门，阳一阴二，故户象阳而门象阴。夫阳足阴乏，阳盈阴虚，乃户庭盈足而可不出，门庭虚乏而不可不出。节初曰"不出户庭无咎"，节二曰"不出门庭凶"，此之谓也。若三百户邑人，各有其德，各守其业，安节之亨，庶足以象之，不亦乐乎？唯不安而兴讼者，始出户耳。孰知不克讼而归逋，仍将入户以避眚，何必出户以自取其咎耶。

虽然，户居者可废其德业乎？人废德业而不仁，是谓无人。窥丰屋蔀家之户，何能有人。既不足于户内，此丰上三岁不觌之凶也。至于门庭之出，未可失几。几有二，于门内之几，阳当同人于门，阴当获明夷之心。于门外之几，阳当知时之通塞，阴当随官之有渝。合阴阳二几而出门，任重道远，前程锦绣，何必守门不出而取凶哉。

三十七、虎变与豹变

易道尚变，变之大别有二，曰虎变，豹变。虎变者，卦变也，大人之事。豹变者，爻变也，君子之事。君子以成大人之德，爻变以观卦变之象。革五曰"大人虎变"，所以改命以变卦。革上曰"君子豹变"，所以因变而考其德。乃大人究君子之变而至命，君子承大人之命而成性。利贞性情，爻变极于发挥。卦变元亨，未占有孚，天命之性，彼兹发挥纷，非卦变之极致乎？

虽然，虎变有二。其一，一而六十四，已通阴阳之多寡。其二，明辨阴阳消息之等,且合之索之,消息之反类之,是也。观《启蒙》之卦变为前者,《本义》之卦变为后者。徒知前者,不得不占,仅用后者,其命非天。虎变者,大人之改命,已当天命之性,宜其未占有孚。此二种卦变,殊宜并存,盖相辅而行者也。

若前者之图,汉有《易林》,宋有《启蒙》,言之已详,数极而其象定矣。而后者之图,汉有荀虞等,自宋及清,诸家各有所言。言非一也,理无二致,虎变之不测,奚可执其迹哉。考其理,有几言焉,即消息反类,合之索之而已矣。

凡此类虎变,起于乾坤。乾坤之变,其一消息成十二辟卦,其二三索而得六子。且六子者,即十二一阴一阳卦之应爻相合,复豫合震,姤小畜合巽,师比合坎,同人大有合离,谦剥合艮,履夬合兑是也。此十二卦中,于剥复夬姤又为消息之几。由是而消息,于二阴二阳为临观遯大壮,于三阴三阳为泰否。凡消息卦,具否泰反类之象。于二阴二阳中,临反观,其合中孚,遯反大壮,其合小过。于一阴一阳中,剥反复,其合颐,夬反姤,其合大过。此四卦及乾坤习坎离,即反复不衰卦八。

若一阴一阳之合成二阴二阳,于阴阳卦未变。于二阴二阳之合成四阴四阳,已变阴阳卦。盖中孚小过,犹三画卦之坎离,阴阳互根之象也。计三阴三阳卦二十,即泰否各变九卦,且皆可反类。二阴二阳卦三十,六子及合成四卦外,尚有二十。计临观遯大壮各变四卦,于屯蒙革鼎,可兼有消息来,乃取来自六子(图另详*)。由是六十四卦之变,悉在其中。

夫消息天命也,索之合之反类之,有人事焉。得初筮、原筮之理而舍其占,唯虎变之大人能之。若君子者,因其变而发挥之,推情合性,豹变之谓也。

---

* 整理者按:图未见,疑即《象辞结构图》。参见作者《论〈周易·象〉作者的思想结构》,收入《易学史发微》。

三十八、高宗与既济未济

高宗为殷中兴之主，所以济未济而不使既济之终乱者也。宜爻辞系高宗于既济九三，伐鬼方以济之，足以上承祖德。文王及之，非以谏纣之宜法高宗乎？又于未济九四曰"震用伐鬼方"。震用者，高宗用震道以伐鬼方。震道者，乾元出焉，未济而暌，初九元夫当之。渐息而成既济，一车鬼方之人，皆无初有终。遇雨之吉与舆曳牛掣之境，不亦大异乎，亦可见三年克之之艰意也。赏于大国，当痛定思痛，尚可更用小人乎？此与师上同义。

三十九、帝乙与泰归妹

帝乙，殷帝也。或以为汤，汤名天乙是也，或以为纣父。夫帝乙者，归妹以明阴阳之理，泰五当之。观泰象者，已交天地，然三四之人道尚未交，帝乙归妹以交之。泰三四变，为震兄归兑妹之象，人道终始，时之谓也。其君尚德不尚饰，几望而不盈，不愧为帝乙之妹。于纣，亦当上承帝乙之德者也。夫文王之系及高宗，谏纣以既济之位也。又系及帝乙，非谏纣以归妹之时乎？凡六十四卦之四参象，唯归妹当震春离夏兑秋坎冬之四时云。

四十、箕子与明夷

箕子者，纣诸父，殷之太师，惜纣之不用其言，乃佯狂为奴。文王系之于明夷五，其义深焉。五正而济，犹高宗之中兴。二变而泰，犹帝乙之归妹。奈纣之不用，其明不亦晦乎？《洪范》必待武王而传，能无麦秀之悲耶。太师不克如康侯，此文王所痛心者，利贞之辞，其情毕现。文王与箕子，友情诚挚，玩《易》可喻。象合言之，盖易地皆然。夫二篇系人名唯三，高宗、帝乙与箕子是也。高宗位、帝乙时、箕子德，易道者以德而六位时成，以人事实之即此三人。既未济泰归妹明夷晋，其几深矣微矣，有德者愈积而愈悟，何待言乎哉。

四十一、论夬履与孚剥

兑得乾四德之三为亨利贞，其元在艮之反震，兑上变履，履上为其旋元吉。若履曰"夬履"，兑五曰"孚于剥"，皆以明消息之起元。履三旋夬，决而乾，乾而姤，坤元之始凝，善不善早辨为是。兑三受兹剥，剥而坤，坤而复，乾元之生，贵在孚剥以出之。孚则剥之无咎，免来兑之凶。履虎尾者，夬以防咥人，履霜之几莫早焉。故履之夬之剥之孚之，皆为力行之仁。出入无疾，消息生元，四德终始，又于兑履二卦而见矣。

四十二、鸣谦与鸣豫

谦之所以成谦，九三也。豫之所以由豫，九四也。众阴一阳，虽不欲为主，不可得也。主之以谦豫于天下，天下法之，不亦善乎？谦二承三，谦上应三，法之之近者，宜谦之二上皆曰"鸣谦"。鸣谦道者，承上以化下，二以文，上以武，犹包蒙与击蒙。因境用之，天下谦谦，雍熙揖让，劳之执之，谦道有终，鸣谦者有功焉。再者豫综谦，初应四亦鸣之，三承四又盱之，盱豫者得之于心目，尚未鸣之于口也。

夫谦三豫四，实有其德，足为天下主。唯谦德主内，人皆可法。鸣之者，恐其不力耳。法之者，防其不谦耳。鸣谦行谦者，吉而已矣。若豫德盖主外，外物不可必，得而主之，有命存焉。故由豫之德，介之为贵，见几为是，其可盱其迹而羡之，鸣于口而求之乎？求不以义，羡不以礼，乃鸣之之凶，盱之有悔。悔而迟悔，盱久必鸣，鸣豫丧志，务外失道，能不凶乎？画虎类狗，鸣豫之象，君子鉴之。物不平而鸣，可不辨谦豫哉。

四十三、鸣鹤与翰音

"牝鸡之晨，惟家之索"，《牧誓》所引之古言也。然则鸡为家畜，其来久矣。惜鸡之为畜于家，有翼不用，一如无翼，飞仅数尺，尚可视之为禽鸟乎，与雉已大异。

于象离为雉，巽为鸡。雉者保其羽翼之文明，宜鼎食取之。若鸡者，丧其上出之能，非消象而何。惟鸡犹善啼，是谓翰音。鸡鸣昧旦，亦能知时，奈其音近地，其可登天乎？或以翰音登天，天亦数尺耳。以之视天之近，犹坐井观天之小，贞之安能起元。贞而无元，凶其继焉。

至于鹤鸣夜半，亦知时者也。冲天之飞，九皋之唳，千里感应，好爵子和，贞下复元之谓。中孚爻辞二曰"鸣鹤"，上曰"翰音"。二在阴而复鸣鹤之贵也，上在天而消翰音之贱也。夫姤复消息，卦气以生，准诸中孚，非取义于鸣鹤与翰音乎？

四十四、履霜坚冰与直方大

坤二之直方大，盖承坤初之履霜言。霜者，阴始凝。始凝一点，元之谓也。履之者能知之乎，知之而能辨其善恶乎？或知或不知，或辨或不辨，其姤复之消息依然，贵能早为之所耳。

唯有始凝之点，积而成线，是之谓直，积线成面，是之谓方，积面成体，是之谓大，大即坚冰至矣。夫由姤凝而成体，岂足习哉。谚云"种瓜得瓜，种豆得豆"，履霜者其慎诸。

四十五、直方大与萃有位

直方大以成体，是之谓位。位者，人之所立，有物之谓也。《诗》曰："天生烝民，有物有则。民之秉彝，好是懿德。"凡此物则犹直方大之立体云。

究立体之象，具直角者三，曰三维。一维曰直线，其端有二，即阴阳也。二维曰方面，四直线成角四，即四象，太阴太阳少阴少阳是也。三维曰大体，六方面成角八，即八卦，乾、兑、离、震、巽、坎、艮、坤是也。观人世万物，有不成大体者乎，是之谓三维世界。物则者，八卦之各萃其位而有之，有位有则，物无遁形。如泽之萃于地，取之不尽，用之不竭。秉彝者，好是懿德，准絜矩之道，役物而不役于物，不习无不利之光也。

四十六、直方大与归有时

直方大以成体，三维曰位，位变有时，是谓四维。四维者，直方大之动也。夫坤作成物，物动之极，斯能含万物而化光。光之为象，非四维之时乎？

究立方体之在四维空间，其边界之面八，即有八立方体以围成四维空间，其顶点数倍三维空间之八而为十六。凡八为八卦，此十六即十六互卦，乾、坤、大过、颐、剥、复、夬、姤、既济、未济、归妹、渐、家人、睽、蹇、解是也。至于八立方体，每一立方体各萃有八卦之位，位有时而八之，每一立方体各主一卦，八而八，六十四别卦以成。

故四维之立方体，即直方大之动，其周围当别卦，其顶点当互卦。互卦之象，有泰中互归妹。归妹者，人道之终始，迟归有时，所以动直方大之位而化光。先迷后得主，先后者，即先后天之时也。首乾承坤，时以统位，史巫纷若，消息时位，四维之象在矣。

四十七、直方大与畴离祉

凡直方大之动而为四维空间，其围为三维之立方体八。此八体各主一卦，亦复各具一数，先天之数乾一至坤八是也。或以九畴之数论之，复有先后天之异。其于先天数须虚五，五者中数不用，故八卦之数为一至四，六至九。其位为戴九履一，左三右七，二四为肩，六八为足是也。

以后天论之，一三而三为坎而震，三三而九为震而离，九三而七为离而兑，七三而一为兑而复坎。此震离兑坎，即归妹四参之时，是谓参天。又二二而四为坤而巽，四二而八为巽而艮，八二而六为艮而乾，六二而二为乾而复坤。此乾坤当上下两体为否，巽艮当上下两体为渐。否渐者，所以综泰归妹之时而为位，是谓两地。若夫中数五，盖当五维空间而通乎冯河之象者也。

四十八、直方大与用冯河

直方大之动，成四维空间而围有八，即九畴之四正四隅。若虚中之五，义属五维空间，所以主参天两地之阴阳两圆，动而不辨其动静，斯为河图之中数五与十也。凡由四维空间而及五维空间，其围为四维空间之立方体十，其顶点为三十二。三十二者，伍卦也。若四维之立方体十，以当别卦十。

别卦十者，天地十数河图是也。一而三者壬而甲，三而七者甲而丙，七而九者丙而庚，九而一者庚而复壬，此甲丙庚壬有戊主之。又二而四者丁而辛，四而六者辛而癸，六而八者癸而乙，八而二者乙而复丁，此乙丁辛癸有己主之。戊己者，别卦之别卦，四千有九十六卦之象也。

用拯马壮，冯河而济，何窒塞之有，何穷乱之有。夫五维之理，性命乃成，天命之性，积德以悟，岂迫言语文字世知俗谛而致之者乎？

四十九、畴河与甲庚

九畴离祉，洛书之谓，四维之五维之象。冯河以济，河图之谓，五维生生之象。生生之谓易，五行生克之极致，虽克之犹生之也。凡五行有生成之辨，即天一生水，地六成之；地二生火，天七成之；天三生木，地八成之；地四生金，天九成之；天五生土，地十成之。此天一地二之十数，即甲一乙二之十天干，合言之天一甲水，地二乙火，天三丙木，地四丁金，天五戊土，以上为五行生数。又地六己水，天七庚火，地八辛木，天九壬金，地十癸土，以上为五行成数。

更以河图方位观之，尤见天干配五行变化之妙。于生数当东南，属纵横之变。即甲水乙火，其水火之位纵，变横属东，甲乙木也。丙木丁金，其木金之位横，变纵属南，丙丁火也。且十数中，唯天五戊土不变，是犹五维生生之元，以主四方纵横之变者也。于成数当西北，属周流之变，即庚火辛木。其木东火南之位周流之西，庚辛金也。壬金之金，其位西，周流之北成壬水。又己水与癸土之位相易，盖中土之五不变，其变在十。夫土水之变，由中及周，生生之本也。如是之变，始为甲乙木，丙丁火，戊己土，庚辛金，壬癸水。其数为甲三乙八，丙七丁二，戊五己十，庚九辛四，壬一癸六是也。

以五维空间观之，此十者为四维空间，而为五维空间之表面。故悟此十数之变化，犹于三维空间中，究其上下前后左右之变也。若先后甲庚之终始，其七日来复之神妙，即变于五维空间之象。干蛊纷若，事有高尚于此者乎？

五十、畴河与筮占

由点线面体而四维、五维空间，即履霜由直方大而坚冰至，以及九畴冯河之象。卦则太极点、两仪线、四象面、八卦体，六十四卦为四维空间，四千有九十六卦为五维空间是也。更以几何图形示之，由三维立体图而移动之，或投影成二维平面，再使成立体图，皆为四维空间之形。而或投影与移动，即为五维空间之形（图另详）。

由是三维空间之上下前后左右，宜加以动静、内外，或一或二，以成四维、五维空间。动静者，消息也，纷象当之。内外之投影，犹一芥子与三千大千世界之互入，变象当之。虎变豹变，史巫纷若，若干种心有不知不见者乎？初筮原筮，未占有孚，任彼憧憧，受兹终始。黄裳而黄离，九畴之祉，牝马而拯马，冯河乃济，离之无已，拯之无穷。十大行愿，将以顺性命之理。甲之庚之，庶几悟三才之情。履错以敬，习坎平坎窞之渊。自强尚虚，化人保无首之和。凡宇宙之大，十方尽之，人心之赜，五维见之。行以止显，内外攸分，动乎静乎，大乎小乎。戊以喻静，己为水土之变。癸土之水，内以向外，壬金之水，外以向内，此土水生成四数之变，非易道之缊乎？

起卦气，贞生元，筮之者筮此，占之者占此。乃六十四卦之六十四卦，各具五行而十，甲乙丙丁与庚辛，犹三维之上下前后左右之变也。此絜矩之道，行之在人，益以二维而五，非人之神乎？神而明之，存乎其人。参天地者，其鉴诸审诸。觉世牖民，自勉以勉人，忘我忘法，有位复有时，筮以求上出之道。初原其一，情归一握，四千有九十六卦何异，非未占之孚乎？

附录一　论纷卦之序

于六十四卦消息图中，其对称之二对消息曰纷卦。纷之为言分也，谓初、三、五或二、四、上变易其阴阳，《说卦》曰"分阴分阳，迭用刚柔，故易六位而成章"是也。若六十四消息卦之次，起自乾坤，然后以消息所及之卦，依次更起消息，则始终二对消息卦，自然为纷卦。今宜详言之。

凡六十四卦消息，观其所及之卦，其阶有六：

其初为乾坤二卦，消息之本也；其二为乾坤消息所及之姤、复至夬、剥十卦；其三为姤、复至夬、剥十卦消息所及之同人、师至大有、比二十卦；其四为同人、师至大有、比二十卦消息所及之讼、明夷至晋、需二十卦；其五为讼、明夷至晋、需二十卦消息所及家人、解至睽、蹇十卦；其终为家人、解至睽、蹇十卦消息所及之未济、既济二卦。

此当由时而位，盖初为乾坤消息，经六阶而必终于未济、既济消息。反之由位而时亦然。即下为未济、既济消息，经过二三四五而及上，必为乾坤消息。两端及对称卦象之皆为分阴分阳，岂有求而为哉？此六阶之往来、时位之转化也。升六五"贞吉，升阶"，《象》曰"贞吉升阶，大得志也"，是其义。升阶者，时升六阶而成位，位升六阶而成时。"贞吉，升阶"而"大得志"，则纷卦相合。以升卦言，其纷卦及节，五爻"往有尚"，其节甘焉。

《系辞上》释节初曰："乱之所生也，则言语以为阶。"阶，即升阶之阶。子曰："可与言而不与之言，失人；不可与言而与之言，失言。

知者不失人，亦不失言。"（《论语·卫灵公》）失人失言者，不知时位所致。知而不失者，其知此升阶之象乎（见《升阶图》）。图示时位各经六阶而互变，唯其方向异，《序卦》之始乾坤终未济即此象。艮六五："艮其辅，言有序，悔亡。"《象》曰："艮其辅，以中正也。"盖艮位成终成始而知时，乃其言有序，非乱阶，而悔亡。象当节初应四，节六四："安节，亨。"《象》曰："安节之亨，承上道也。"谓承九五甘节而安。凡节四不变而其他五爻皆变，其象已成艮。四承五而言有序其居安，《系上》曰："君子所居而安者，易之序也。"《序卦》之得失，安危依之，作《易》之忧患在焉。此消息升阶之序亦然，时位之升，其可不知纷卦间之序乎？（图见下页）

以理言，消息者，两错卦之渐变而通为一，当一元之象。十二消息卦者，犹周流于圆周上。六十四卦消息，其圆三十二，曰升阶之序，谓序此三十二圆。再者两错卦之能消息而周流于圆周上，必有中心一点，若此点之象，即为两错卦由消息而合一，故亦为一圆。此二圆之相合，状如连环，当升阶之始终二对消息卦。《系辞下》曰："原始要终，以为质也。"质，犹纷卦之象。《参同契》曰："阴阳之原，寥廓恍惚，莫知其端。先迷失轨，后为主君。无平不陂，道之自然。变易更盛，消息相因。终坤始复，如循连环。帝王承御，千秋常存。"此谓辟卦之消息，当由坤而复，盖十二消息已周。乾坤消息者，当泰九三"无往不复"之时，依升阶之序而得纷卦，自然有泰九三"无平不陂"之位。故有辟卦之消息一周，必有既济、未济之消息一周，此二周之"如循连环"乃"寥廓恍惚，莫如其端"，而实为阴阳之原也。

夫六十四卦，因消息而通为三十二圆。又因纷卦而通为十六连环，此十六纷卦皆可为首，然仍当升阶之两端，唯其间之序，各各不同（见《纷卦次序图》）。图以乾坤升阶之序而命之数，由乾坤一姤复二以至未济既济三十二是也。凡纷卦当对称之位，故二对消息卦之和数皆为三十二。以醒目故，于一至十六之往复消息以蓝色示之，十七至三十二之平陂消息以黑色示之。

升阶图

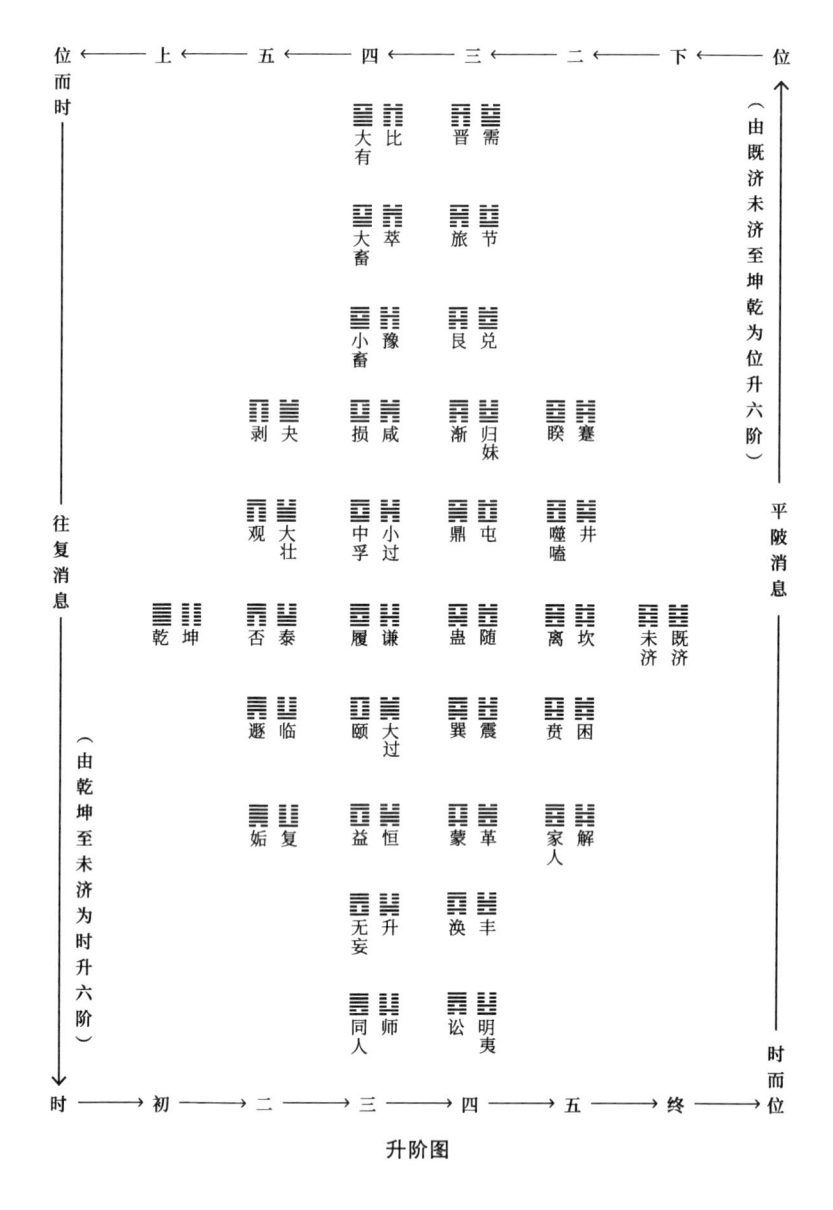

若第一横列，即《升阶图》，以下十五列，乃使其他十五纷卦各自为首，然后观其消息之次，则自然亦由六阶。唯平陂消息与往复消息之纷卦，有九卦仍为平陂消息卦，有六卦已为往复消息卦。当二阶之纷卦为首，其于二阶尚未杂其他消息，故所杂之其他消息六卦，皆于三阶。若于三阶之纷卦为首，其于二阶三阶各杂其他消息三卦云。又杂于二阶之纷卦为首者，皆为四阶之卦。杂于三阶之纷卦为首者，则于二阶而杂以四阶，于三阶而杂以五阶。总观此图，其相杂之象，犹重重帝网，盖以见时位之赜。《系辞下》曰"六爻相杂，唯其时物也"，非此象欤？九六者，阴阳爻之数。初上者，杂而为质。中爻者，杂而以辨是非。三四阶相杂者，犹如乾乾坎坎之反类。二四阶三五阶相杂者，犹同功异位。分阴分阳之象，不亦妙乎。凡六十四卦三百八十四爻之消息，可云尽焉。（见彩插一）

至于纷卦之连环见其一圆，则他圆已合为一点，而为此圆之中心。或见他圆，则此圆已合为一点，而为彼圆之中心。故言往复消息即不言平陂消息，言平陂消息即不言往复消息。此自然之理。虞注中有其例，所谓"旁通"是也。按：旁通者，错卦之变通。虞氏以消息当之。然消息兼六十四卦言，旁通则分时位，先录虞注于下：

注比卦辞（与大有旁通）	注大有卦辞（与比旁通）
注小畜卦辞（与豫旁通）	注豫卦辞（与小畜旁通）
注履卦辞（与谦旁通）	注谦卦辞（与履旁通）
注同人象（与师旁通）	
注蛊卦辞（与随旁通）	
注临卦辞（与遯旁通）	
注剥卦辞（与夬旁通）	注夬卦辞（与剥旁通）
注复卦辞（与姤旁通）	注姤卦辞（与复旁通）
注大畜卦辞（与萃旁通）	
注颐卦辞（与大过旁通）	
注坎卦辞（与离旁通）	注离卦辞（与坎旁通）
注恒卦辞（与益旁通）	
注革卦辞（与蒙旁通）	
注鼎卦辞（与屯旁通）	

以卦象论，六十四卦消息，自然有三十二卦旁通，然虞氏注仅有二十卦。其间两旁通卦互注者十二卦，注一卦者八卦。初视之，似无例，实则分平陂、往复而言，与《升阶图》同义。且宜合综卦以明之，见《升阶综卦图》。此图犹《升阶图》，唯依两端之次，使综卦合一而已。若相合之象时之二阶，中为否泰；位之三阶，中犹随蛊：皆当错卦为综卦，故以旋转而合之。又时之三阶，中犹中孚小过；位之二阶，中为坎离；皆当本卦为综卦，故以对称而合之。（见彩插二）

然于升阶之次，未可变动。故时之三阶，益、恒仍当在颐、大过之前。位之三阶，兑、艮仍当在归妹、渐之前。由此图以读虞注，可悟旁通之精义焉。盖虞注旁通者，言于连环中之往复消息一圆，故姤、复、剥、夬四卦，皆注旁通，而蹇、睽、家人、解四卦皆不注；临、遯、大壮、观四卦中，于临注之，而井、噬嗑、贲、困皆不注；师、同人、大有、比四卦中，于同人、大有、比注之，而需、晋、明夷、讼皆不注；升、无妄、大畜、萃四卦中，于大畜注之，而节、旅、丰、涣四卦皆不注；恒、益、损、咸四卦中，于恒注之，而兑、艮、震、巽四卦皆不注；大过、颐二卦中，注于颐，而归妹、渐二卦皆不注。

由是以及中，连环二圆可互通。故谦、履、小畜、豫四卦皆注外，于屯、鼎、革、蒙中亦注于鼎、革。二圆皆注者唯此，即"无平不陂，无往不复"之"天地际"也。位中者乃不注于往复消息之圆，而注于平陂消息之圆。故中孚、小过二卦皆不注旁通，而随、蛊二卦中于蛊卦注旁通；否泰二卦皆不注旁通，而坎离二卦皆注旁通，是即否泰反类而生坎离之用。此纷若之质，乾坤与既济未济之时位而已矣。图中加圈之卦，即虞注旁通者。位中而连环相通，以蓝色示之。读虞注十二辟卦之往复消息，盖详言卦气之时，是曰元亨。虞注《文言》"乾元者，始而亨者也"，曰"乾始开通，以阳通阴，故始通"是也。若于平陂消息之位，虞注既济卦辞曰："六爻得位，各正性命，保合太和，故利贞矣。"注未济卦辞曰："六爻皆错，故称未济也。"乃以位为利贞。

此乾坤与既济、未济之当时位，且合以四德，绝非虞氏一家之言，盖与经文皆合。若往复消息与平陂消息之分成纷卦，实由消息而得。虞氏注中虽未立其名，然注"无平不陂，无往不复"曰："陂，倾，谓否上也。平谓三，天地分，故平。天成地平，谓危者使平，易者使倾。往谓消外，复谓息内。从三至上体复，终日乾乾，反复道，故无平不陂，无往不复。"已有其义焉。惜巽二"纷若"之注已阙，且合以所存之注以观之，此六十四卦消息图及纷卦之象，虞氏尚能见之，所注之"旁通"绝非偶然。其间虽有阙，如一阴一阳卦十二即乾坤十二爻，当往复消息之主。坎离为乾坤之用，而当平陂消息之主。故皆错卦各注"旁通"，以见阴阳相对之理。然唯师卦未注"与同人旁通"，此定系传抄而遗漏，其他或尚有，已未可知。然于往复消息卦中，皆有注。于平陂消息卦中，绝无有注。于位中各卦之互变，皆得象数之自然，岂可谓或有阙佚而忽诸。其间二圆兼及之八卦，宜一论之。

泰九三《象》曰："无平不陂，天地际也。"天地之际者，人也。象当三四爻。《说卦》曰："立人之道，曰仁与义。"若此八卦，皆当三四爻之变化。

履象六三一阴☱（其他五爻皆阳）　谦象九三一阳☷（其他五爻皆阴）

屯象六三失位☵（其他五爻皆得位）　鼎象九三得位☲（其他五爻皆失位）

小畜象六四一阴☴（其他五爻皆阳）　豫象九四一阳☳（其他五爻皆阴）

革象九四失位☲（其他五爻皆得位）　蒙象六四得位☵（其他五爻皆失位）

乃履、谦、屯、鼎四卦，由阴阳失得以明仁。小畜、豫、革、蒙四卦，由阴阳失得以明义。仁者，阳以制礼，阴以履礼，君子以至诚，经纶天下之大经。失则知几而舍，知天地之化育也。得则正位而凝，立天下之大本也。克己复礼，焉有所倚？肫肫其仁，渊渊其渊，浩浩其天，仁远乎哉。义者，阳以仁乐，阴以畜之，君子以懿文德而尚往。虽得而困，远实而蒙也，宜发之而奏养正之圣功。虽乾而失，不进而或也，宜奋而或跃在渊。革失位以改命，去故取新，义有不仁者乎？明仁义而人道立，四德周流而时位一，其际不可不复。《系上》曰："乾坤其易之缊邪。"由缊以见易，所见者在此。消息纷卦之象，非易之原乎？

附录二　论十二时卦大矣哉

《系上》曰"变通莫大乎四时"，荀爽注曰："四时相变，终而复始也。"《系下》又曰："变通者，趣时者也。"虞翻注曰："变通配四时，故趣时者也。"《说文》："时，四时也。"易理以元亨利贞四德，当春夏秋冬四时。以卦象象之，即乾坤消息成十二辟卦，犹十二地支以当四时之孟、仲、季。合诸五行为四季属土，孟、仲以东南西北四方为木火金水（图1，见74页）。

更论卦象的消息，非徒乾坤有十二辟卦，凡旁通两卦的变通，皆成十二卦。一如辟卦之合于四时五行，由是六十四卦的消息变通，成乾坤阴阳与既济未济得失的两端。于得失一端，就是既济未济消息成十二卦（图2，见75页）。

泰卦九三："无平不陂，无往不复。"凡平陂指空间的起伏，犹当既济未济失得爻位之消息；往复指时间的辗转，犹当乾坤阴阳卦时之消息。此卦时爻位，相须而不可分，以当易道阴阳的基本概念。故《象》以释爻辞，每言位之当不当；《彖》以释卦辞，亦屡言时之大矣哉。凡爻位有发挥之至情，卦时具消息之大义。此文仅以卦时言。

读六十四卦之《彖》，约三分之一提及"时"字。而以"大矣哉"赞之者有十二卦。分"时""时用""时义"三类，下先录原文：

一、"时大矣哉"（四卦）

颐《彖》："……天地养万物，圣人养贤以及万民，颐之时大

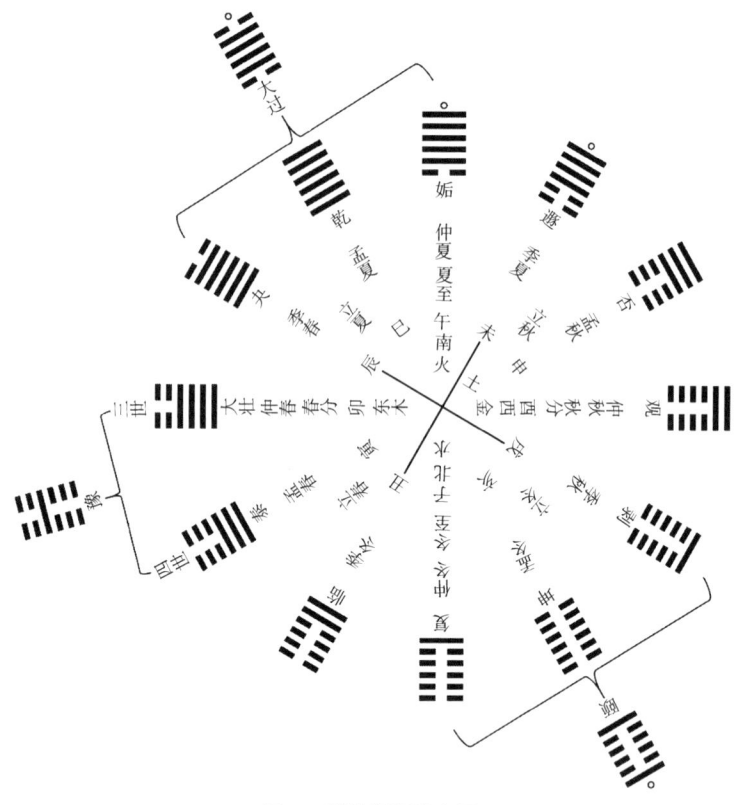

图 1　乾坤阴阳消息图

矣哉。"

大过《彖》："……大过之时大矣哉。"

解《彖》："……天地解而雷雨作,雷雨作而百果草木皆甲坼,解之时大矣哉。"

革《彖》："……天地革而四时成,汤武革命顺乎天而应乎人,革之时大矣哉。"

二、"时用大矣哉"(三卦)

坎《彖》："……天险不可升也,地险山川丘陵也,王公设险以守其国,险之时用大矣哉。"

睽《彖》："……天地睽而其事同也,男女睽而其志通也,万物睽

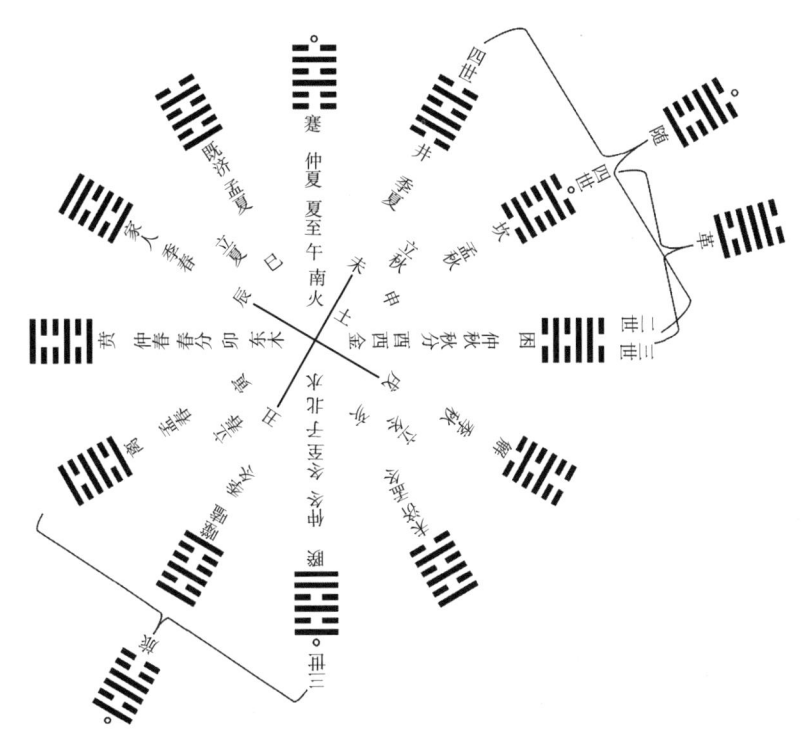

图 2　既济未济失得消息图

而其事类也,睽之时用大矣哉。"

蹇《彖》:"……蹇之时用大矣哉。"

三、"时义大矣哉"(五卦)

豫《彖》:"天地以顺动,故日月不过而四时不忒;圣人以顺动,则刑罚清而民服,豫之时义大矣哉。"

随《彖》:"……大亨贞无咎而天下随时,随时之义大矣哉。"(王肃本"天下随时"作"天下随之"。又"随时之义"作"随之时义"。)

遯《彖》:"……遯之时义大矣哉。"

姤《彖》:"……天地相遇,品物咸章也。刚遇中正,天下大行也,姤之时义大矣哉。"

旅《彖》:"……旅之时义大矣哉。"

深究吾国的象数，确可总结成"阴阳"与"五行"二大类而相互贯通。于"阴阳"即六次方而成《周易》增爻的六十四卦，于"五行"即十干十二支的最小公倍数成六十花甲。此六十与六十四的相应贯通，历代注意象数者，皆合而观之。如不知其当合，即不能明吾国象数之蕴。若所以需要合观的原理，从未有确切的说明。今引入多维空间的象数，庶见六十与六十四的关系，亦即卦象与干支的关系，本有正确的联系（另文详之），故六十而分五行，其数十二为地支数，合于卦象为十二卦。此《象》于释卦辞，特于六十四卦中取十二卦而赞以"大矣哉"以明卦时，此十二数绝非偶然。至于所以取此十二卦者，由上述消息两端的易图已可说明，实本四时合五行以观其生克的情状，即乾元趣时的变通。

图1的消息，始于乾坤。虽兼时位而言，然乾以卦时为主，坤以爻位为主。故"时义大矣哉"，取乾遇姤遯而不及坤生复临。当由姤而遯，时当夏而长夏，于五行为火生土。尚有逆行的火生土，卦象为姤之夬。或合姤夬，以见姤初来自夬上，其卦为大过。相对则由剥而复，其卦为颐，于五行为土克水。此所以于姤遯的时义外，又赞颐大过之时大矣哉。由火生土、土克水二者，始具五行生克的大义。一生一克，犹阴阳之象。若阴阳生生而乾元出震，泰四世与大壮三世，卦为雷出地奋豫，于五行属木。豫木生姤火，又克遯土，豫姤遯三卦同为时义大矣哉。

图2之消息，始于既济未济之用。由未济而睽，既济而蹇，犹乾坤之姤复。既济三世而坎，犹乾消而否，睽蹇坎三卦，实既济未济消息时用之本，《象》特于此三卦赞以时用大矣哉，所以趣时以脱乾元于乖难险。于五行的形象，蹇难属火，坎险属金，睽乖属水。又睽蹇相错外，坎有对称卦解，于五行属土。所以解乾元之乖难险。

计乾坤为体之消息取二卦（姤、遯），既济未济为用之消息取四卦（睽、蹇、坎、解），本阳一阴二的比数，又取中点困卦三世与坎卦四世的相同卦革。此革卦于五行属金，与豫木相对，春生秋杀，亦体用之象。凡革解与颐大过分处于既济未济与乾坤,即既济四变革,未济上变解,乾坤同为上初变成大过颐,故此四卦同为时大矣哉。四时有阴阳失得之象。

此外睽三世离一世为旅卦,五行为水生木。井四世困二世为随卦,五行为土生金。合于姤遯豫,恰当五行相生之次。即姤而遯为火生土,随为土生金;遯而旅为金生水,旅为水生木;豫而姤为木生火。如是周流无已,体用相间,故此姤遯随旅豫五卦,同为时义大矣哉。

凡十二时卦于五行生克之种种关系,详下"十二时卦五行表"。更合而明其理,则"时用"三卦以配天地人三才之数,即天险、地险、王公设险,及天地万物与人之男女是其用。

十二时卦五行表			
乾坤消息(体)		既济未济消息(用)	
卦名	五行	卦名	五行
姤	火	蹇	火
姤→遯	火生土	蹇→解	火生土
大过(姤而夬)	火生土	随	土生金
颐(剥而复)	土克水	革	金
豫	木	解→革	土生金
豫→姤	木生火	随→旅	金生水

续 表

| 乾坤消息（体） || 既济未济消息（用） ||
卦名	五行	卦名	五行
豫→遯	木克土	革→睽	金生水
遯	土	旅	水生木
		蹇→革	火克金
		睽→蹇	水克火
		坎	金
		睽	水
		解	土

"时"四卦以合阴阳失得之四时，颐生大过死属阴阳，解甲坼而革属失得位之变。凡百果草木之仁，犹人之元，非革其何以成四时于贞下？识此四者，始可与语鬼神之情形。若"时义"五卦，犹阴阳五行之生生，穷变通久而不穷，乃知"大矣哉"之趣时，其可有执乎，其可不知两端之消息乎？体与用，犹七八与九六之四象，故体无金，用无木。青龙与白虎，其可分而不合乎？十二时中而得活子时，是之谓随时。随时之义，犹随之时义。王肃改字不必取，其理亦未尝非，惟随时当有其大义。而随与姤遯豫旅四卦当为同类，卦象震东兑西之交，非五时义卦之主乎？夜气不足以存，其何以趣时哉。元亨利贞无咎，即四时道备，君子无入而不自得。时哉时哉，非达阴阳五行之象数，其能随时乎！其能随时乎！

随时之次，盖以解时用而归诸阴阳失得之时。时与三才，自然有五行生克之义。姤遯随旅豫以当火土金水木之序，或生或克，循环无端。即此时义五卦，就是卦象与五行相互关系的一例。

《周易》象数与道教

内容提要

准《周易》原有的象数，用正则多维空间的直观图形，说明六十《灵飞》及元始天尊的宝珠。试建立数学模型，以认识吾国的整体概念。

叙论

道教由吾国的原始宗教所发展而成，凡宗教必信神，既信有神就有通神者，吾国的通神者名巫。总结古代巫术的活动范围，可分三方面：一、治病；二、预测未来；三、祭祀降神以求福。此外吾国的象数概念来源甚古，考察新石器时代彩陶上的几何图案，发展至商周钟鼎上各种复杂的花纹，可证吾国古代本有几何学的象及数字的数。此具有高度抽象性的象数，亦包括在巫术内，且可具体应用于上述三方面的活动中，乃吾国原始宗教巫术的特征。

此象数的经验积累至殷周之际，已有较多的实物及古籍的记载可供研究。主要的实物在殷墟甲骨文中，已有六十干支表。最近发掘得到西周甲骨文中，又有《周易》卦象的数字。[1] 古文献方面：较可信的《周易》有六十四卦三百八十四爻的卦爻象；《尚书》有《洪范》的相关记载。此象数概念在结合殷周文化时已起重大作用，当为周部族的文化提高商部族的文化，如由卜而筮，归纳繁杂的祭祀成郊社宗庙以当天地人三才之道等，皆可减少殷代无数的迷信思想。

其后至春秋战国时，象数理论有大发展，贵能结合当时的自然科学而成为吾国的整体思想。孔子提倡礼乐，皆以象数为基础，干支与五行生克的理论早已结合天文历数及五音律吕的乐理，阴阳家邹衍之

---

[1] 见张政烺《试释周初青铜器铭文中的易卦》，1980年第4期《考古学报》。

说可谓战国时的代表。今尚存在当时主要文献为《内经》的编集，及《周易》由二篇而十翼。且古有长生的幻想，经老庄之说结合《内经》，可丰富神仙家的思想，凡修养、服食、房中诸术，皆比附而渐盛；会通于祭祀，又产生秦汉方士的封禅；结合于预知，乃有阴阳五行的图谶。

汉董仲舒所尊的儒已合方士之说，所斥的百家实以当时所尚的黄老为主。由是黄老与儒术，有相互对立的形势。如西汉淮南王安、东汉楚王英之死，虽有种种原因，然与信奉黄老思想不无相关。凡西汉末的农民革命，皆造作图谶以争取舆论。于东汉中叶，更有进一步的宗教色彩。距楚王英的自杀（公元 71）未久，民间各地渐兴各派宗教组织，由于吉而宫崇，上《太平清领书》一百七十卷于顺帝（公元 125—144）；张陵造《太平洞极之经》一百四十四卷，亦当顺帝之时。宫崇上于朝而未用，旋为信奉黄老道的张角所用；张陵则未上于朝而组成五斗米教。其理同有治国平天下以救民的愿望，所以变化《白虎通义》的理论，以辩证君臣之德，宜为农民革命所利用。详究此类《太平经》的理论基础，仍为吾国固有的象数，与当时的易注相通。除《太平经》外，尚有基于医理养生为主的大量典籍。今仅存《参同契》，此书已用《周易》序卦及京房干支等易象以示其内外丹，而其纳甲爻辰消息之说，又为虞注《周易》所用，故《周易》象数实可通于儒术与尚黄老的道教。

当汉而魏，《周易》象数被扫于王弼。考虞翻卒于吴赤乌二年即魏景初三年（公元 239），是年何晏五十岁，王弼十四岁，已形成尚虚的学风，故汉易乏人研习而终于虞氏。其后沦亡约一千五百年，直至清惠栋（公元 1697—1758）著《周易述》始复汉易。而其间的《周易》象数，基本赖道教保存，且尚有极可贵的发展。道教本身即持此象数，既能取法于佛教思想，又能对抗佛教思想而自有其独立教义。

今由马王堆中所得的汉初资料，《周易》已有包括阴阳五行的象数，老子之玄亦及反身修养的医理。然则王弼之说，既扫《周易》象数,并神仙医家取老子之说者,亦一扫而空。同时的嵇康,尚信神仙而注意养生,即承汉代黄老之说。故正始之风起,黄老与老庄有明显的差别。于黄老之中,又有自修与治平的不同。主于自修者,即《参同》《黄庭》后成"洞真部"《上清经》;兼及治平者,即黄老道五斗米道等所本的《太平经》后成"洞玄部"《灵宝经》;更有鲍靓经葛洪传出"洞神部"《三皇经》。这就是陆修静总结晋末时所有的道经而成三洞的具体内容。观"洞真""洞神"的基本差异,似"洞真"以内丹为主,"洞神"以外丹为主。内丹归诸清静无为,故"洞真"又能合魏晋尚老庄的玄学,四辅中即以《太玄》当《道德》五千言辅之;外丹屡屡失败,迷信思想乃时时加深,四辅中即以《太清》当炼丹以辅之;若最与社会发生密切关系的"洞玄部"《灵宝》,四辅中即以《太平经》辅之。

更以《周易》象数言,有范长生(?—318)传虞氏易,其于成都辅佐成汉李雄,当两晋之际有三十年的太平,为三张五斗米教的继续。《周易》象数因中原混乱而散佚,仅蜀地流传,约四百年后唐资州人李鼎祚,犹及见汉代《易》注而辑成《周易集解》,清所以能恢复汉易者全本此书,此道教保存《周易》的史迹,然尚是汉易本有的象数。若由《太平经》演成《灵宝度人经》的形式,已加深对《周易》象数的认识。凡先秦本具的整体思想,葛巢甫归于元始天尊的宝珠,由是增加《周易》的宗教化神秘化,同时也是对《周易》整体思想的明确化、数理化。此已与佛教思想有关,而道教教义始终重视此粒宝珠,由陆修静增修的斋仪,代代继承而充实,与上下十方的所指,皆与此有关。合于阴阳生生的卦象,自然有先天的卦次。青城杜光庭(公元850—933)重视上下十方,未久华山陈抟(?—989)传出《易象先天图》,实即上下十方的具体形象。《清微仙谱》虽传出于南宋理宗时,然上推华山圣母以当上清之传而一名灵宝,与陆修静《灵宝经自序》中谓《灵宝》"删破上清"而成之义相合。盖茅山单传《上清》,华山则兼传《上清》《灵宝》,此可略窥宝珠与《周易》先天图的关系。

若陈抟传出《先天图》至邵雍的年代如下示：

陈抟（公元？—989）→种放（公元？—1015）→穆修（公元？—1032 或 1033）→李之才（公元？—1045）→邵雍（公元 1011—1077）

邵雍著《皇极经世书》，理与宝珠可通，同时张商英（公元 1043—1121）以道教理作《三才定位图》，即宝珠的形象化。张紫阳（公元 984—1082）之《悟真篇》出，所谓悟道于熙宁二年（公元 1069），实即变化道教教理而成三教合一的教理，此与《周易》象数有莫大的关系。张行成上七部易著于乾道二年（公元 1166），于《周易》象数有进一步的认识。张行成《易通变》中《贞悔图》，理同矩阵。且象数本身何来儒道之辩，北七真中郝大通（公元 1140—1212）尤善于《易》。道教法佛教的禅宗，亦多语录、公案，如牧常晁撰《玄宗直指万法同归》，苗太素举《玄教大公案》等，皆有参此元始天尊的宝珠，虽理通佛教的华严境界，然殊具道教的特色，是即《周易》的象数。若此宝珠的究竟，实为《周易》卦爻之变，数则四营仍在，象则秦后已绝。道教由宝珠而重制先天图，经邵雍，张行成而朱熹，始返归于儒。以理学言，朱则近于道，及明王阳明乃近于禅。若所了解的整体概念，尚无法以示之。明末传入西洋几何学，于清康熙略有影响，敕李光地纂《周易折中》，已能注意于《周易》象数与几何学的关系。同时《周易》的先天图，亦传至欧洲而莱布尼兹（Leibnig）已见，视之为二进位数学，今已起大作用于电子计算机。

若吾国的学风，自乾嘉朴学起，视先天图道教所出而轻视之，仅知从《周易集解》中推求《周易》象数。至于汉易的象数，确宜深究。然道教学者，主要于东晋时，为对抗印度佛教思想而悟此元始天尊的宝珠，已能总结汉易卦爻变的象数，逐步形成先天图，实为学术的大进步。《周易·系辞上》曰："易有太极，是生两仪，两仪生四象，四象生八卦。"以生生的卦象示之，自然是先天图，更以几何图形示之，自然是立方体的八顶点，吾国名之为六合，古籍中屡见。《周易》六十四卦与三百八十四爻间的变化，非三维空间所能限，故易数尚可求，易象更恍惚。今西方的几何学，已由非欧几何而发展成无穷维空间，乃于《周易》恍惚的象，可据数而以固定的象示之，由是道教中的上下十方、六十灵飞以及元始天尊的宝珠，皆有理可喻。而此数学模型，殊可代表吾国的整体概念。以下分篇解说，有以破宗教象数的迷信外衣，而显出合理的科学核心。

论《周易》卦爻与《洪范》的象数

于殷墟甲骨屡得六十甲子的周期次序，可见分观天干十地支十二的周期，当时早已成熟，《洪范》所记尚属分观干支的象数，产生在殷周之际完全可能。近年来又得周初甲骨，刻有以数字代表阴阳变化的周易卦爻象，基本用三个数字或六个数字，其为八卦及六十四卦的消息变化已可肯定。故殷有六十甲子的排列，周有六十四卦的排列，恰可代表当时（约公元前11世纪）二个主要部族的象数概念。

至于阴阳五行的文献根据，今仍宜以《洪范》为准。《洪范》曰："初一曰五行。……一五行：一曰水，二曰火，三曰木，四曰金，五曰土。"以五行合于阴阳为七，《洪范》曰："次七曰明用稽疑。……七稽疑。择建立卜筮人，乃命卜筮：曰雨、曰霁、曰蒙、曰驿、曰克、曰贞、曰悔，凡七，卜五，占用二，衍忒。"此曰"雨""霁""蒙""驿""克"，就是卜的五行。卜法以火炙钻孔的龟甲，然后观其裂纹，以属五行之兆而占其吉凶休咎。所得占用二就是贞悔，就是阴阳。此阴阳相对的概念，新石器时代已有，最具体的事实当然是日与夜，继之以日光射到之处为阳，以日光射不到之处为阴，乃是直接的推论。若以象数视其阴阳，属《周易》的范围。《周礼》有三《易》的记载。夏曰《连山》，商曰《归藏》，周曰《周易》，或有可能。今仅以《周易》论，则实物已得。以数言，凡奇数为阳，偶数为阴。以象言，凡圆为阳，方为阴。此方圆奇偶以当阴阳象数的抽象概念。观古陶器上的圆与各种曲线、方格与各种直线，已知条件具备。《周髀算经》上有方圆图，圆方图。今于郑州大河村出土的古陶器上，有相同的图形，距今为 5040±100 年（附示意图）。吾国文字象四分形的"四"字，非常可能是这一图形的简化。此方圆互容的图形，有阴阳变化的意义。

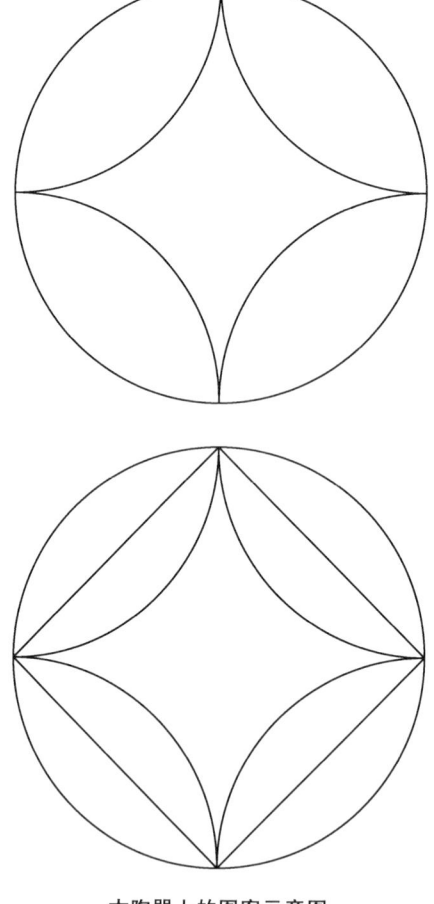

古陶器上的图案示意图
实物见郑州大河村博物馆

《周易》象数与道教

下示天干十数当阴阳相合的二种排列法。一以五行次，一以奇偶分。

```
水  火  木  金  土
一  二  三  四  五   ——生数
六  七  八  九  十   ——成数

一  三  五  七  九   ——奇数，阳
二  四  六  八  十   ——偶数，阴
```

前者全本《洪范》，后人以五行的生数成数名之，如合以方位，就是宋朱熹起名之曰河图的图形。此图先秦时早有，殷周时是否已有尚无实据，因《洪范》仅明五行的次序未明五行的方位。由后者的配合，奇数一、三、五、七、九的中数五，分阴阳就是天干十；偶数二、四、六、八、十的中数六，分阴阳就是地支十二。吾国既有天干十的周期，又有地支十二的周期，故知明确奇偶数的阴阳，起源极早。《洪范》："次九曰向用五福，威用六极。"中医内经的理论，重视"五运六气"数皆本此。又《洪范》八庶征，分"雨""旸""燠""寒""风"，"肃""乂""晢""谋""圣"为休征，"狂""僭""豫""急""蒙"为咎征。由此知五行与休咎为七，休咎各分五行为十。故贞悔之筮，既可独立于五行龟卜之外，于贞悔之中，又宜各分五行以断之而十，此为《洪范》所示阴阳五行的关系。然殷以龟卜为主，周以蓍筮为主。筮则纯用数的阴阳，与视龟兆的五行，有明显的不同。

今得周初的卦象，基本以一（一）及五（×）六（∧）七（十）八（）（）示之。若所示的意义，当指阴阳的变化，凡《连山》《归藏》以不变为占，《周易》以变者为占，《淮南子》所谓"伏羲为之六十四变，周室增以六爻"，当亦有据。凡一与二为阴阳奇偶之本，二犹八，八象相背之形为阴之正；七则阳之正，以示生之元；故七八为阴阳不

变。八而六，以示由别而交，义当由阳变阴；七而五，以示既交而又分，义当由阳变阴。其间一与七，尚同为阳不变义。其后更和方圆图形以示之，乃有《乾凿度》之说。数由一二而七九八六，方能完成大衍的筮法。

论规矩与四营

规以成圆，矩以成方，是吾国画几何图形的工具。规矩方圆之屡见于古籍，可证先秦时吾国几何学的盛行。《论语》子曰："七十而从心所欲不逾矩。"尤见当时已用几何形象喻其道德标准。年及七十，孔子最高守则归于人之生也直。又曰："为政以德，譬如北辰，居其所而众星共之。"此因吾国地处北半球，只能见北辰的不动点，凡三垣二十八宿等众星，莫不共北辰而旋成圆锥体，更是吾国重视天圆的客观事实。

凡《易》以道阴阳，阴阳的图形，即本圆规象阳，方矩象阴；阴阳的变化，以方圆的变化示之。今已得周初筮数为一与五六七八，稍后有九字出现。至于大衍之数的筮法，根据《周易·系辞》。然马王堆中所得的《周易》帛书中，《系辞》无此节，或认为四营之法起于汉。至于杨雄《太玄经》亦有筮法，其法《易》可见。《系辞上》曰"四营而成易"，陆绩注："分而为二以象两，一营也；挂一以象三，二营也；揲之以四以象四时，三营也；归奇于扐以象闰，四营也。谓四度营为，方成《易》之一爻者也。"而荀爽注："营者谓七八九六也。"此二家之注，陆氏明筮法的四度营为，荀氏以当四度营为后的四种结果。如此精密的筮法，可能起于汉，若七八九六的数，尚有《乾凿度》可据，且一七九、二八六的次序，实指方圆的几何图形。先秦学者，本规矩而论方圆的象数，以成《周易》卦爻的阴阳变化，似为最根本的易理，亦即由龟卜而蓍筮，为周室的一大进步。

《乾凿度》曰：

《易》无形埒也，《易》变而为一，一变而为七，七变而为九。九者气变之究也，乃复变而为一……阳以七，阴以八为象，《易》一阴一阳，合而为十五之谓道；阳变七之九，阴变八之六，亦合于十五，则象变之数若一。阳动而进，变七之九，象其气之息也；阴动而退，变八之六，象其气之消也。故太一取其数以行九宫，四正四维皆合于十五。

今试释于下：

凡一圆实于中为阳，二方虚于外为阴。一圆而以圆外围之必六圆，其数为七；二方而以方成一虚围，其数必八。阳七数奇而圆其中实，乃守阳而不变；阴八数偶而方其中虚，乃守阴而不变。故七八为象，以示不变的阴阳。《系辞上》曰："夫乾，其静也专，其动也直，是以大生焉；夫坤，其静也翕，其动也辟，是以广生焉。"专指圆而转，其数一而七，由静而动之为直，直者孔子行动的鹄的，《庄子·齐物论》所谓"圆而几向方矣"。象当阳七中实之圆，动直而方，自然生外围八方而其数为九，故"阳动而进，变七之九"，九有九宫《洪范》的原理。又翕指方而静，其数二而八，由翕而动，犹外虚的二方动而向圆为辟，以二圆而辟一虚围，其数为六，故"阴动而退，变八之六"，六有曲成万物的意义，宜爻数取六。若阳九数奇中实，奈其形方，故阳将变阴；阴六数偶中虚，奈其形圆，故阴将变阳。阴阳将变曰爻，"爻者言乎变者也"。阳复变而为一，一犹太极，九去一余八犹八卦。此由乾直而成坤翕，理当八卦九畴之相通。于阴六之变，指中虚处实以太极而为七，此由坤辟而成乾专六，乃由太极是生两仪而复变为二。故一圆与二方犹太极已生两仪，七九八六犹两仪以生四象。七八静为象是谓体，九六动成爻是谓用九用六。此七而九，八而六曰动静之变，更由九而八，六而七的爻变曰阴阳之变（见附图）。

以具体的事实论，吾国本以有光为阳，无光为阴。如有三《易》，

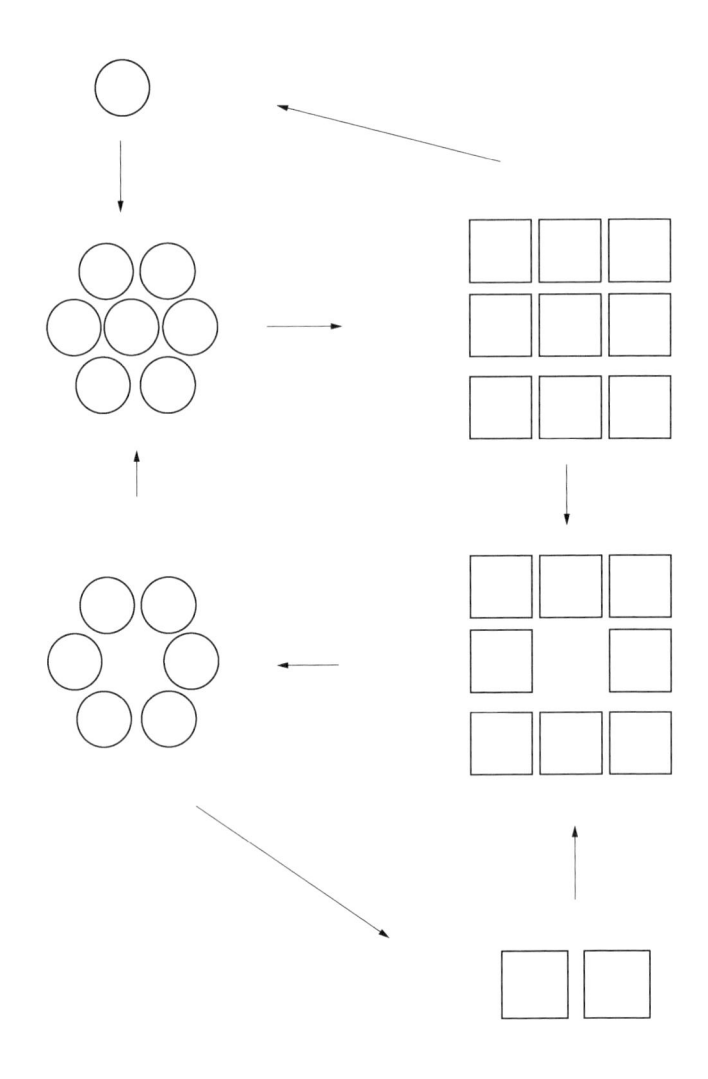

此理当同。至于周室增爻的意义，当指由阳光射到之处，将变为射不到为用九；由射不到之处，将变为射到为用六。故本此七九八六的四营变化，庶见《周易》象数之原。《系辞上》曰："蓍之德圆而神，卦之德方以知，六爻之义易以贡。"即明筮法。经七七蓍圆与八八方卦的相应，以成四千有九十六卦，是谓六爻用九用六。而于卦爻变化的象数，已具有多维空间的对偶关系。

论《周易》象数与正则多维空间

推原吾国的象数，至殷周之际已有较完备的体系，六十干支与六十四卦的不同周期，可视为殷周文化于象数的分歧处。且干支重视五行，《周易》基于阴阳，以阴阳的蓍筮代五行的龟卜而兴，实起于周初。其后筮数完成于四营，固定于七九八六的变化，庶见周室增爻的确切意义。且六十干支的五行，未尝不本阴阳；纯言阴阳的《周易》，发展为"十有八变而成卦"，早已内含干支的五行。庶见卦爻与干支的内在联系，方知阴阳五行的相合而成为吾国整体概念的《周易》象数。

若《内经》的象数理论，仍以干支为主。能视五行生克的生克为阴阳而研究其阴阳的变化，乃有医理本于易理的概念。于《周易》则深入五行以观阴阳的生生，方成辗转的变化。故《周易》的"周"字，既为朝代名，而"周"字本义，更有周期的概念。此五行生生的事实，显于六十四卦的六爻。其理宜用几何概念加以说明。凡三点可决定一二维圆面，四点可决定一三维球体，依此上推就成为 n+1 维类型的正则多维空间，故知六点方可决定一五维球体，亦即以六爻方可决定五行的形象。此见吾国的五行，理同几何的五维空间，且早已用《周易》的卦爻象以示之。然此足以表示多维空间形象的纯数学思维，有高度的抽象性。吾国主要表现在卦爻象数与干支的配合，凡以卦爻合于天干名纳甲，以卦爻合于地支名爻辰；最后须说明六甲五子与卦爻的配合，然古今众说纷纭而莫衷一是。故《周易》象数，始终蒙上神秘色彩而非一般学者所能理解。迄今犹然，何况二千年前。乃两汉以谶纬说当之，魏晋后全入于道教。详究道教神秘性的中心思想，仍在《周易》的象数。凡六十灵飞就是六甲五子，元始天尊的宝珠全法太极的生生。由是本上下十方及四方三十二天的整齐排列，自然可成先天的卦次，故陈抟传出《先天图》，于《周易》象数有划时代的进步，而其生生的易理，确为先秦所固有。其后邵雍由之而成《皇极经世书》，实已绘出多维空间的几何图形。张行成的贞悔数,实同矩阵坐标,今本其说,加绘模型,殊有深入研究的必要。吾国于先秦已具此整体概念的象数,正宜以现代的数学思维说明之。附图五,逐一简介如下:

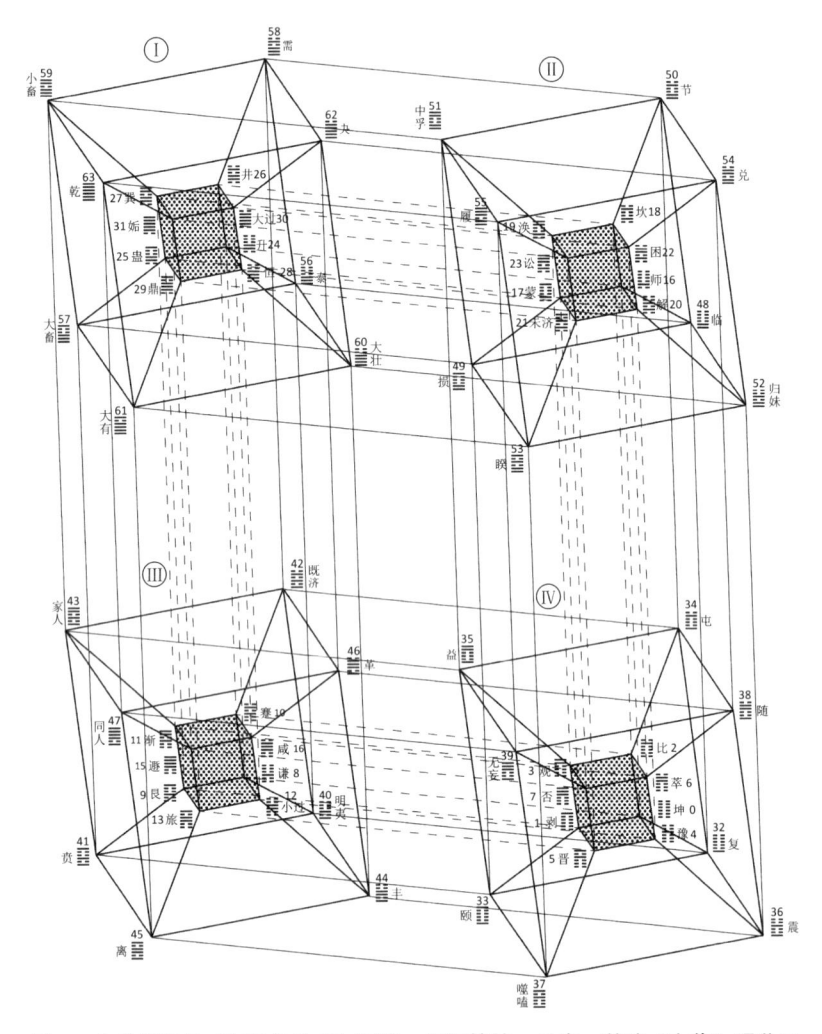

图一 全准邵雍的《皇极经世书》而绘,用辗转的一爻变。其法《左传》昭公二十九年(公元前513年)蔡墨言龙,已取一爻变的卦象,邵雍法之遍及三百八十四爻就成此图象。今以正则多维空间视之,恰当 6 维(dimension)—12 胞腔(cell)[以下用(6—12)的符号,前一数为维数,后一数为胞腔数]的图形,亦就是 6 维希尔伯特(Hilbert)空间的直观图形。

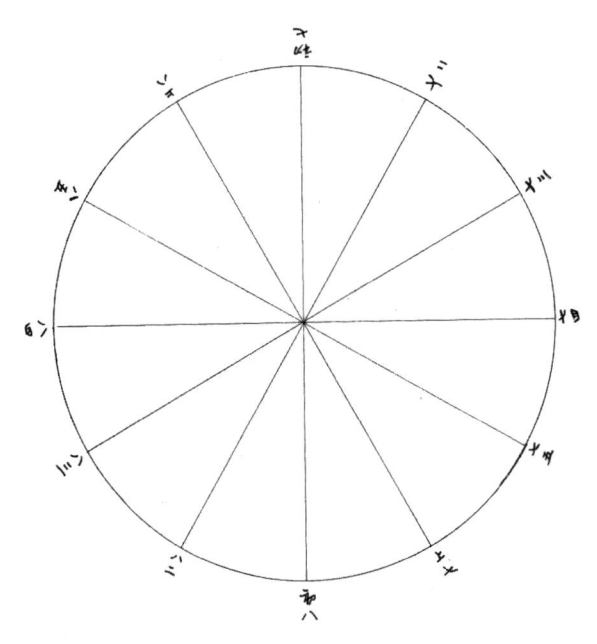

图二 示（6—12）的12个（5—10）的相对两个胞腔中心间的连线。于易理当分观七八十二画，画名相应于爻名，即象分为七八十二画，卦分为九六十二爻。

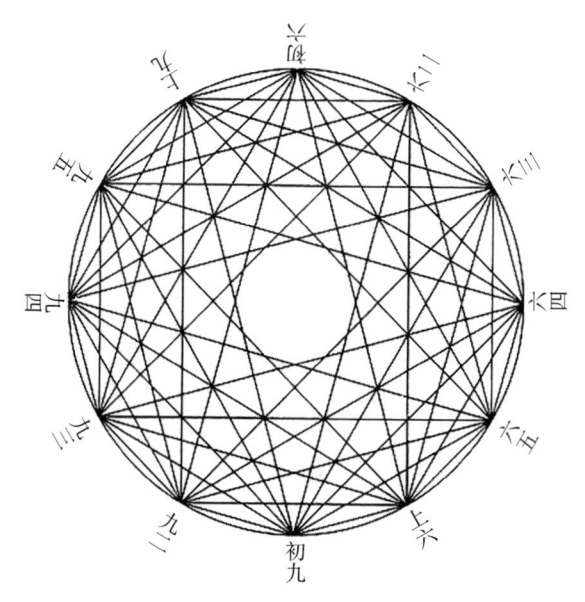

图三 示用九、用六十二爻的关系，不及同位爻的连线，恰当（6—64）的直观图形。亦就是（6—12）的对偶（dual）空间。

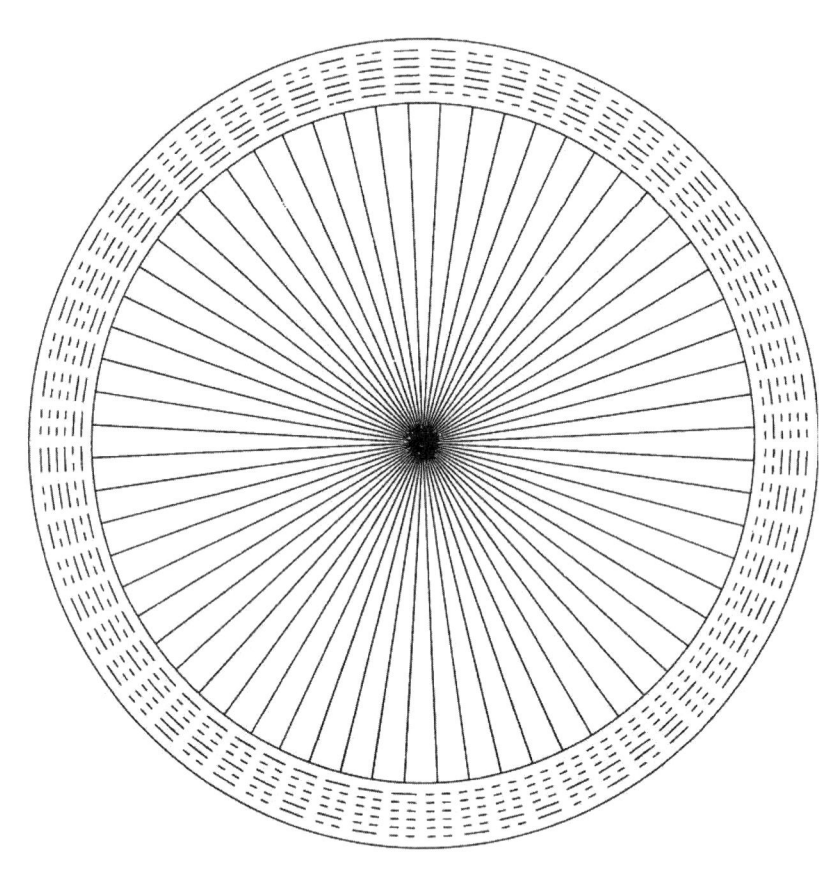

图四　取"伏羲六十四卦方位"的外圆,此外圆图由连线的不同,可成各种正则多维空间的图形。今示(6—64)的64个(5—6)的相对两个胞腔中心间的连线,于易理当合观七八为象。

《周易》象数与道教

(6-64)

坤 8	艮 7	坎 6	巽 5	震 4	离 3	兑 2	乾 1	八卦悔贞
坤	剥	比	观	豫	晋	萃	否	坤 8
谦	艮	蹇	渐	小过	旅	咸	遁	艮 7
师	蒙	坎	涣	解	未济	困	讼	坎 6
升	蛊	井	巽	恒	鼎	大过	姤	巽 5
复	颐	屯	益	震	噬嗑	随	无妄	震 4
明夷	贲	既济	家人	丰	离	革	同人	离 3
临	损	节	中孚	归妹	睽	兑	履	兑 2
泰	大畜	需	小畜	大壮	大有	夬	乾	乾 1

图五 取"伏羲六十四卦方位"的内方,此内方图准宋张行成已建立的先天贞悔数,理同矩阵的坐标。

由此五图,以示《周易》卦爻变化的象数,实为吾国独特的几何学。此本属多维空间的形象,历代无法加以说明,故迄今仍有其神秘性,今用直观几何以见其象,已可化为纯数学的问题。若西方产生多维空间以发展几何学的概念,宜从西方数学史中择其与吾国象数思想有密切相关者述之,见附篇《论几何学的发展》。

附篇　论几何学的发展

几何学产生于埃及，或巴比伦已有，吾国当时亦有，今由古陶器青铜器的图案可证。然吾国的几何学发展成《周易》的象数，与埃及传至希腊的几何学不同。当米利都的泰勒斯（Thales）约于公元前625—545学自埃及，为希腊有几何学的开始，其时吾国已有增爻的《周易》。以下述希腊几何学的发展：

由泰勒斯将埃及的几何学传至希腊后，经百余年的散布，已渐见普遍，故苏格拉底（Socrates前469—前399）的门人柏拉图（Plato前427—前347）能利用几何图形以喻其哲学思想。主要取正多面体，即正四面体、正六面体、正八面体、正十二面体、正二十面体五种，悬于教室的门口，谓入其门者须了解几何学。故迄今正多面体尚以柏拉图体为名。此为哲学本诸数学的主要流派。略后数十年有欧几里得（Euclid前330—前275）总结希腊的几何学，以成《几何原本》。另有阿基米德（Archimedes前287—前212）于几何物理独有心得，对几何学能注意于极重要的连续概念。其后二千年，西方的几何学，莫不为有连续概念的《几何原本》所囿，毫无发展。唯于平行公设，历代有几何学者，希望证明之而未能。如希腊有普洛克尔（Procluo 410—485），伊朗有纳西艾丁·屠西（Nasir Din Tusi 1201—1274），英有瓦里斯（J. Wallis 1616—1703），意大利有萨克利（Girolamo Saccheri 1667—1733），德有兰具尔特（J. H. Lambert 1728—1777），法有勒让德（Adrien-Marie Legendre 1752—1833）等等，研究的结果，皆反复说明平行的性质而已。其书利玛窦于明万历传入吾国，由徐光启（1562—1633）翻译部分《几何原本》。当时西方几何学的水平，亦尽在此书。然吾国殊无相应的发展，而西方的近三百年，乃逐步深入化。几何的发展，更是变化多端，匪夷所思。

笛卡尔（Descartes 1596—1650 法）于1637出版《几何学》，内容以几

何代数相结合，就是现在的解析几何。同时有笛沙格（Desargeus 1593—1662 德）于笛卡尔空间中，加入无穷远元素，因有无穷远点，无穷远直线，无穷远平面，以成笛沙格空间，此直接影响维数（Dimension）的变化，然笛沙格必固定无穷远元素的特殊化，不与笛卡尔三维坐标相遇。后继者去此无穷远元素的特殊化，就是射影空间。惜当时尚未知。

英牛顿（Newton 1643—1727）德莱布尼茨（Leibniz 1646—1716）同时发明微积分，为初步进入近代科学的数学基础，亦即阿基米德连续概念的进一步发展成导数。

康德（Kant 1724—1804 德）的整个哲学思想，仍以欧式几何为基础，惜尚未见非欧几何的发现，故以数学言，仍与柏拉图同。然各种数学思维的汇合，几何将起大变，故康德可谓应用欧式几何的最后一人。时有拉格朗日（Lagrange 1736—1813 法籍意大利人）继牛顿之算，已有使时间一维与空间三维并列的意思，所以发展笛沙格的思想，然仍未立四维的名词。而彭色列（Poncelet 1789—1867 法）于 1822 年建立射影几何，实则射影空间就是四维空间，而当时亦未知。至于高斯（Gauss 1777—1855）创立曲率坐标、微分几何等，于几何学的贡献甚大，且笛卡尔的直角坐标无碍于平行公设，今已成曲率坐标，则对平行公设不能无惑，乃于 1816 年已发现非欧几何。然保存二千余年的《几何原本》，早已深入人心，故高斯虽知之而未敢贸然发表，盖有所待。未久有罗巴切夫斯基（Лобачевский 1792—1856 俄）与波约（Bolyai 1802—1860 匈牙利）同于 1826 年提出非欧几何，由是几何学有划时代的进步。

又 1844 年格拉斯曼（Grassmann 1809—1877 德）因研究多元代数，首次提出多维空间（hyperspace）的概念，实与非欧几何同为惊人的发现。两者相合，乃有黎曼（Riemann 1826—1866 德）于 1852 年在哥丁根大学作报告，建立一广泛几何理论的概念，就是黎曼几何。与罗巴切夫斯基所建立的，同为非欧几何，而意义更深远。因罗巴切夫斯基空间与欧几里得空间，同为均匀空间，至于黎曼空间于无穷小范围外，处处有不同的曲率，是谓黎曼张量，故为不均匀空间，且可推至 n 维。唯有黎曼几何出，方与欧几里得几何有完全不同的面貌。然黎曼作报告时，听者除一人外绝无知音，此人就是年已七十七岁的高斯。

1858 年有摩比斯（A. F. Möbius 1790—1868 德）受非欧几何的影响，研究单岸曲面（one-sided surfaces）而成摩比斯带，为发展拓扑学（Topology）起重要作用。然此三四十年间的几何大发展，一般学者尚未注意，且黎曼等本人根本亦不了解非欧几何的正确应用。及 1872 年克莱茵（Klein 1849—1925 德）发表"爱尔朗根计划"，视几何为一种变换群的不变量，则几何与代数又进一步结合，故非欧几何的地位确乎成立。且克莱茵又继摩比斯带而成克莱茵瓶，亦为拓扑学向多维发展的重要阶段。彭加勒（Poincaré 1854—1912 法）的研究多维空间，已是爱因斯坦建立相对论的直接先驱者。今名四维彭加勒体，就是 4 维—5 胞腔（4—5），属 n+1 维类型的多维空间，亦就是拓扑学中的三角剖分。

当 1900 年普朗克（Planck 1858—1947 德）提出量子理论，1906 年及 1916 年爱因斯坦（Einstein 1879—1955 美籍德国人）提出狭义及广义相对论，整个物理学的理论大变，即完全超过牛顿力学的理论。此以数学言，牛顿应用微积分是本人所建立，普朗克提出量子论时，尚未有计算量子的数学方法。爱因斯坦的狭义相对论，则用四维欧几里得空间，广义相对论，则用四维黎曼空间。其法本现成，故爱因斯坦自谓数学未精，盖指此言。而多维空间的理论，经爱因斯坦的应用，方能引起整个知识界注意。由是希尔伯特（Hilbert 1862—1943 德）写出《几何基础》，第七版发行于 1930 年，实即《几何原本》的逻辑结构。而《几何原本》的价值，可变不可变的原则，已可比较全面地了解。且加以发挥推广而成希尔伯特空间，理当属 2n 维类型的多维空间。故希尔伯特空间必定是凸的（Convex）。实则就是笛卡尔坐标的推广。

当爱因斯坦提出狭义相对论后二年，闵可夫斯基（Minkowski 1864—1909）明确指出所谓四维空间就是时间，此正合爱因斯坦的思路，而现代化的物理理论，所谓思维时—空连续区基本完成。

至于普朗克的量子论，后有海森堡（Heisenberg 1901—1976）加以发展，利用矩阵算法，为量子力学奠定基础。而海森堡于柏拉图的基本对称，特别重视。

以上总述西方几何学的发展情况，自然又推本于希腊的几何学。今必须了解几何的具体元素，方可再看几何的具体内容。知此原理，始能发现吾国实有独特的几何学，这就是《周易》的象数。

论六十甲子与六十灵飞的象数

由殷墟甲骨，已见六十甲子之次。以干支分类，自然有六甲（天干六周）五子（地支五周）的不同，逐步用以纪时，对吾国的文化有重要影响。秦汉后发展成道教，非但用其象数，且以象数人格化，亦为道教的特点，这就是六十灵飞视之为仙女，以六甲分类，合为左右各三甲，有名有字秩序井然，此与《周易》象数有关。录《上清琼宫灵飞六甲左右上符》[①] 于下：

```
甲子太玄玉女名灵珠字承翼    乙丑太玄玉女名简修字青萌
丙寅太玄玉女名定华字郁陵    丁卯太玄玉女名须台字馥猷
戊辰太玄玉女名爱淳字众梨    己巳太玄玉女名四淳字宁华
庚午太玄玉女名会容字流南    辛未太玄玉女名澄华字抱珠
壬申太玄玉女名双皇字凤文    癸酉太玄玉女名龙婴字欢生
              甲子太玄宫左灵飞玉女部
甲戌黄素玉女名神光字飞廉    乙亥黄素玉女名紫春字飞芝
丙子黄素玉女名寄风字参盈    丁丑黄素玉女名凤环字郁娥
戊寅黄素玉女名叔华字上容    己卯黄素玉女名英玄字羽珠
```

---

① 见涵芬楼影印本《道藏》第37册，"张"字下。

庚辰黄素玉女名正龄字春香　辛巳黄素玉女名蔚胜字彤罗
壬午黄素玉女名琬御字千成　癸未黄素玉女名良营字娥昌
　　　　甲戌黄素宫左灵飞玉女部
甲申太素玉女名真元字琼石　乙酉太素玉女名萧兰字玉英
丙戌太素玉女名娥玄字和明　丁亥太素玉女名兴房字渌华
戊子太素玉女名翔峰字定晖　己丑太素玉女名烟童字偃殊
庚寅太素玉女名七翰字灵飞　辛卯太素玉女名肇台字篇敷
壬辰太素玉女名蔚金字丹旗　癸巳太素玉女名安天字沙风
　　　　甲申太素宫左灵飞玉女部
甲午绛宫玉女名丹淳字云龄　乙未绛官玉女名散阳字灵华
丙申绛宫玉女名邃精字玄珠　丁酉绛宫玉女名抱云字绿閒
戊戌绛宫玉女名房宾字石香　己亥绛宫玉女名清英字南灵
庚子绛宫玉女名灵群字曲登　辛丑绛宫玉女名素美字启清
壬寅绛宫玉女名汾华字蔚芝　癸卯绛宫玉女名曜英字西安
　　　　甲午绛宫右灵飞玉女部
甲辰拜精玉女名龙愿字灵素　乙巳拜精玉女名欢庭字逸台
丙午拜精玉女名营芝字玉生　丁未拜精玉女名招风字常娥
戊申拜精玉女名夜华字云婴　己酉拜精玉女名密明字胜非
庚戌拜精玉女名紫虚字容镮　辛亥拜精玉女名凤华字绿安
壬子拜精玉女名仪房字上奇　癸丑拜精玉女名宝华字壹昭
　　　　甲辰拜精宫右灵飞玉女部
甲寅青要玉女名启先字惠精　乙卯青要玉女名庆翔字娥生
丙辰青要玉女名幽昌字晨晖　丁巳青要玉女名伏华字广敷
戊午青要玉女名绿云字安昌　己未青要玉女名金声字曲台
庚申青要玉女名飙游字云飞　辛酉青要玉女名亲贤字高英
壬戌青要玉女名神珠字贯众　癸亥青要玉女名云個字抱生
　　　　甲寅青要宫灵飞玉女部

《周易》象数与道教

至于灵飞的意义，宜参阅《太上洞玄灵宝飞行三界通微内思妙经》①，所谓灵飞者，即灵宝飞行于三界的现象。经中有修行的方法，盖以阴阳五行配合于时间与方位，凡以六甲灵飞分合成五子之次，录原文如下：

……太极真人曰：修灵宝飞行三界之道，当以甲子、甲戌、甲申、甲午、甲辰、甲寅、乙丑、乙亥、乙酉、乙未、乙巳、乙卯②之日入斋堂东向；壬申、壬午、壬辰、壬寅、壬子、壬戌、癸酉、癸未、癸巳、癸丑、癸亥、癸卯之日入斋堂北向；庚午、庚辰、庚寅、庚子、庚戌、庚申、辛未、辛巳、辛卯、辛丑、辛酉、辛亥之日入斋堂西向；丙寅、丙子、丙戌、丙申、丙午、丙辰、丁卯、丁丑、丁亥、丁酉、丁未、丁巳之日入斋堂南向；戊辰、戊寅、戊子、戊戌、戊申、戊午、己巳、己卯、己丑、己亥、己酉、己未之日入斋堂东向安卧。……太上灵宝隐游飞行三界上道，非有真莫能求，非有道不能学。若精修五年，克得超游三界，上登玉京，盖三洞之至妙，道冠众经矣。

本此而知六甲者，道教名之曰甲子太玄宫，甲戌黄素宫、甲申太素宫、甲午绛宫、甲辰拜精宫、甲寅青要宫，由甲子至癸巳为三十左灵飞，由甲午至癸亥为三十右灵飞。合以六宫的方位观之，已具左右阴阳相交的意义。凡甲子甲戌甲申居右而名左灵飞；甲午甲辰甲寅居左而名右灵飞，乃本《周易》阴阳消息之象（见附图1）。

以五子言，当十干本五行合以方位而分阴阳，自然成"天地数生成图"，宋朱熹后名之曰"河图"，此图确为阴阳五行象数之本（见附图2）。凡六甲五子同为六十灵飞。或推原六甲灵飞出于汉武帝时，以象数论完全可能。然此经文当成于东晋南北朝时，已在《灵宝度人经》

---

① 见涵芬楼影印本《道藏》第759册，"母"字下。
② 乙丑至乙卯十二字，据原书下节补入。

```
                    绛 甲
                    宫 午
            拜
       三    精 甲          南
       十    宫 辰
       右
       灵          
       飞    青 甲  东 左  中 右 西  甲   太     三
            要 寅                  申   素     十
            宫                     宫            左
                                              灵
                                              飞


                         北   甲   甲  黄
                         甲   太   戌  素
                         子   玄       宫
                              宫
```

附图 1

后。以象数言，犹使纳甲爻辰相合。总于《周易》就成为历代研究象数者所注意的六十四卦爻与六十干支的联系问题，然非本正则多维空间决不能见其象。今本（6—12）及（6—64）所相应的卦画爻象，用贞悔坐标，加以说明。

凡（6—12）的边界，为 12 个（5—10）。这个图形有 64 个顶点，犹《周易》的 64 卦，依《先天图》的卦次各当一顶点，必有 32 个顶点其爻位同，同爻位就属同一个（5—10）。计爻位十二，就是《周易》用九用六，爻名为初九、九二、九三、九四、九五、上九、初六、六二、六三、六四、六五、上六。此十二爻位，或以乾坤消息示之，就是《卦气图》中所用的十二辟卦，早已用十二地支以当十二个月。考

《周易》象数与道教

```
              火
           六  六
           丁  丙
           七  二
              南

六 六        六 六        六 六
乙 甲   东   己 戊   西   辛 庚
八 三        十 五        四 九
木           土           金

              北
           六  六
           癸  壬
           六  一
              水
```

附图 2

十二地支的配合于十二爻位，总名曰爻辰，计有三种不同，今仅用辟卦消息的次序，此外尚有京房与郑玄二法，此处从略。由于每一地支可固定指十二爻位中的一位，也就是（6—12）中固定指一个胞腔。而12个胞腔中心，当用九用六的静止状态，是即七八十二画。

更进而观察每一个（5—10）中，有10个（4—8），每一个（4—8）恰当一天干，故每一个（5—10），似有120个（4—8）。然事实上有同一个（4—8）分属于不同的二个（5—10）中。故整个的（6—12）内，仅60个（4—8），这就是干支组合数六十以属六十四卦爻的几何图形。详下卦爻干支表：

初九子	九二丑	九三寅	九四卯	九五辰	上九巳	初六午	六二未	六三申	六四酉	六五戌	上六亥
九二甲	九三乙	九四丙	九五丁	上九戊	初六己	六二庚	六三辛	六四壬	六五癸	上六甲	初九乙

(续表)

六二丙	六三丁	六四戊	六五己	上六庚	初九辛	九二壬	九三癸	九四甲	九五乙	上九丙	初六丁
九三戊	九四己	九五庚	上九辛	初六壬	六二癸	六三甲	六四乙	六五丙	上六丁	初九戊	九二己
六三庚	六四辛	六五壬	上六癸	初九甲	九二乙	九三丙	九四丁	六五戊	上九己	初六庚	六二辛
九四壬	九五癸	上九甲	初六乙	六二丙	六三丁	六四戊	六五己	上六庚	初九辛	九二壬	九三癸

卦爻干支表

准上表可见六十干支，在（6—12）内，各有固定的一个（4—8）。合于卦爻象，当二爻固定不变为画，其他四爻可变成十六互卦，以当（4—8）的十六个顶点，而此不变的二画，取诸六位中有十五种变化，每种变化各分四象而成六十。每一干支，自然有不同的十六卦相应。下更以贞悔数详示六十灵飞的卦爻象如下：

灵飞象数表

六宫	方位	干支	二画与四象	贞数	悔数
太玄宫	东	甲子	初七、七二	12	12345678
		乙丑	七二、七三	15	12345678
	南	丙寅	七三、七四	1357	1234
		丁卯	七四、七五	12345678	12
	中	戊辰	七五、上七	12345678	15
		己巳	上七、初八	5678	1357
	西	庚午	初八、八二	78	12345678
		辛未	八二、八三	48	12345678
	北	壬申	八三、八四	2468	5678
		癸酉	八四、八五	12345678	78

《周易》象数与道教

黄素宫	东	甲戌	八五、上八	12345678	48
		乙亥	上八、初七	1234	2468
	南	丙子	初七、八二	34	12345678
		丁丑	七二、八三	26	12345678
	中	戊寅	七三、八四	1357	1234
		己卯	七四、八五	12345678	34
	西	庚辰	七五、上八	12345678	26
		辛巳	上七、初七	1234	1357
	北	壬午	初八、七三	56	12345678
		癸未	八二、七三	37	12345678
太素宫	东	甲申	八三、七四	2468	1234
		乙酉	八四、七五	12345678	56
	南	丙戌	八五、上七	12345678	37
		丁亥	上八、初八	5678	2468
	中	戊子	初七、七三	13	12345678
		己丑	七二、七四	1256	1234
	西	庚寅	七三、七五	1357	1256
		辛卯	七四、上七	12345678	13
	北	壬辰	七五、初八	5678	1256
		癸巳	上七、八二	3478	1357
绛宫	东	甲午	初八、八三	68	12345678
		乙未	八二、八四	3478	5678
	南	丙申	八三、八五	2468	3428
		丁酉	八四、上八	12345678	68
	中	戊戌	八五、初七	1234	3478
		己亥	上八、七二	1256	2468
	西	庚子	初七、八三	24	12345678
		辛丑	七二、八四	1256	5678
	北	壬寅	七三、八五	1357	3478
		癸卯	七四、上八	12345678	24

		干支			
拜精宫	东	甲辰	七五、初七	1234	1256
		乙巳	上七、七二	1256	1357
	南	丙午	初八、七三	57	12345678
		丁未	八二、七四	3478	1234
	中	戊申	八三、七五	2468	1256
		己酉	八四、上七	12345678	57
	西	庚戌	八五、初八	5678	3478
		辛亥	上八、八二	3478	2468
	北	壬子	初七、七四	1234	1234
		癸丑	七二、七五	1256	1256
青要宫	东	甲寅	七三、上七	1357	1357
		乙卯	七四、初八	5678	1234
	南	丙辰	七五、八二	3478	1256
		丁巳	上七、八三	2468	1357
	中	戊午	初八、八四	5678	5678
		己未	八二、八五	3478	3478
	西	庚申	八三、上八	2468	2468
		辛酉	八四、初七	1234	5678
	北	壬戌	八五、七二	1256	3478
		癸亥	上八、七三	1357	2468

上以多维空间的直观图形，显出卦爻与干支的一一对应关系，实在二画与四象的变化，乃见六位间应比同功的义，盖有据于最基本的象数。此在先秦定有知之者，自秦汉以来如《卦气图》以地支当辟卦固是，必去震离兑坎实非，继之《参同契》已去乾坤坎离而同先天图，即邵雍的《皇极经世书》仍然。又深信《序卦》之次者，乃去中孚小过既济未济以凑合之，是皆难免为不信象数者所讥。此因吾国纯代数的数早已发展，而纯几何的易象，于秦后未能明确其实质。于1844年格拉斯曼（Grassmann）首提多维空间的概念，起因于研究多元代数。而吾国的"五子六甲""五运六气"等等，本有多元代数的性质。若卦爻象变化而具多维空间的实质，即以《皇极经世书》论，亦已近千年云。

论元始天尊的宝珠

《正统道藏》的第一部道经《灵宝无量度人上品妙经》凡六十一卷。此经属"灵宝部"当入"洞玄",于编正统藏时(编成于正统十年公元1445),即以此经入"洞真"而为全藏之首。或以三洞的原义论,有违陆修静于泰始七年(公元471)所上的《三洞经书目录》之次。然"上清"与"灵宝"之成,本已相互抄录,况此经确为道教教义与象数的精华所在,足与"上清部"《大洞真经三十九篇》等媲美而又过之。历代道者对此经反复加注,决非偶然,殊可与佛教《华严经》并论而自有其特色。今所存的其他道经,皆未及此经之有深邃的含义。

据陶贞白(公元456—536)的《真诰》,此经为葛洪(公元283—363)从孙葛巢甫所造构。唐清溪道士孟安排的《道教义枢》中说:"葛巢甫以晋隆安(公元397—401)之末,传道士任延庆徐灵期(公元?—478)之徒,相传于世,于今不绝。"又据《真诰》,《上清经》于升平三年至太和二年(公元359—367)出世。故葛巢甫与从祖葛洪的不同,在于洪仅知《黄庭经》,尚未及知由《黄庭经》发展成"上清部"诸经。凡《上清经》可视作一杨二许所造,必借真人口授,仍依巫术通神之法。今以杨羲(公元330—386)与许谧(公元303—373)、许翙(公元341—370)父子的思想当之,何足为怪。而葛巢甫即知此理,乃自造灵宝而托诸高祖葛玄(公元164—244),此与《上清经》的托诸《真诰》,如同一辙。

《真诰》曰:"复有王灵期者,才思绮拔,志规敷道,见葛巢甫造构《灵宝》,风教大行,深所忿嫉。于是诣许丞,求受上经,丞不相允,王冻露霜雪,几至性命,许感其诚到,遂复授之。王得经欣跃,退还寻究,知至法不可宣行,要言难以显泄,乃窃加损益,盛其藻丽,依王魏诸传题目,张开造制,以备其录,并增重诡信,崇贵其道,凡五十余篇。趋竞之徒，闻其丰博，互来宗禀。传写既广，枝叶繁杂，新旧浑淆，未易甄别，自非已见真经，实难证辨……"此曰许丞，指许翙之子许黄民（公元361—429），葛巢甫的年纪，当与许黄民相近。王灵期的张开造制，即法葛巢甫的造构"灵宝"。且可证所谓《真诰》，实与有才思者所作无所异。由是"灵宝"与"上清"，相互转抄增益而日见丛杂，故陆静修于元嘉十四年（公元437）须明辨灵宝，而有《灵宝经自序》之作①。

于东晋时，翻译的佛经渐富。道教与之对抗，自然需要杜撰道经。考葛洪《抱朴子·遐览篇》所著录的道经，已有二百零四种六百七十八卷及大符六十六种，其后数十年道经有大量的增加，主要就分为上述的《上清经》与《灵宝经》。释明槩及道世，于唐初记录陆修静所上的道经总数为一千二百二十八卷②，则凡东晋百年间，道经约增五六百卷。此"上清"与"灵宝"，所以能独立而与葛洪原有的"三皇"合成三洞。

今专论葛巢甫的《灵宝无量度人经》。考葛氏有数代信道的家风，且魏晋重视氏族门第，况葛玄的登真，葛洪的成就，当时已有特殊的地位，此皆造成巢甫能专心研究道教的客观环境。

至于《灵宝经》的来源当在汉，全本阴阳五行生克之说，也就是焦京所传的《周易》象数。《抱朴子·登涉篇》尚有所引，且合"禹步"而言，已取《周易》的既济卦象。《辨问篇》又说明："《灵宝经》有《正机》《平衡》《飞龟授袟》凡三篇，皆仙术也。"此三篇《遐览篇》中有著录；若《太平经》五十卷与《甲乙经》一百七十卷，显系二书，其间必有与《灵宝经》思想相接近的，就是以仙术平治天下的方法，此由孟法师以《太平经》辅"洞玄灵宝"可证。当年巢甫所见到的道经中，主要取《灵宝经》与《太平经》，益以当时已传入的佛教

---

① 陆静修《灵宝经自序》，见《云笈七签》卷四。
② 见《广弘明集》卷十二释明槩《决对傅奕废佛僧事并表》及释道世《法苑珠林》卷六十九《破邪篇·妄传邪教第三》。

大乘般若思想，经相互结合而仍用吾国本有的象数以示之。故《灵宝无量度人经》能进一步发展《周易》象数，对吾国整体思想的精微处，有深入的认识。今本六十一卷，大义什九备于第一卷，以下六十卷，当系后人所增入。先录原文如下：

《灵宝无量度人上品妙经》卷之一：

道言：昔于始青天中，碧落空歌，大浮黎土，受元始度人无量上品。元始天尊当说是经周回十过，以召十方，始当诣座。天真大神，上圣高尊，妙行真人，无鞅数众，乘空而来。飞云丹霄，绿舆琼轮，羽盖垂荫，流精玉光，五色郁勃，洞焕太空。七日七夜，诸天日月星宿，璇玑玉衡，一时停轮，神风静默，山海藏云，天无浮翳、四气朗清。一国地土，山川林木，缅平一等，无复高下。土皆作碧玉，无有异色。众真侍座，元始天尊悬坐空浮五色狮子之上。

今准其原文，以明《周易》象数。先论说法者的名号，曰"元始天尊"者，得自《周易》。《周易·乾象》曰："大哉乾元，万物资始。"《周易·系辞上》曰："天尊地卑，乾坤定矣。"盖取乾天尊贵之实，在于乾元的资始，故曰"元始天尊"。此于《周易》，所以明其理；而于道教，乃人格化其理，不啻使《周易》宗教化。在此经前，道教以黄老为主。自东晋起玄学老庄，已不敌佛教般若，故尚黄老的道教，更进一步取《周易》的象数，以作为教义的基础，此所以另塑元始天尊的象，驾于太上老君之上。此于葛洪，本有非老庄之见[①]，从孙继之而归于《周易》，亦极自然。

若"元始天尊悬坐空浮五色狮子之上"，其受佛教影响已不容讳言。其境为"始青天中，碧落空歌，大浮黎土"。全本天地人三才之道，于人道为"碧落空歌"，乃本吾国律历度量衡的整体概念，道教重

---

① 见《抱朴子·释滞篇》。

视音乐于此可见。继之二次说经十遍，乃取《周易·系辞上》"天一地二天三地四天五地六天七地八天九地十"的十数。一次十遍而"咸得长生"，此超越时间概念的形象；一次十遍而"十方无极天真大神一时同至"，此超越空间概念的形象。《周易·乾象》曰"六位时成"是其义，位就是空间概念。道教本此二次十遍的理论，于斋仪就有上十方与下十方的分辨。上十方指东、南、西、北、东北、东南、西南、西北、上方、下方。下十方盖分天地人三类，属天者三方为日宫、月宫、星宫，属地者六方为东岳、南岳、西岳、北岳、中岳、水府，属人者一方为经宝。此上下十方的象数，全用《周易》。上十方者，当阴阳五行；下十方者，当参天两地。日月星以计时为参天犹历；两之而六为两地，以五岳加水府，方成立体的六合，犹度量衡；人由经宝以参天地而三才道备，庶应"始青天中""大浮黎土"上的"碧落空歌"，是犹律。

经此二次十遍的象数，乃见宝珠。原文为：

一国男女，倾心归仰，来者有如细雨密雾无鞅之众，迮国一半土皆偏陷，非可禁止。于是元始悬一宝珠，大如黍米，在空玄之中，去地五丈。元始登引天真大神、上圣高尊、妙行真人，十方无极至真大神，无鞅数众，俱入宝珠之中。天人仰看，唯见勃勃从珠口中入。既入珠口，不知所在，国人廓散，地还平正，无复欹陷。元始即于宝珠之内，说经都竟……

此粒元始天尊的宝珠，既为道教的神秘所在，实取吾国本有的整体概念。考三千大千世界入于一芥子的不思议境界，当时已见于《维摩诘经》，其后《华严》之十玄门等大旨仍同。在佛教思维的象数，总于《华严》佛说的《阿僧祇品》数，及"不可说不可转"，犹无穷大的数量级，理以十数为基，与吾国阴阳五行的象数本可相通，然本五数而尚未及六数之妙用。若此经早在华严宗兴起之前，就悟此元始天尊的宝珠。因《周易》本具天地人三才贯一的王道,乃为巢甫取其理以度人,后人说此宝珠者,自唐宋起代有其人,今取元代牧常晁之说,其言曰:

夫宝珠者,玄牝之一窍也,真空之妙有也,水火乾元之本也,万灵之性智也,居于空玄之中,空者,表来处本无也;玄者,表无中生有也;去地五丈者,表五行大衍之圆数也,木火土金水之一贯也。五属土居中央统摄坎离震兑之四象也。此珠必去地五丈,高无过踰,低无不及,表玄牝一窍,始出于五行之首,终居于五炁之中也。元始登引天真大神等俱入宝珠之中。此表一炁之微,含吐十虚,范围三极,细无不入,大无不包也。天人仰看,惟见勃勃从珠口中入,此表玄牝一窍为众妙之门也。元始以一真之妙,汲引群生,从如是妙门而入也。既入珠口,不知所在,此表群生同此妙门而归。由是智游于冲漠,性合于太虚,故曰不知所在也。是以国人睹宝珠之妙,咸悟元始之道,故得尘劳廓散,心地悉复平正也。夫心珠广大,空洞无形,三才万物,莫不均入。是珠既入于理,夫复何言,故曰说经都竟也。元始以无说而说,众真以无问而闻。各悟真理,反本还源,故曰诸天复位也。智性玄微,非声非色,悟之则法界全彰,迷之则秋毫不睹,故曰寂无遗响也。故太上始以宝珠之微示其心迹,终以寂无遗响以会其虚无。此妙有真空之全体,无无不无之全机。圣人之旨,玄妙难通,必施方便以示群生,使之自求自得之也。故先由珠口如是而入,众真从之,开悟人天,必由此门而入也。然群生之身数怀宝,自古及今,初无变易,非但元始独有是珠也。怀其宝,迷其邦,得其门者鲜矣。且万法之多,万言之广,一珠足以包之。珠之外,经亦奚庸哉。①

---

① 牧常晁《玄宗直指万法同归》,见涵芬楼影印本《道藏》第 734、735 两册"下"字上下。

此以宝珠当玄牝一窍，既以象数表法，复以玄机参禅，实道教之精粹处，若以象数度人，犹未言四方三十二天，宜更读原文：

东方八天　太皇黄曾天，帝郁鉴玉明。
　　　　　太明玉完天，帝须阿那田。
　　　　　清明何童天，帝元育齐京。
　　　　　玄胎平育天，帝刘度内鲜。
　　　　　元明文举天，帝丑法轮。
　　　　　上明七曜摩夷天，帝恬愾延。
　　　　　虚无越衡天，帝正定光。
　　　　　太极濛翳天，帝曲育九昌。
南方八天　赤明和阳天，帝理禁上真。
　　　　　玄明恭华天，帝空谣丑音。
　　　　　耀明宗飘天，帝重光明。
　　　　　竺落皇笳天，帝摩夷妙辩。
　　　　　虚明堂曜天，帝阿胁娄生。
　　　　　观明端靖天，帝郁密罗千。
　　　　　玄明恭庆天，帝龙罗菩提。
　　　　　太焕极瑶天，帝宛黎无延。
西方八天　元载孔升天，帝开真定光。
　　　　　太安皇崖天，帝婆娄阿贪。
　　　　　显定极风天，帝招真童。
　　　　　始皇孝芒天，帝萨罗娄王。
　　　　　太皇翁重浮容天，帝闵巴狂。
　　　　　无思江由天，帝明梵光。
　　　　　上揲阮乐天，帝勃勃监。
　　　　　无极昙誓天，帝飘弩穹隆。
北方八天　皓庭宵度天，帝慧觉昏。

《周易》象数与道教

  渊通元洞天，帝梵行观生。
  太文翰宠妙成天，帝那育丑瑛。
  太素秀乐禁上天，帝龙罗觉长。
  太虚无上常容天，帝总监鬼神。
  太释玉隆腾胜天，帝眇眇行元。
  龙变梵度天，帝运上玄玄。
  太极平育贾奕天，帝大择法门。

  此经谓既入元始天尊的宝珠，乃有十方无极飞天神王长生大圣无量度人。因有四方各八天，天有八帝。凡天与天帝各有专名。今详究其象数，全法《周易》之生生。当阴阳五行而五次相生。其数三十二，四方各当八天，有天而有帝，犹卦象阴阳仪各三十二卦。此象宋张商英已绘成《三才定位图》[①]（见文末附图），由是知《周易》先天图的卦次排列，实起于《度人经》，且仍本阴阳五行的象数。至于宝珠的妙用，宜用多维空间相互对偶的形象说明之。

  考对偶的形象，因维数而不同，吾国有《周易》卦爻对偶的象数，以今日的数学语言名之为（6—12）↔（6—64），设↔为对偶符号。义谓卦与爻皆可当一点。

  先以卦言，任何一卦各具六爻，当卦静为象，自然分为六爻，而象当（5—6）的中心。若象动成卦，则卦合六爻而成一整体，乃当（6—12）的一顶点。

  更以爻言，任何一爻皆分属于十二爻位之一，当爻静为画，自然聚合三十二卦中的同位爻，而画当（5—10）的中心。若画动为爻，乃当（6—64）的一顶点。

  以元始天尊的宝珠言，指一点的形象。此点盖指初九乾元，属（6—64）的一顶点，能静而为画，即乾初九潜龙勿用，则可对偶成

[①] 张商英《三才定位图》，见涵芬楼影印本《道藏》第68册"调"字下。

（5—10）的胞腔中心。乾初名子胞腔，有顶点32，即阳仪的32卦。又此指"一半土皆偏陷"，因有初九必有初六，属（6—64）的另一顶点。本初九之静，亦将静而为画，则对偶成（5—10）的午胞腔，此指元始登引者从珠口中入。由是"国人廓散，地还平正，无复欹陷"。此午胞腔亦有顶点32，即阴仪的32卦。故此宝珠今以直观几何图形示之，已非常明显。

此指自度自觉的现象，反之由三十二天与三十二天帝度人的形象，亦各有宝珠，乃指卦静为象，以当（5—6）的中心。散之即当（6—64）的12个顶点中的6个顶点。亦将有相对的象，散成其他6个顶点。而此相对的二顶点，又可化成元始天尊的宝珠。计此十二粒宝珠，合阴阳而六，六又合三才之阴阳而三，三犹本身的三丹田，身外的天地人，三才一致，是犹玄牝一窍。其窍在何处，实当（6—12）或（6—64）的中心。然整个空间的中心点，必比胞腔中心加一维。故与对偶的点，仍为（6—12）或（6—64）的顶点。因知有入有出的对偶，尚非宝珠本身。其唯不立六维坐标中心，庶见宝珠之神。于直观几何的形象，已经无穷维而由相互对偶成自对偶，其式如下：

$$2^n \leftrightarrow 2n$$
$$n+1 \leftrightarrow n+1$$

上式 n 为维数，前式为相互对偶，后式为自对偶。今以形象而言，必及五维空间，仅存此二式，故以 5 为有，以 6 为无，盖相对即有，唯一即无。道教的要点在此，本诸吾国《周易》象数的要点亦在此。而基本的五维空间，是犹三维为空间立体，第四维为时—空连续区，第五维为天地人三才之道，此三才之道乃吾国最具体的象数概念。以今日的自然科学论，当由四维物理理论转为五维生物理论，是亦必须研究元始天尊宝珠的主要目的。（图见下页）

《周易》象数与道教

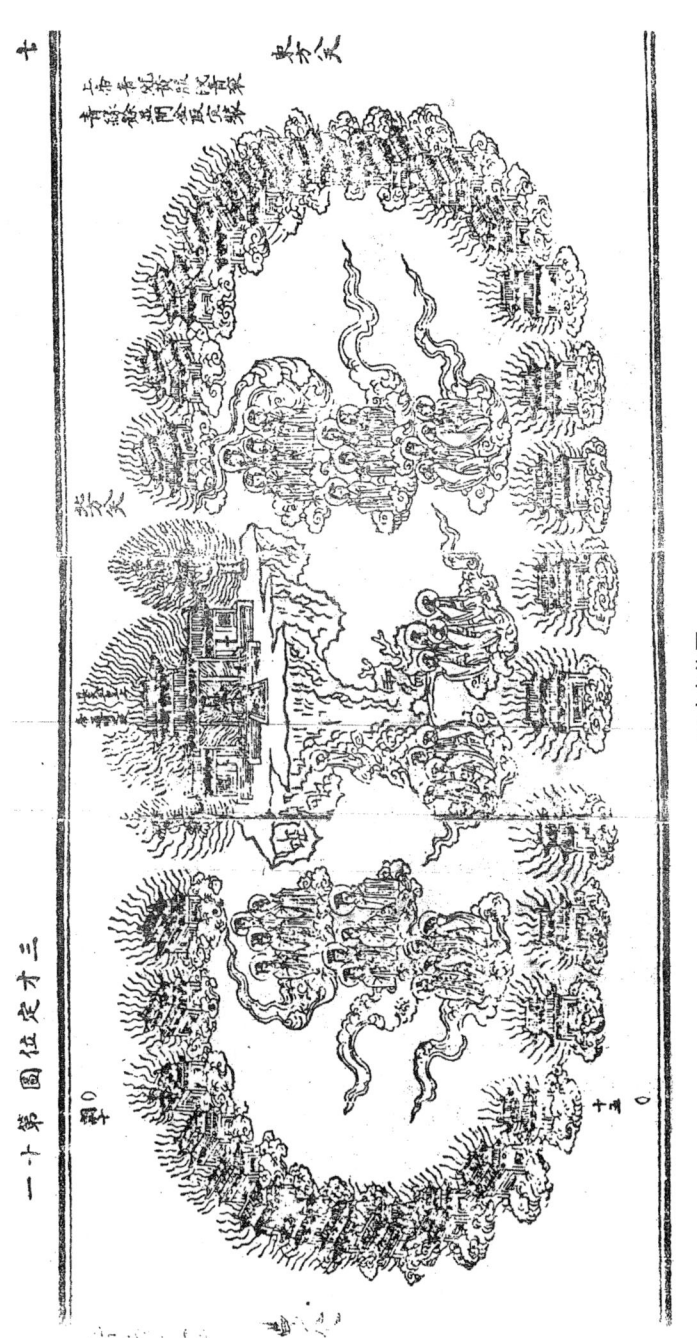

三才定位图

论《周易》卦爻当正则六维空间的对偶

(6—12) ↔ (6—64)

设↔为对偶符号。凡六维正则多维空间而相互对偶的,仅此二种。此二种对偶空间的象数,与《周易》卦爻的象数,完全一致。

(6—12)有顶点64,于《周易》为64卦。有12个(5—10),于《周易》有乾坤12画为中心的十二地支。每1个(5—10)有32顶点,于《周易》有同名的32爻,下以贞悔数示此32爻所处的32卦,凡画数为七八。

乾初画（初七）子　贞 1234　　　悔 12345678
乾二画（七二）丑　贞 1256　　　悔 12345678
乾三画（七三）寅　贞 1357　　　悔 12345678
乾四画（七四）卯　贞 12345678　悔 1234
乾五画（七五）辰　贞 12345678　悔 1256
乾上画（上七）巳　贞 12345678　悔 1357
坤初画（初八）午　贞 5678　　　悔 12345678
坤二画（八二）未　贞 3478　　　悔 12345678
坤三画（八三）申　贞 2468　　　悔 12345678
坤四画（八四）酉　贞 12345678　悔 5678
坤五画（八五）戌　贞 12345678　悔 3478
坤上画（上八）亥　贞 12345678　悔 2468

(6—64)有顶点12,于《周易》12爻。有64个(5—6),于《周易》有64象。每1个(5—6)有6顶点,于《周易》象分6爻。

凡对偶者,顶点数相同于对偶空间的胞腔数,胞腔数相同于对偶空间的顶点数。

于《周易》的象数，凡 64 卦当（6—12）的 64 顶点，对偶于 64 象当（6—64）的 64 个胞腔中心。凡 12 爻当（6—64）的 12 顶点，对偶于 12 画当（6—12）的 12 个胞腔中心。于胞腔中心为静，其数七八；于顶点为动，其数九六。七八名画，六画名象；九六名爻，六爻名卦。下以算式表示其对偶关系：

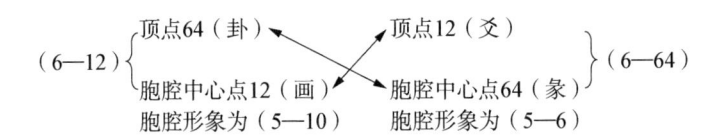

$$(6-12)\begin{cases}\text{顶点}64（卦）\\ \text{胞腔中心点}12（画）\\ \text{胞腔形象为}（5-10）\end{cases}\begin{matrix}\text{顶点}12（爻）\\ \text{胞腔中心点}64（象）\\ \text{胞腔形象为}（5-6）\end{matrix}\Bigg\}(6-64)$$

此相互对偶的象数，全同七九八六的变化，至迟已完备于西汉，迄今有二千余年的历史，而此整体概念的数学模型，尚于现代化自然科学理论中有现实意义。唯汉后于道教中发展而形成，故较图谶的迷信，更多神秘感。此须对正则多维空间的直观图形，有明确的理解，方知吾国《周易》象数实有所指。上已明五维之所指，乃可脱离宗教迷信而纳入科学研究的范畴。

结论

上以七篇说明吾国《周易》一书，于各个历史阶段，所内含的整体概念的象数。

《论周易卦爻与洪范的象数》，明殷周之际的情况，主要于象已明方圆之变，于数已明阴阳五行之变。

《论规矩与四营》，明秦汉之际的情况，主要已理解七九八六方圆的象数。筮法经四营十八变而成卦，实已具多维空间的对偶概念。

《论周易象数与正则多维空间》，明汉宋之间的变化情况，汉易的阴阳五行，于魏晋后，由道教保存而发展成为先天图，宋邵雍《皇极经世书》，已明确表示出六维正则空间的象数。

附篇《论几何学的发展》，明西方几何学发展的历史，庶可与吾国独有的几何学《周易》象数相比较，以见多维空间概念的发生与表示法。

《论六十甲子与六十灵飞的象数》，明魏晋间道教发展干支的情况。今以正则多维空间直观图形的表示法，说明六十四卦与六十干支的关系。

《论元始天尊的宝珠》，明东晋葛巢甫发展《周易》象数，由元始合阴阳五行二次十方于一点，然后度人以三十二天及天帝。今以对偶之理观之，可显出一切入一，一化一切的思维方法，以破宗教的神秘感。

《论周易卦爻当正则六维空间的对偶》，明《周易》卦爻的对偶，以（6—12）与（6—64）为主，观察其关系及其内含的种种空间，此一数学模型，可基本说明《周易》象数。

至于多维空间的具体元素，凡三维为空间，第四维为时间，第五维以上尚未有确指，因爱因斯坦仅取思维。而在吾国早具阴阳五行概念，实属五维对偶的象数，总上诸篇已为说明。而第五维为生物为人，乃吾国三才的基本概念。且吾国的一切度量标准，必合律历度量衡而一之，亦有五维之象。此与吾国具有整体观的中医理论，尤密切相关。反观西方科学的理论，亦正由物理理论转向生物理论，此又将由四维增加成五维的趋势。

附录一

内容提要（手写订正稿）

　　《周易》起源于卜筮，与吾国的原始宗教，本有密切的联系。由二篇而十翼，已具阴阳五行、三才六位的整体概念。汉代道教的原始经典《太平经》，其基本理论实取《周易》象数。魏晋后，汉易因王弼扫象而于儒家失传，反赖道教保存。葛洪从孙葛巢甫造构《度人经》，更有发展《周易》的阴阳生生与对偶之理，成为宋初华山道士陈抟传出《周易》先天图的象数基础。由陈抟而邵雍，《周易》象数有划时代的进步。以今日的数学理论观之，阴阳五行、干支卦爻的元素变化，具有多元代数的性质，西方的格拉斯曼（Grassmann）起，已由多元代数认识多维空间。邵雍《皇极经世书》的易象变化，准其理而用几何图形示之，全同六维—十二胞腔。《周易》卦爻的变化，更合对偶之理。且吾国象数，于六十四卦与六十甲子的关系，二三千年来，早已相合而得整体概念，然相合之理，尚未见古今学者加以确切的说明，今以正则多维空间的结构示之，可不言而喻。故此文盖准《周易》原有的象数，用正则多维空间的直观图形，说明道教的六十灵飞及元始天尊的宝珠；试建立数学模型，以认识吾国的整体概念。

作者简介（手写订正稿）

　　作者潘雨廷，1925年生。1949年毕业于圣约翰大学教育系。曾从唐蔚芝、周孝怀、马一浮、熊十力、杨践形、薛育津诸师专研《周易》。著有《周易终始》《汉易丛论》《读易提要》《庄子析文》等。现属单位，上海华东师范大学古籍研究室。

附录二

论爱因斯坦利用多维空间的物理意义（残篇）

多维空间为纯数学的名词，由多元代数发展而成。当多元代数的发展，因无几何形象，故对客观世界的认识未起大作用。于1826年，俄国罗巴切夫斯基与匈牙利波约，同年建立非欧几何学，始直接影响对客观世界的认识。客观世界是否是欧氏空间，是否有永不相交的平行线，至此才有进一步认识之可能性。未久，德国伽罗华（Galois, 1811—1832）于1830年因证明根式解五元方程不可能而初次提出"群论"。德格勒斯曼*于1844年则因研究多元代数而提出"多维空间"。此群论与多维空间概念的相继建立，实为自然科学发展的基础。至于多于三维空间，因无经验可循而为不可捉摸的几何形象，是否对应客观世界，意见不一。保守者认为此举已把数学引入与客观世界不同的形象，故大半不能接受。然数学发展自有其独立性，理应走在物理学前。继之黎曼于1854年，结合非欧几何与多维形象，建立黎曼几何，提出多维拓扑流形的概念。除极小区域内可成立欧氏空间，其外各有不同的曲率，深信当能有应于物理意义。故自黎曼几何出，基本已完全超出欧氏空间的认识论。顽固者如杜林等，攻击黎曼亦不足为怪。

以上回顾百余年前数学家创造的可贵思维，如曲率遍及自然界的现象，直线反成特例的事实，多维空间形象的确立，群论各处可应用等等，确属难得。二十世纪物理学的飞跃发展，不可不知十九世纪数学家的先导作用。至于高于三维的形象如何相应于客观世界，彭加勒已论及，自言未知客观世界究竟是几维的。而爱因斯坦相对论之所以伟大，于1905年提出狭义相对论，其实就是第一人利用四维非欧空间

---

* 按今译格拉斯曼。

以解释时空相对。二年后明哥斯基*明确提出第四维就是时间，结合光速为极限，时空密合而不可分，以成四维时空连续区。此说对人类认识客观世界，有划时代的进步。后于1915年爱因斯坦又进一步提出广义相对论，此以空间结构角度视之，实即增加黎曼张量。且爱因斯坦利用多维空间的形象，仅及四维而止。于1917年尚提出闭合的静态宇宙四维球状模型（见《爱因斯坦文集》卷二351—363页，卷三417页）。更后因于天文学见及红位移现象，不得不开放四维的静态宇宙。以几何角度视之，开放者，尚未明确边界条件。其后福克对爱因斯坦的意见，认为其数学模型对边界未明。或以维数论之，开放的四维加一维成五维，即可能闭合。唯闭合者，始可研究边界条件。故于开放四维的边界，卡鲁查（Th. Kaluza）于1921年已建立五维理论，自谓第五维仅属数学概念，未明其物理意义。虽然，犹未可忽略其利用五维希尔伯特空间的几何结构。爱因斯坦则特别重视连续区域的维数。历年有较复杂的场论被提出，爱因斯坦对之加以分类，其中第一类的意见，就是要增加连续区域的维数。而爱因斯坦则以为："在这种情况下，必须解释为何连续区域外观上限于四维。"并解释说："只有存在着应该这样做的物理经验的理由时，才应进行。"说此时已在1954年12月，翌年4月爱因斯坦即逝世。故爱因斯坦利用数学的成果，于狭义相对论的几何图形，仅用于四维—八胞腔，闭合的四维球状模型则可以四维—五胞腔当之。于广义相对论中增加黎曼曲率，于四维空间中黎曼曲率张量之素数有20个，代入$\frac{1}{12}n^2(n^2-1)$可得。若四维开放后的几何结构如何，则爱因斯思维的统一场论，须待继之者加以完成。

除爱因斯坦的相对论外，二十世纪的物理学尚有量子论。且自1900年博朗克**发现量子后，数十年中的发展，实赖相对论的活跃。

---

* 按今译闵可夫斯基。

** 按今译普朗克。

因量子论与相对论虽同属整个物理学，然于宏观微观两端，爱因斯坦注意于宇宙结构，较重视宏观，量子论之验证，基本取诸微观。此大年小年之于人，凡对象为小年的量子论容易发现其规律的变化，大年的宇宙，则非继以历史的事实，较难验证。然物理学必须兼及宏观与微观，故两方面不可不究其认识方法。利用数学概念，早已有希尔伯特的 n 维连续空间。（下阙）

论易学的象数与柏拉图的几何学（残篇）

易学的象数，其来甚古。今以东周论，对象数的认识已极深刻。若象数之所指，每多忽视规矩的作用，致使有数无象，此未合先秦的史实，乃有误认为我国无几何学。至于我国的几何学，于平面以矩为方，以规为圆，天圆地方有其阴阳相对的含义。于立体，以方为六合为絜矩之道，以圆为圜为丸。六合之名，先秦古籍中屡见，《大学》更明言上、下、前、后、左、右的絜矩之道。圜道有种种周期，《吕氏春秋》重视之。丸且为武器，故"市南宜僚弄丸，而两家之难解"（《庄子·徐无鬼》）。及宋邵雍即以丸为太极（见《击壤集》），乃以三维空间视之。世传之太极图，确有妙义，然仅以二维平面视之。今更观阴阳符号卦的卦象，《系辞》论其来源："易有太极，是生两仪，两仪生四象，四象生八卦。"此一分为二的二分法，正合几何学维数的增加。凡太极为零维点，两仪为一维线，四象为二维面，八卦为三维体。故八卦之象，恰当六合的八顶点，六合指六个平面相合以围成的三维空间。以六个平面的中心点由三维相交而三线交于一点，此点斯为太极，理犹絜矩之道之"所恶于上，毋以使下。所恶于下，毋以事上。所恶于前，毋以先后。所恶于后，毋以从前。所恶于右，毋以交于左。所恶于左，毋以交于右"。（下阙）

易学与几何学
——周易与希尔伯特空间

整理说明

《易学与几何学》（又名《周易与希尔伯特空间》），全书未完成，部分图表被作者抽出用于他书。原稿已散乱，经整理尚能见其主要内容，相对完整的有三部分：一、正则六维空间；二、六十四卦；三、三百八十四爻。

Part A，正则六维空间。这是潘雨廷先生认识多维空间理论的核心，也是他沟通东西方文化的尝试。多维空间于五维以上，分三种类型：1. 2n 型；2. n+1 型；3. 2^n 型。开篇是总表，以下从零维到六维，三种类型各有七图，共 21 图。原稿还收入少量辅助图，实际上不止 21 图。

1. 2n 型（对应《系辞上》"卦之德方以知"），原稿存六图，原缺第七图（6—12），另外以大纸画出，整理者据他处补入（比照《易老与养生》，上海古籍出版社，2016，87 页）。

整理者补充 2 帧附图，这些图也出于作者手绘，但并非在原稿内。附图 1（4—8）与原稿（4—8）等同，只是绘图方式上，有移动法和投影法的不同。附图 2 与补入的第七图相同，区别是中心处没有阴影。阴影表示什么？原稿没有说明。整理者认为可能指希尔伯特基本方体，（6—64）由此移动而成。此阴影或可取消，今存此二图作为对照。

2. n+1 型（对应《系辞上》"蓍之德圆而神"）。原稿七图全。

原稿第 5 图（4—5）后，作者原附有 2 图，是第 5 图的拆解，3 图应视为等同。其中附图 1、附图 2 是第 5 图的拆解。

原稿第 6 图（5—6），整理者从他处找来附图 3，是第 6 图的拆解。

3. 2^n 型（对应《系辞上》"六爻之义易以贡"）。原稿七图全。整理者补入 2 图，应该与图 7 等同。其一为十二地支图，其二即先天方图，皆为（6—64）。

此 3 乘 7 共 21 图，是作者思想的核心，包含潘先生对《易》与中国思想的全部理解。原稿作者自补的 3 图，是对其中某图的拆解。整理者从他处找来的几帧图，用以扩展思维的广度。

作者关于多维空间的思想，应该还有其他的展开，如六维空间与京房八宫世魂图的关联（参见《论吾国文化中包含的自然科学理论》，280—291 页；《易老与养生》，155—160 页），以及不同维度的胞腔中心点等。

Part B，六十四卦的多维空间画法，当从 n＋1 型（6—64）化出。此稿原存十六卦，即十二辟卦加归妹、渐、革、鼎，占六十四卦的四分之一，由整理者从他处找来四十八卦补全。于诸卦之间，原无诠次，从原稿的十二辟卦与归妹、渐、革、鼎，无法推论诸卦之间的关联。

本书附录《论〈周易〉与六维希尔伯特空间》提出："（6—12）的顶点 64，犹六十四卦。每卦当一顶点，用先天自然之序。"如果参考此说，应该以先天图为序，然而与原稿十二辟卦为次未合。今姑存其旧，如果将来研究后确定与 Part A 的相应关系，再考虑调整。

Part C，三百八十四爻的多维空间画法。分以下五种：

初爻（五组）：初二、初三、初四、初五、初上

二爻（四组）：二三、二四、二五、二上

三爻（三组）：三四、三五、三上

四爻（二组）：四五、四上

五爻（一组）：五上

以上共 15 组，每组 4 种变化，共 60 种变化。

附录有六文，原本不属于此稿，因为内容相关，引来加深理解。

张文江

2023 年 2 月 18 日

Part A

六维以下正则多维空间边界数据表

	2n 型 （卦之德方以知）	2^n 型 （六爻之义易以贡）	n＋1 型 （蓍之德圆而神）
6 维	（6—12） 边界为 12 个（5—10）	（6—64） 边界为 64 个（5—6）	（6—7） 边界为 7 个（5—6）
5 维	（5—10） 边界为 10 个（4—8）	（5—32） 边界为 32 个（4—5）	（5—6） 边界为 6 个（4—5）
4 维	（4—8） 边界为 8 个（3—6） 立方体	（4—16） 边界为 16 个（3—4） 正四面体	（4—5） 边界为 5 个（3—4） 正四面体
3 维	（3—6）立方体 边界为 6 个（2—4） 正方形	（3—8）正八面体 边界为 8 个（2—3） 三角形	（3—4）正四面体 边界为 4 个（2—3） 三角形
2 维	（2—4）正方形 边界为 4 个（1—2） 直线	（2—4）正方形 边界为 4 个（1—2） 直线	（2—3）三角形 边界为 3 个（1—2） 直线（曲线）
1 维	（1—2）直线 边界为 2 个（0—1） 点	（1—2）直线 边界为 2 个（0—1） 点	（1—2）直线 边界为 2 个（0—1） 点
0 维	（0—1） 点	（0—1） 点	（0—1） 点

2n 型
（卦之德方以知）

（0—1）

●

太极

易有太极

未分阴阳为太极

当零维一点

(1—2)

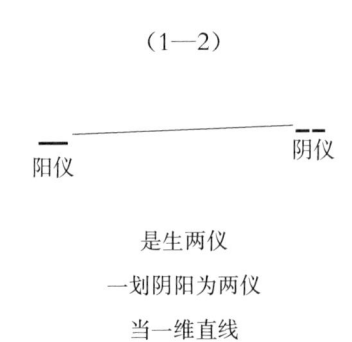

―――― ― ―
阳仪　　　　阴仪

是生两仪

一划阴阳为两仪

当一维直线

有二端

（2—4）

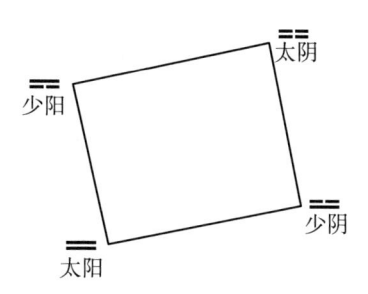

少阳 ⚎　　太阴 ⚏

太阳 ⚌　　少阴 ⚍

两仪生四象

二划阴阳为四象

当二维平方面

有四顶点

(3—6)

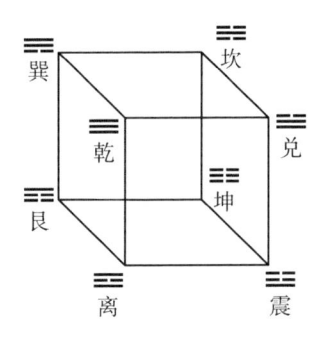

☴ 巽　　☵ 坎

☰ 乾　　☱ 兑

☶ 艮　　☷ 坤

☲ 离　　☳ 震

四象生八卦

三划阴阳为八卦

当三维立方体

有八顶点

（4—8）

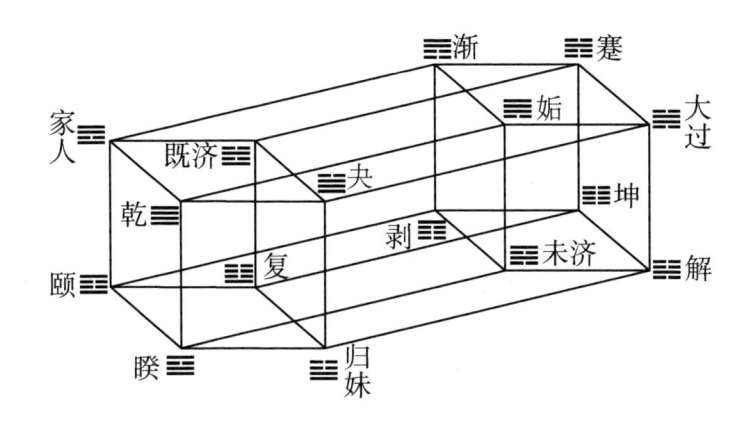

云行雨施

品物流行

四划阴阳为十六卦

当四维八胞腔

有十六顶点

(5—10)

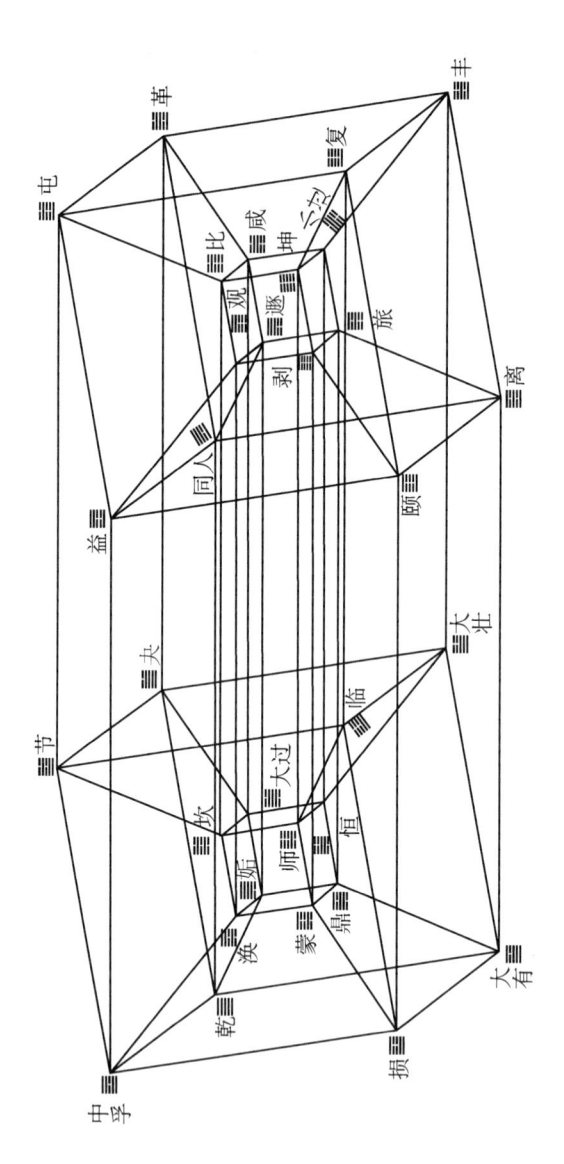

五划阴阳为三十二卦
当五维十胞腔
有三十二顶点

易学与几何学

(6—12)

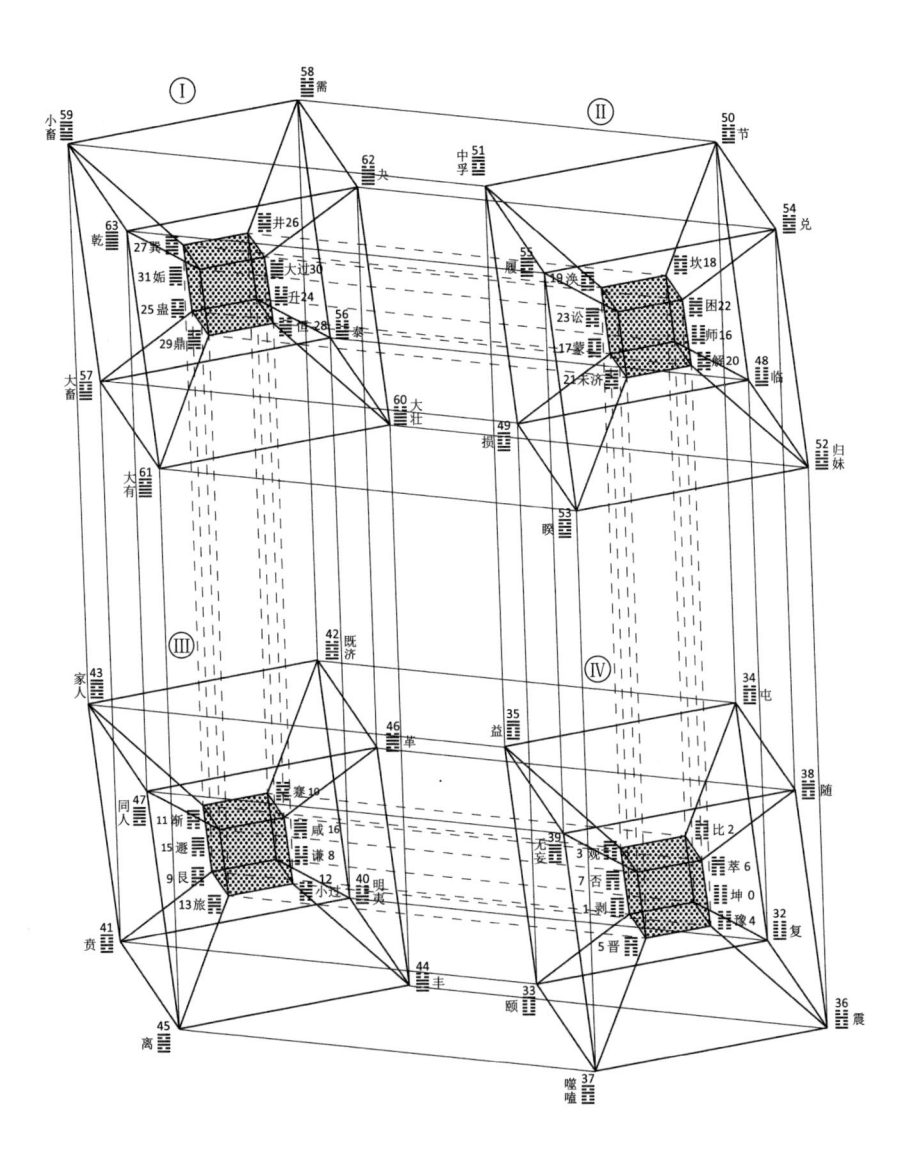

六划阴阳为六十四卦

当六维十二胞腔

有六十四顶点

以上七图

	于易为	于几何为
1	太极	0维 点
2	两仪	1维 直线
3	四象	2维 平方面
4	八卦（三划可名参卦）	3维 立方体
5	十六卦（四划可名互卦）	4维 8胞腔
6	三十二卦（五划可名伍卦）	5维 10胞腔
7	六十四卦（六划可名别卦）	6维 12胞腔
	⋮	⋮
	卦数可无限增加 义当《系辞上》 "卦之德方以知"	维数可无限增加 此属2n—胞腔类型的 正则多维空间

易学与几何学　　　　　　　　　　　　　　　　　　　　　　139

附图 1

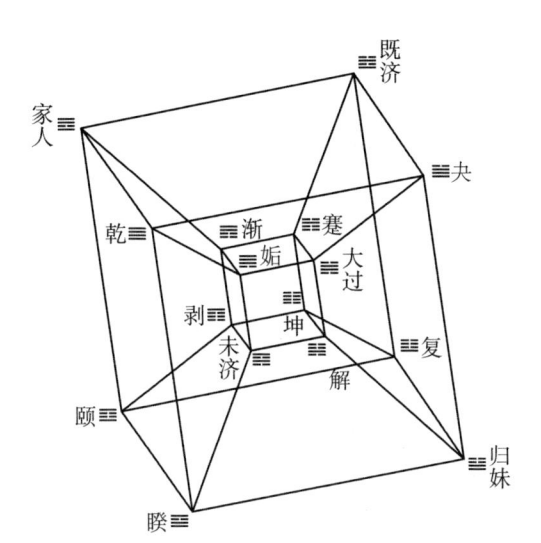

(4—8)

附图 2

(6—12)

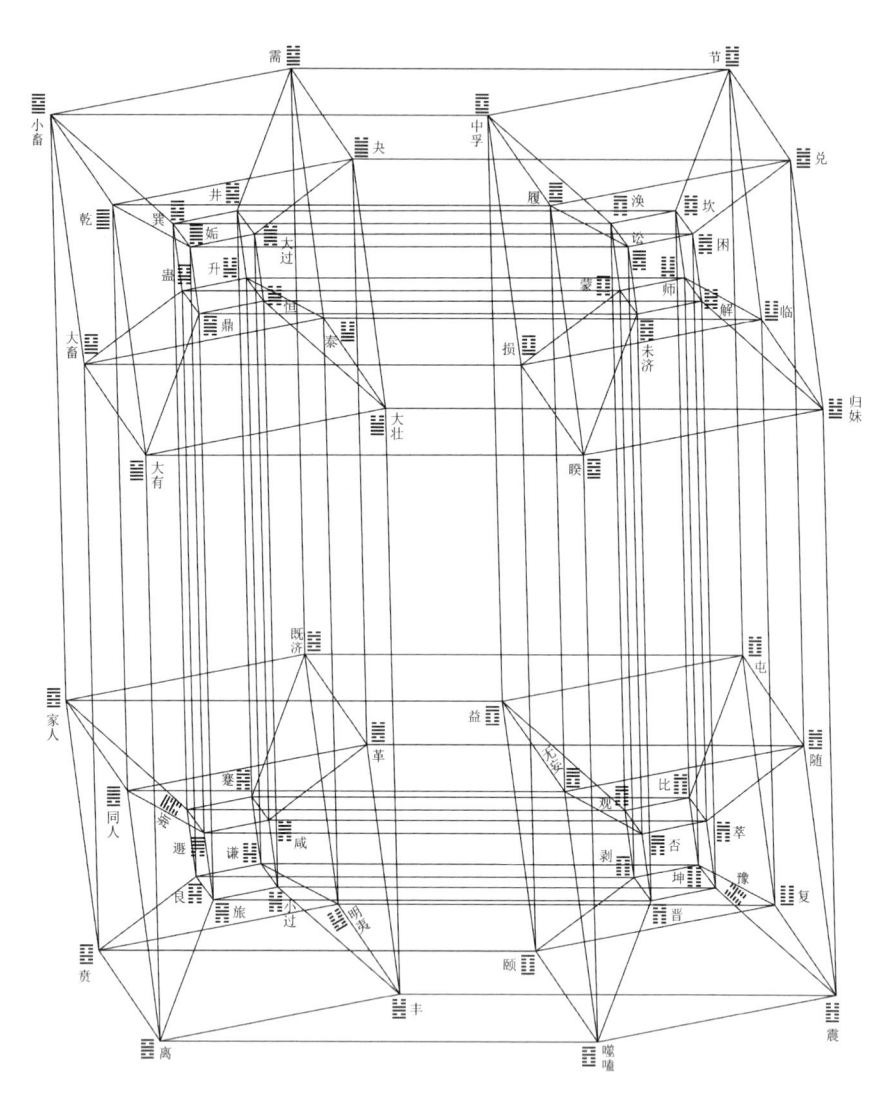

六划阴阳为六十四卦

当六维十二胞腔

有六十四顶点

n+1 型

（蓍之德圆而神）

（0—1）

●

道生一

道生一
有物混成先天地生
当零维一点

（1—2）

天　　　　地

一生二
天长地久
当一维线
有二端

(2—3)

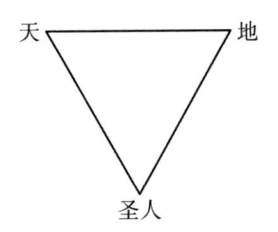

```
    天 ────── 地
      \      /
       \    /
        \  /
         \/
         圣人
```

二生三

天地不仁以万物为刍狗

圣人不仁以百物为刍狗

当二维三角形

有三顶点

（3—4）

```
  道道        王亦
  大生        德大
              畜
  天物    器地
  大刑    成大
```

　　三生万物　　域中有四大
　　　道生之而德畜之
　　　物刑之而器成之
　　　是以万物尊道而贵德
　　　当三维正四面体
　　　　有四顶点

（4—5）

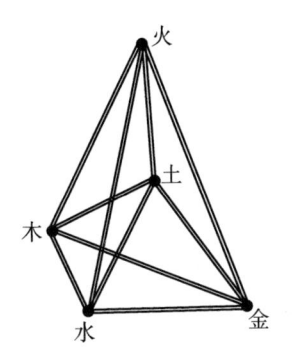

一曰水，二曰火，三曰木，四曰金，五曰土。

水生木，木生火，火生土，土生金，金生水。

水克火，火克金，金克木，木克土，土克水。

当四维五胞腔

有五顶点

附图 1

（4—5）

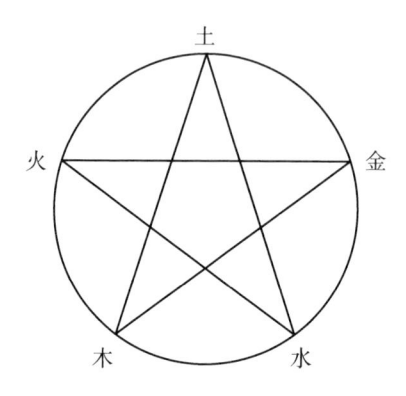

五行生克
当四维五胞腔
有五顶点

易学与几何学

附图 2

(4—5)
及五个 (3—4)

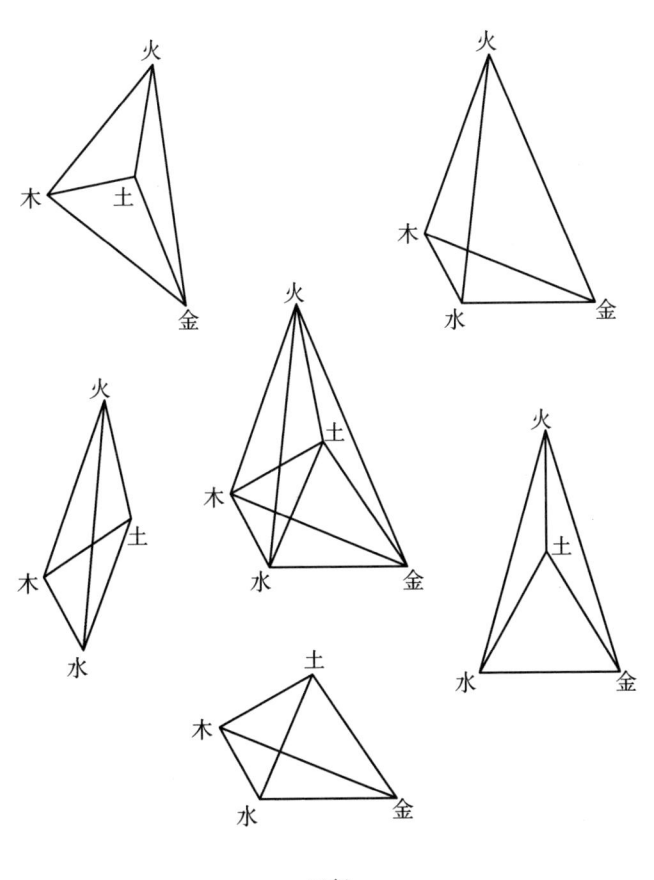

五行

（5—6）

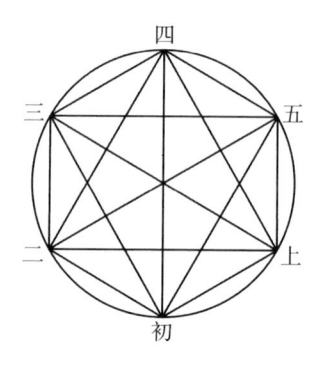

六位　初、二、三、四、五、上
三阴　太阴、厥阴、少阴
三阳　太阳、阳明、少阳
　　　当五维六胞腔
　　　有六顶点

附图 3

(5—6)
及六个（4—5）

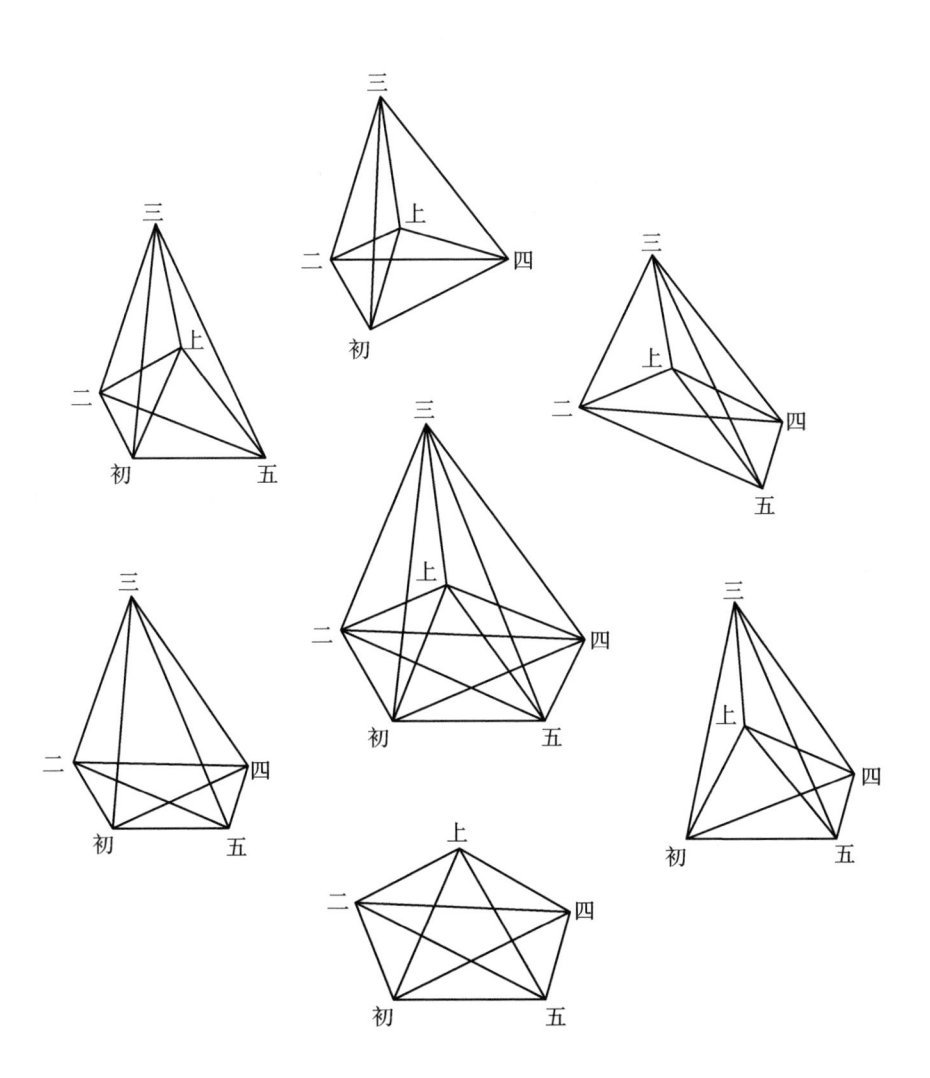

（6—7）

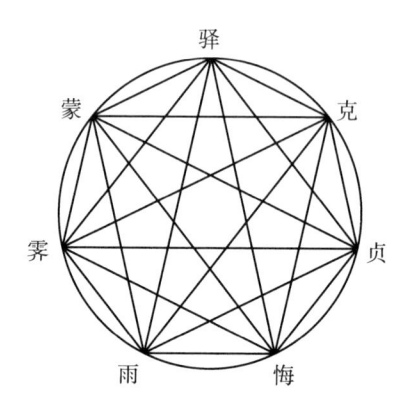

曰雨曰霁曰蒙曰驿曰克曰贞曰悔

凡七卜五占用二衍忒

当六维七胞腔

有七顶点

易学与几何学

以上七图

	于易通黄老洪范为	于几何为
1	道生一	0维　点
2	一生二	1维　曲线
3	二生三	2维　三角形
4	三生万物　域中有四大	3维　正四面体
5	五行	4维　5胞腔
6	六位	5维　6胞腔
7	七蓍	6维　7胞腔
	⋮	⋮
	蓍数三变为一维可无限增加 义当《系辞上》 "蓍之德圆而神"	维数可无限增加 此属（n+1）—胞腔类型的 正则多维空间

2^n 型
（六爻之义易以贡）

（0—1）

●

无体

神无方而易无体
有生于无
复归于无极
当零维一点

(1—2)

　　　⌒
　阴　　阳

一阴一阳之谓道

易以道阴阳

当一维直（曲）线

有二端

(2—4)

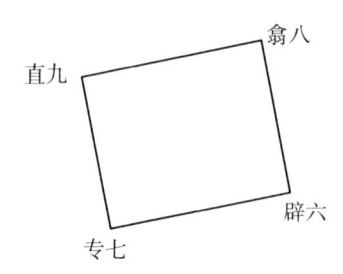

```
        翕八
直九
        辟六
    专七
```

七日八月用九用六
　夫乾其静也专
　　其动也直
　夫坤其静也翕
　　其动也辟
　当二维平方面
　　有四顶点

(3—8)

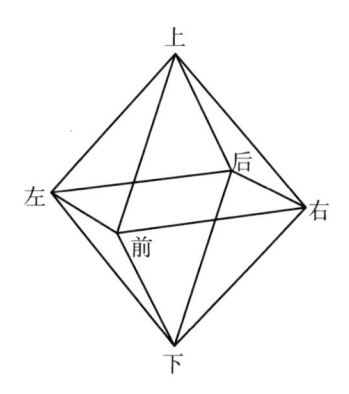

所恶于上毋以使下，所恶于下毋以事上
所恶于前毋以先后，所恶于后毋以从前
所恶于右毋以交于左，所恶于左毋以交于右
此之谓絜矩之道
当三维正八面体
有六顶点

（4—16）

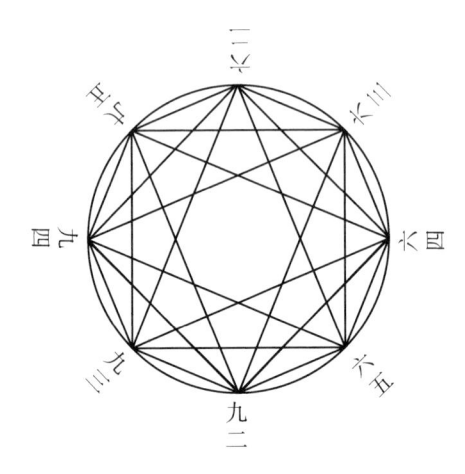

中爻备十六互卦

当四维十六胞腔

有八顶点

（5—32）

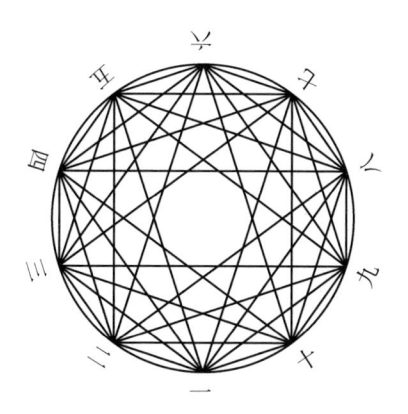

天一　地二　天三　地四　天五
地六　天七　地八　天九　地十
当五维三十二胞腔
有十顶点

(6—64)

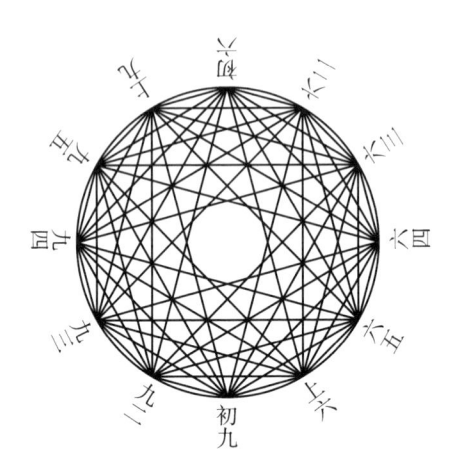

乾坤十二爻之用

当六维六十四胞腔

有十二顶点

以上七图

	于易为	于几何为
1	无体	0 维 点
2	一阴一阳（一爻）	1 维 线
3	乾坤动静（二爻）	2 维 面
4	絜矩之道（三爻）	3 维 正八面体
5	中爻（四爻）	4 维 16 胞腔
6	天地数（五爻）	5 维 32 胞腔
7	乾坤十二爻（六爻）	6 维 64 胞腔
	⋮	⋮
	爻数依卦数可无限增加 义当《系辞上》 "六爻之义易以贡"	维数可无限增加 此属 2^n—胞腔类型的 正则多维空间

(6—64)

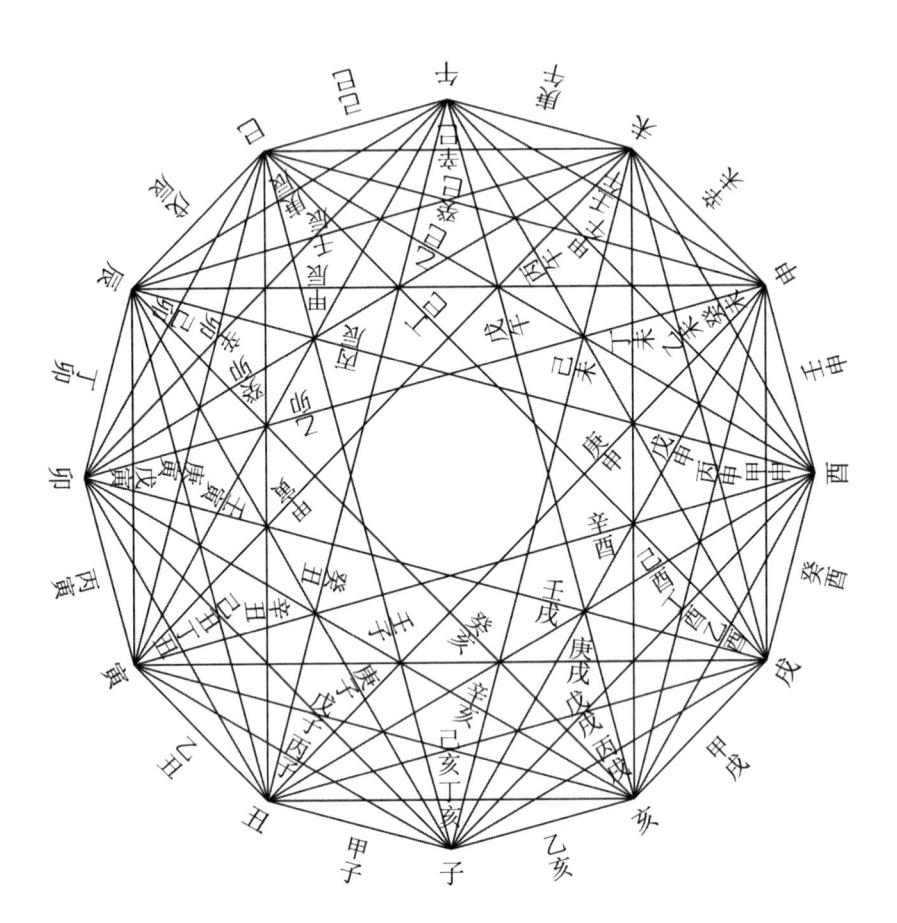

十二地支当 6 维—64 胞腔

易学与几何学　　　　　　　　　　　　　　　　　　　　　　161

（6—64）

（6－64）

悔\貞	1 乾	2 兑	3 离	4 震	5 巽	6 坎	7 艮	8 坤
8 坤	否	萃	晋	豫	观	比	剥	坤
7 艮	遁	咸	旅	小过	渐	蹇	艮	谦
6 坎	讼	困	未济	解	涣	坎	蒙	师
5 巽	姤	大过	鼎	恒	巽	井	蛊	升
4 震	无妄	随	噬嗑	震	益	屯	颐	复
3 离	同人	革	离	丰	家人	既济	贲	明夷
2 兑	履	兑	睽	归妹	中孚	节	损	临
1 乾	乾	夬	大有	大壮	小畜	需	大畜	泰

先天方图

Part B

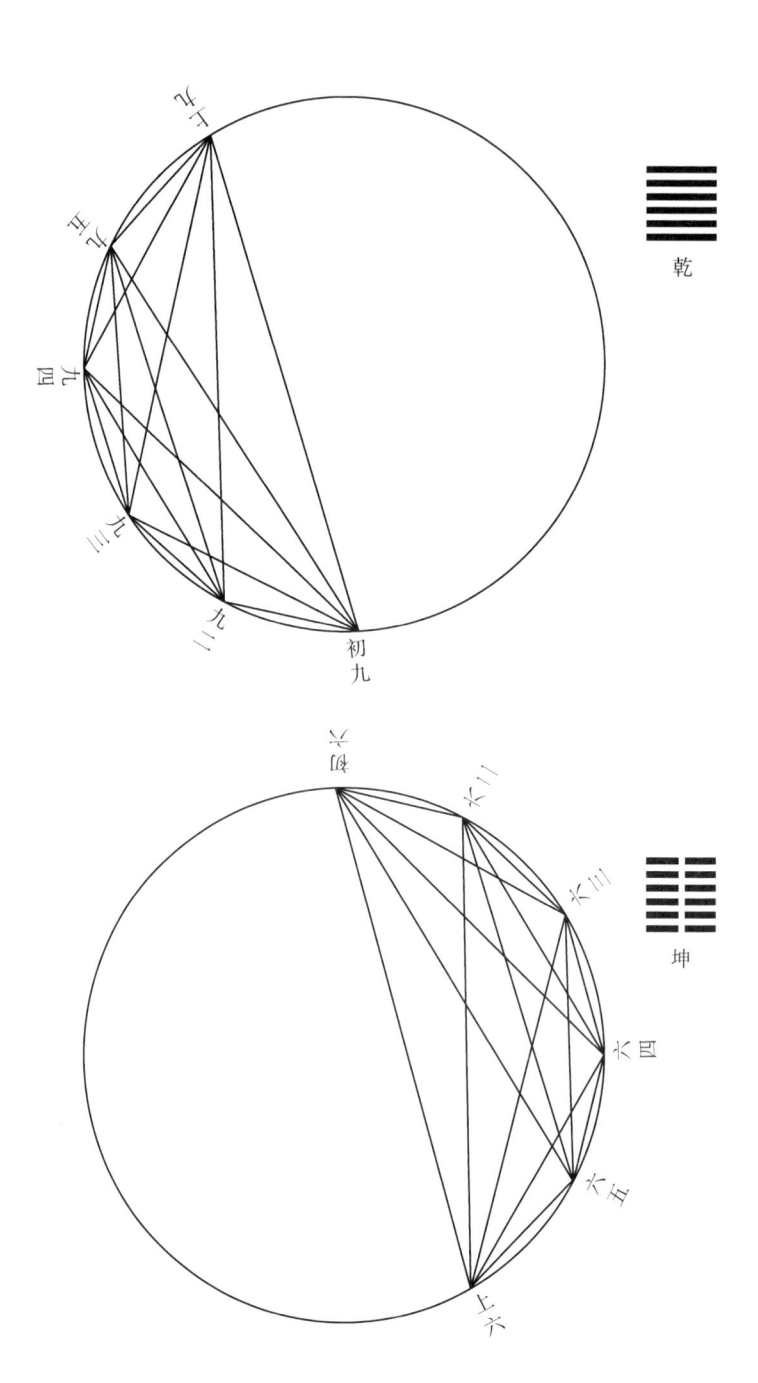

易学与几何学　　　　　　　　　　　　　　　　　　　　　　　　　163

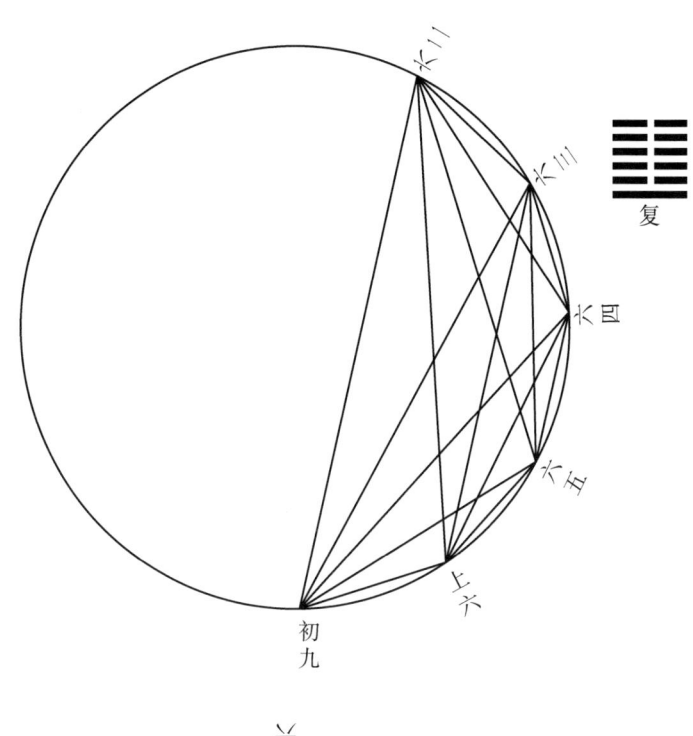

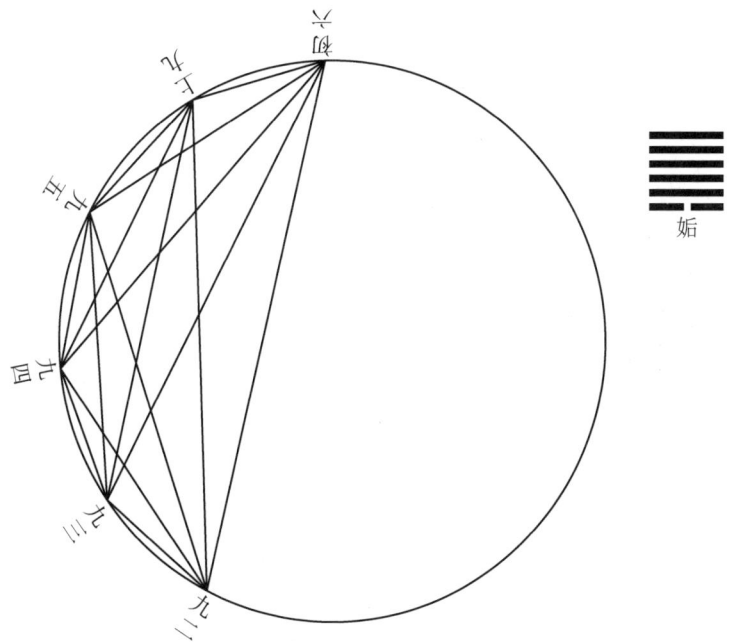

䷗
复

䷫
姤

164　周易象数丛稿

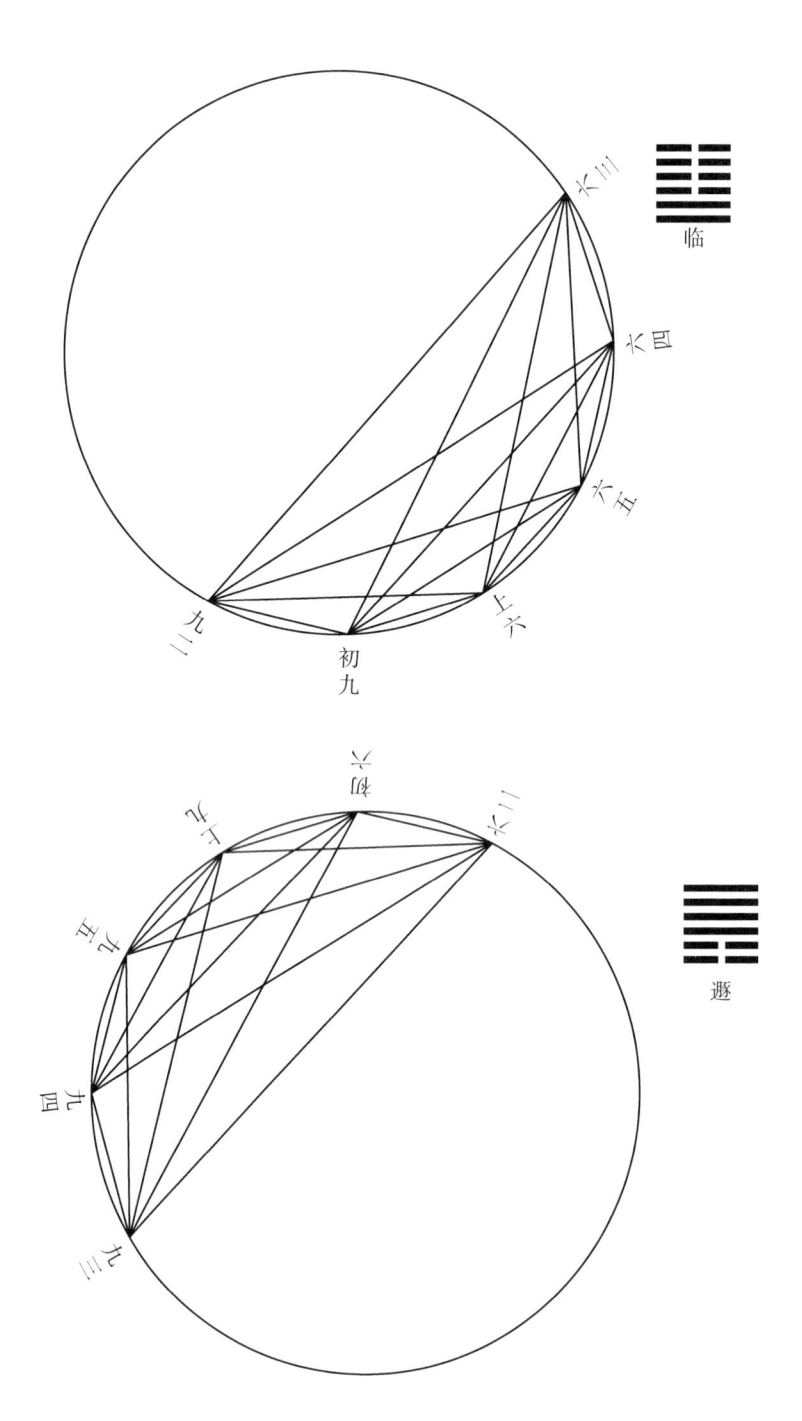

临

六三
六四
六五
上六
初九
九二

遯

初六
六二
六三
九四
九五
上九

易学与几何学　　　　　　　　　　　　　　　　　　　　　　　　165

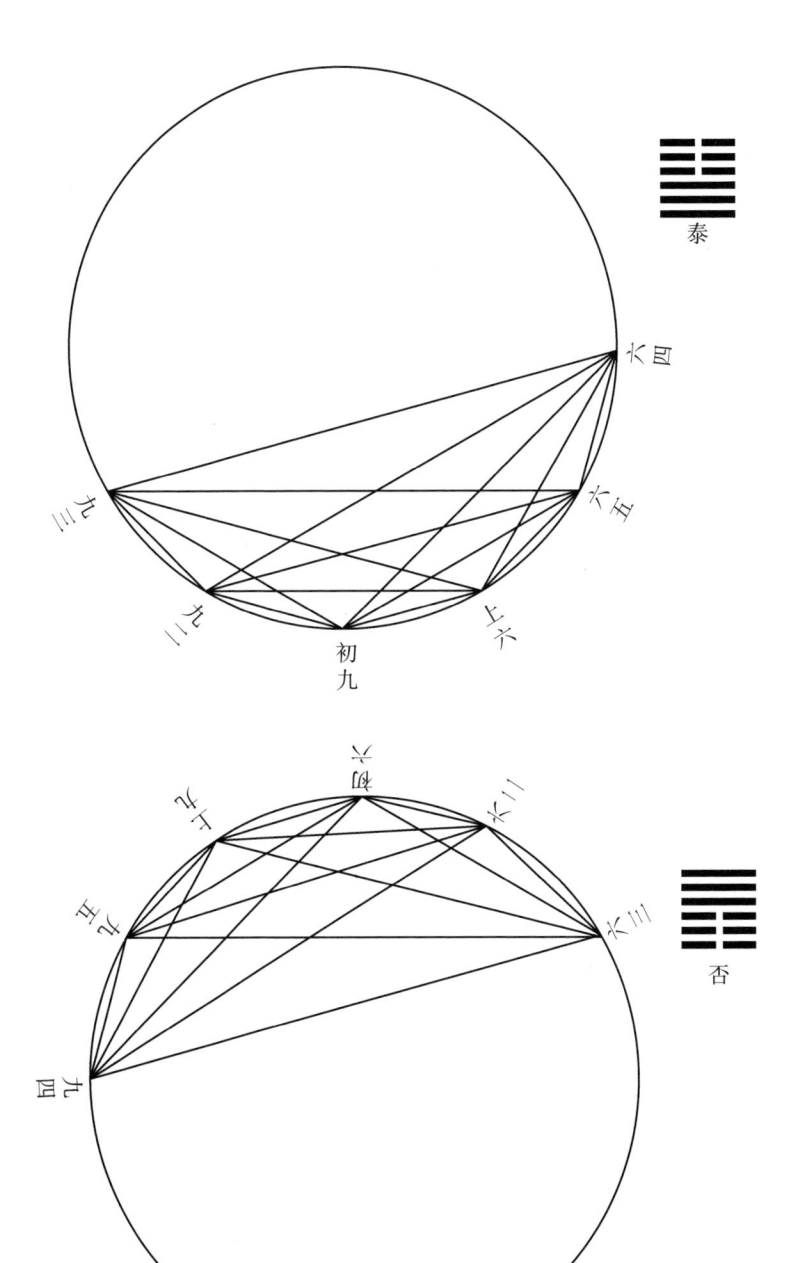

166　　　　　　　　　　　　　　　　　　　　　　　　　周易象数丛稿

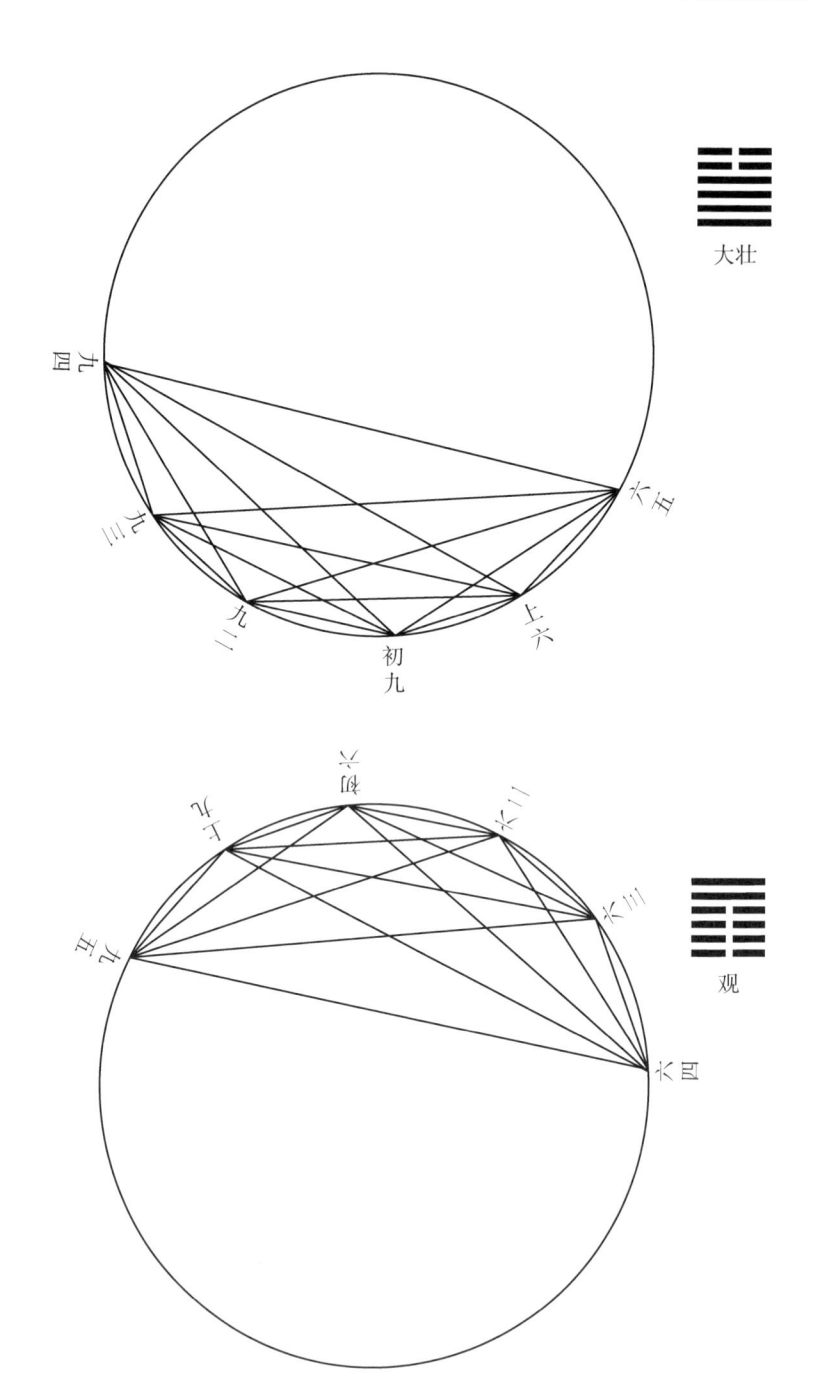

易学与几何学　　　　　　　　　　　　　　　　　　　　167

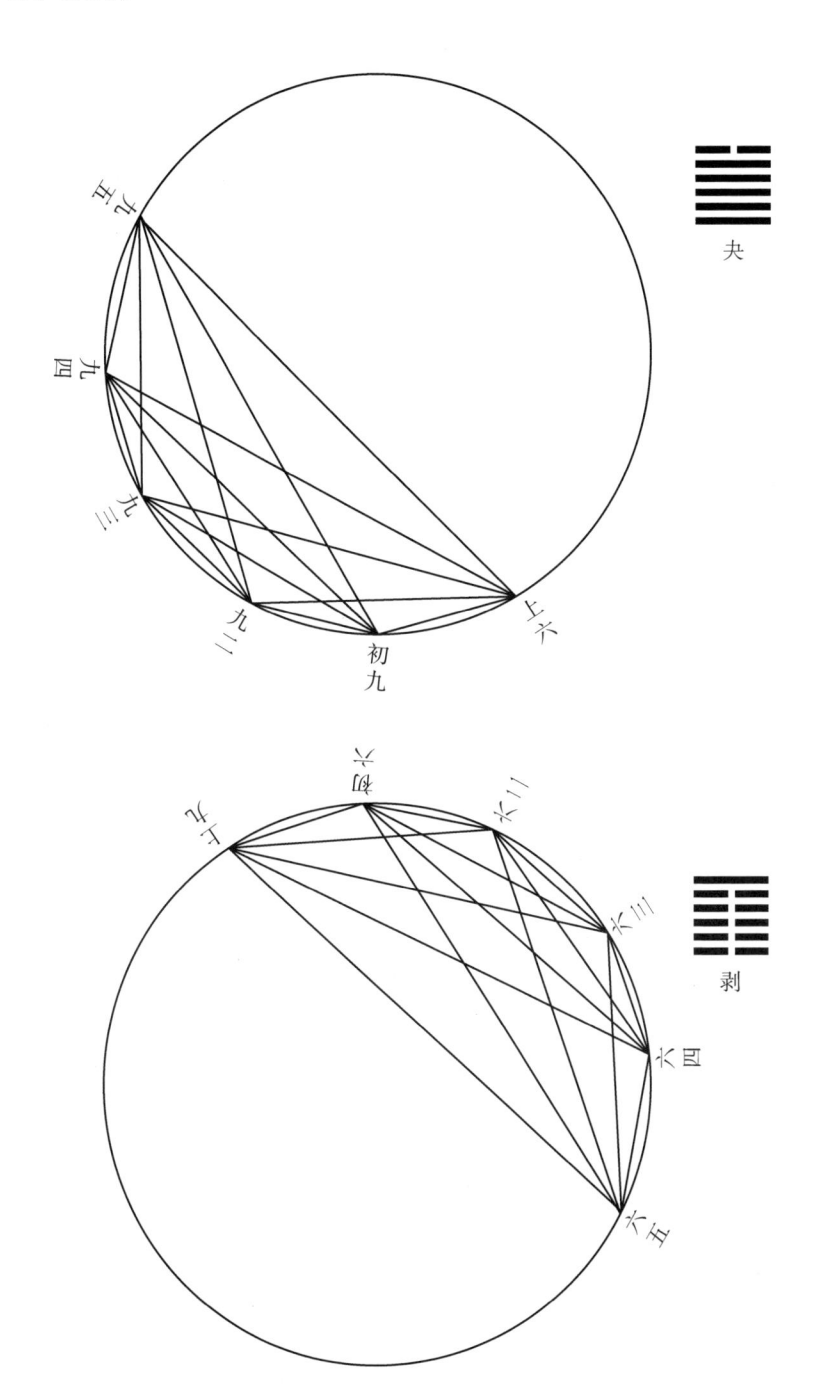

168　　周易象数丛稿

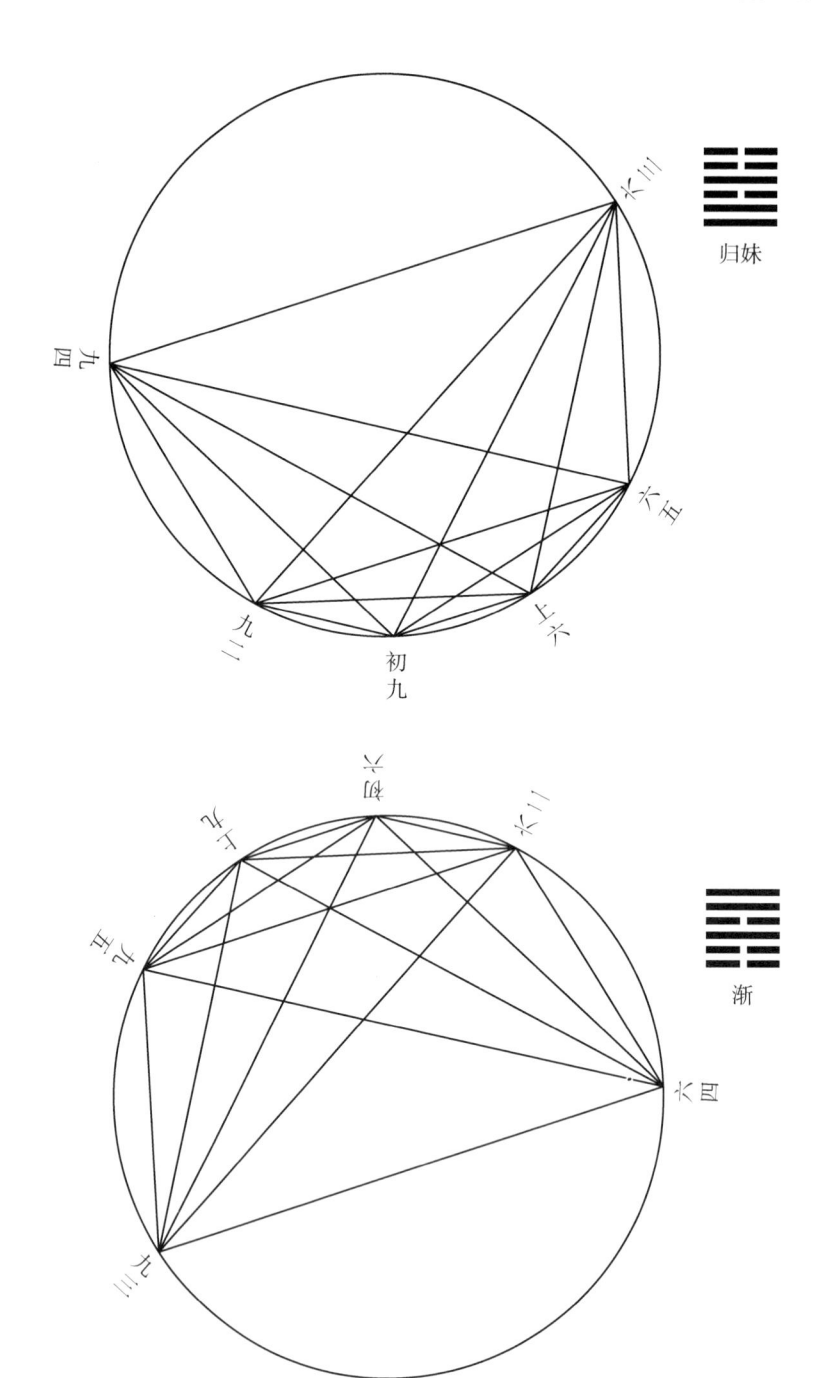

归妹

渐

易学与几何学　　　　　　　　　　　　　　　　　　　　　169

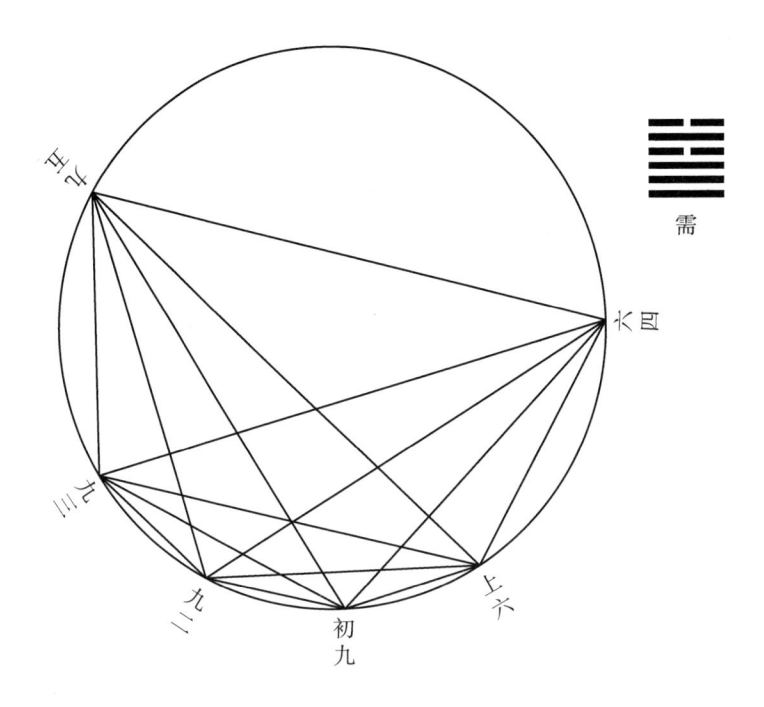

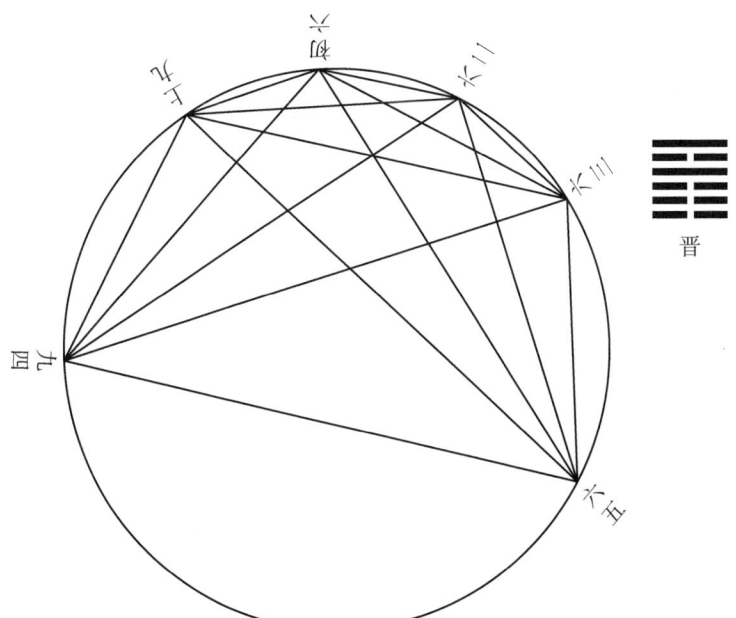

170　　　　　　　　　　　　　　　　　　　周易象数丛稿

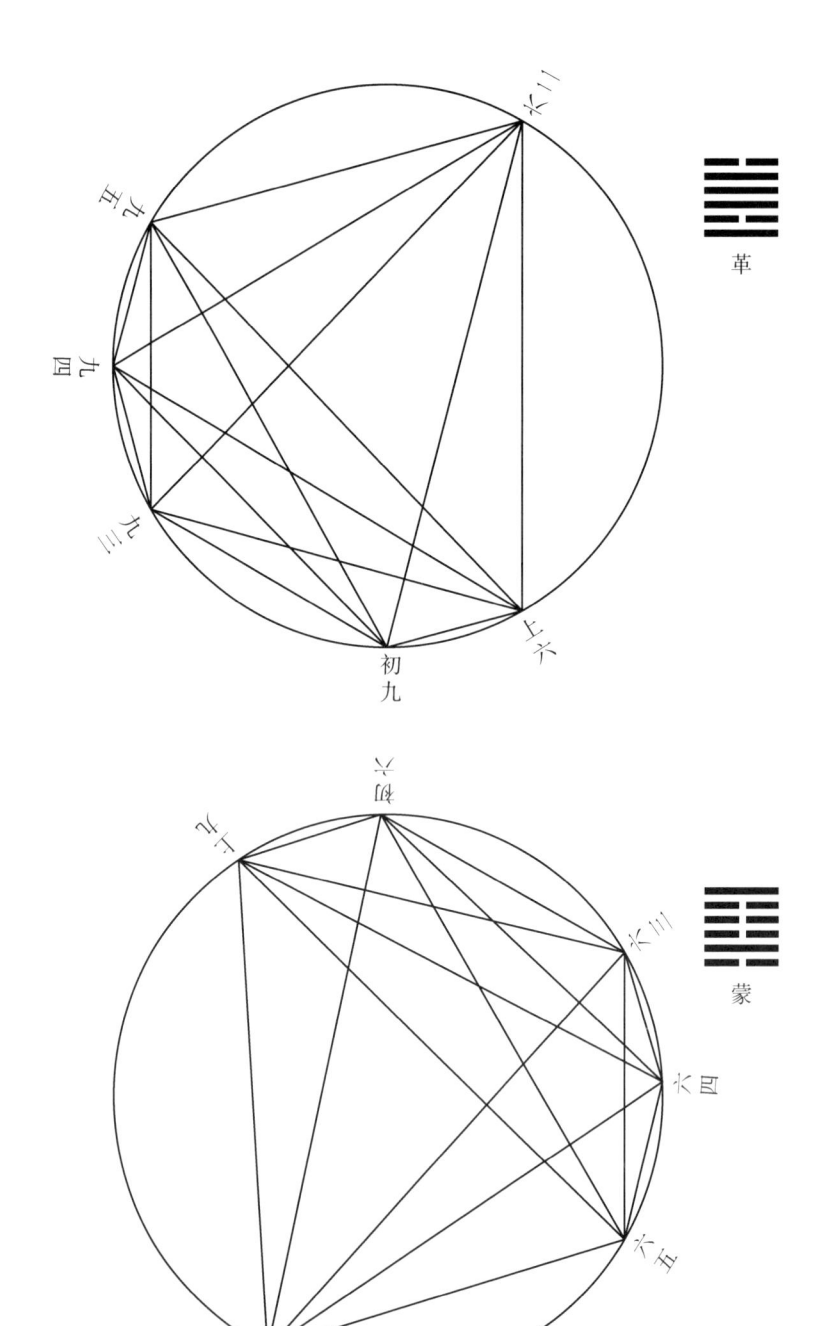

革

蒙

易学与几何学

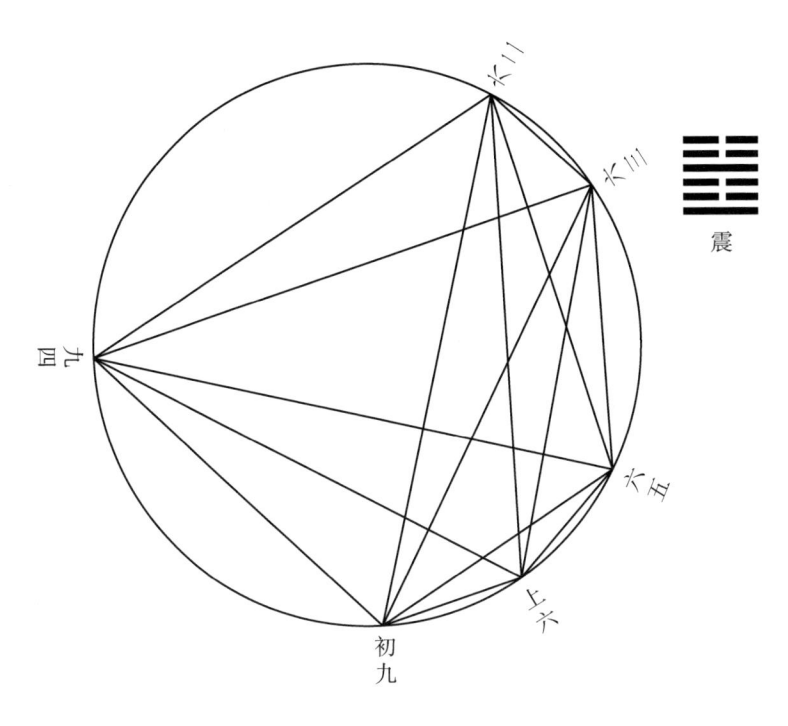

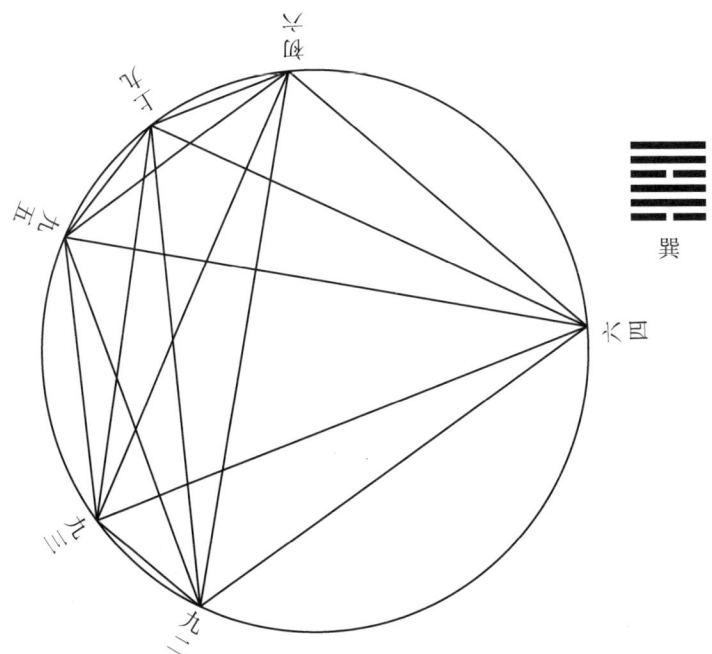

震

巽

无妄

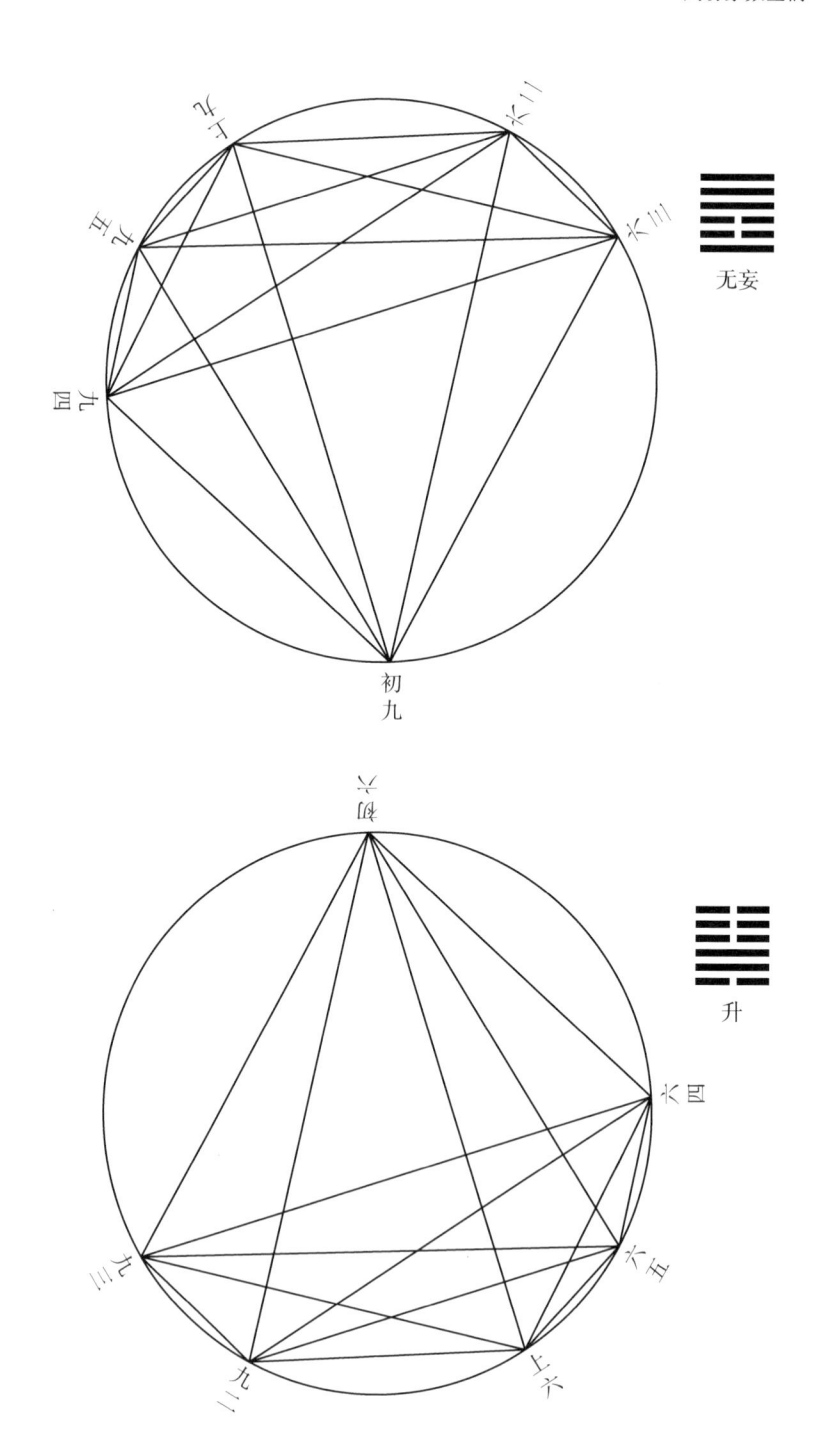

升

易学与几何学　　　　　　　　　　　　　　　　　　　　　　　　173

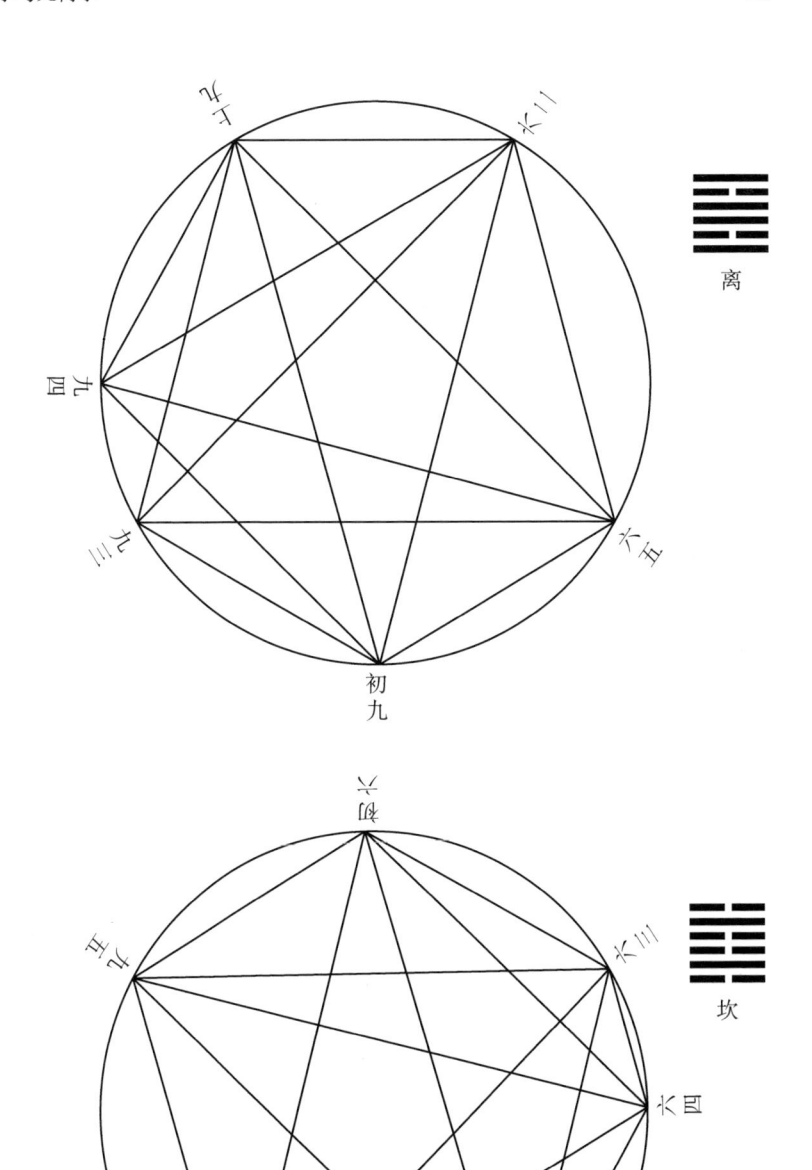

☲ 离

☵ 坎

中孚

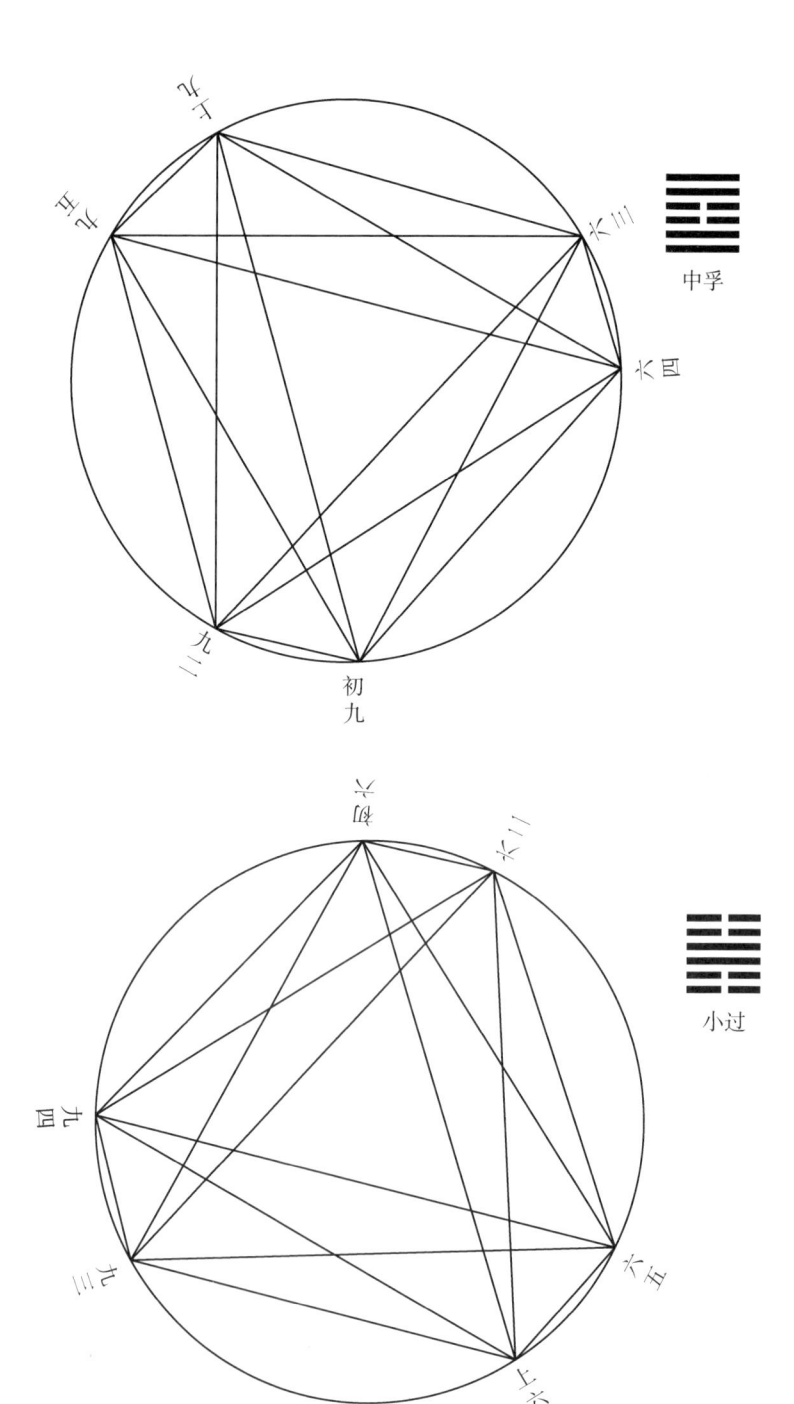

小过

易学与几何学

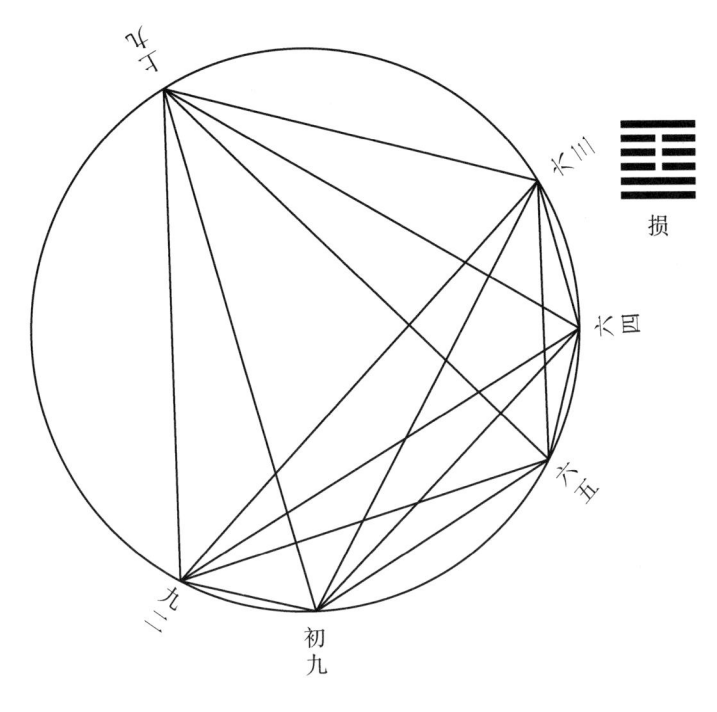

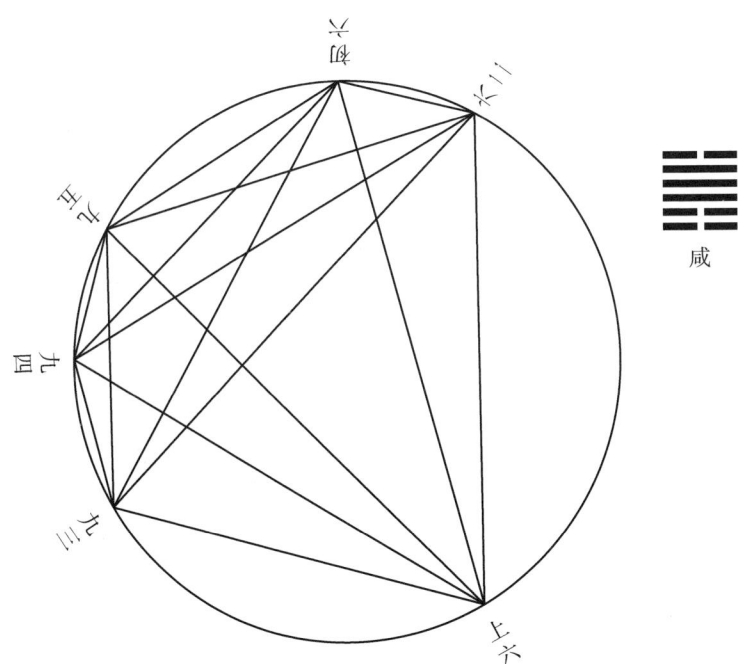

损

咸

节

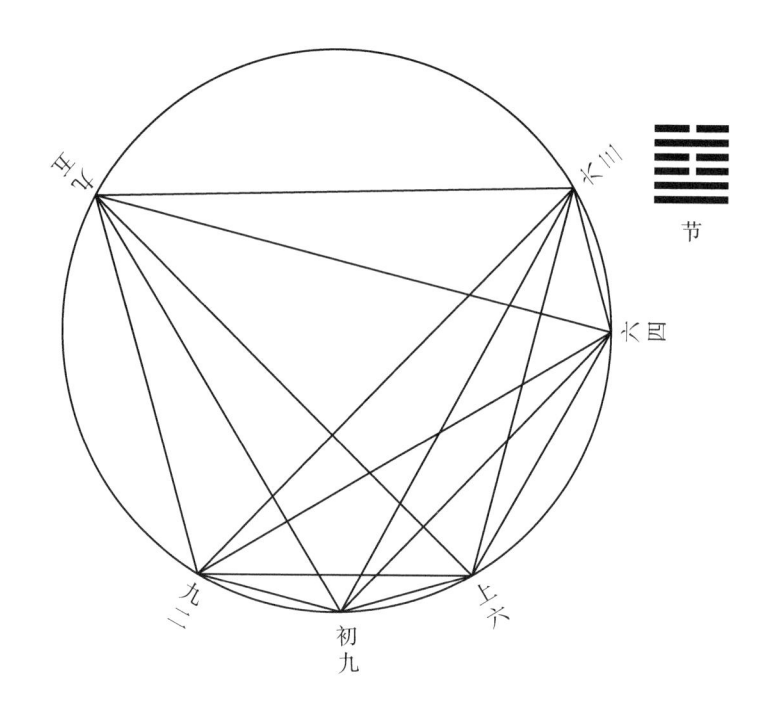

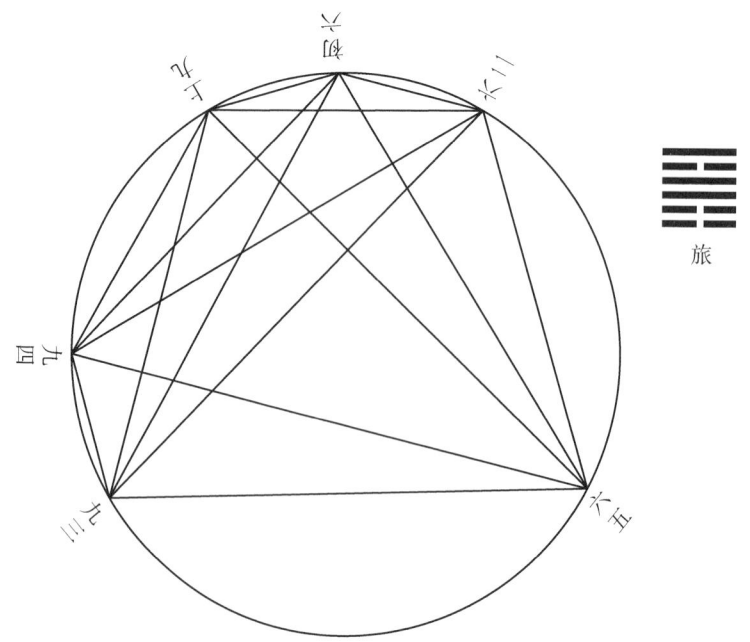

旅

易学与几何学　　　　　　　　　　　　　　177

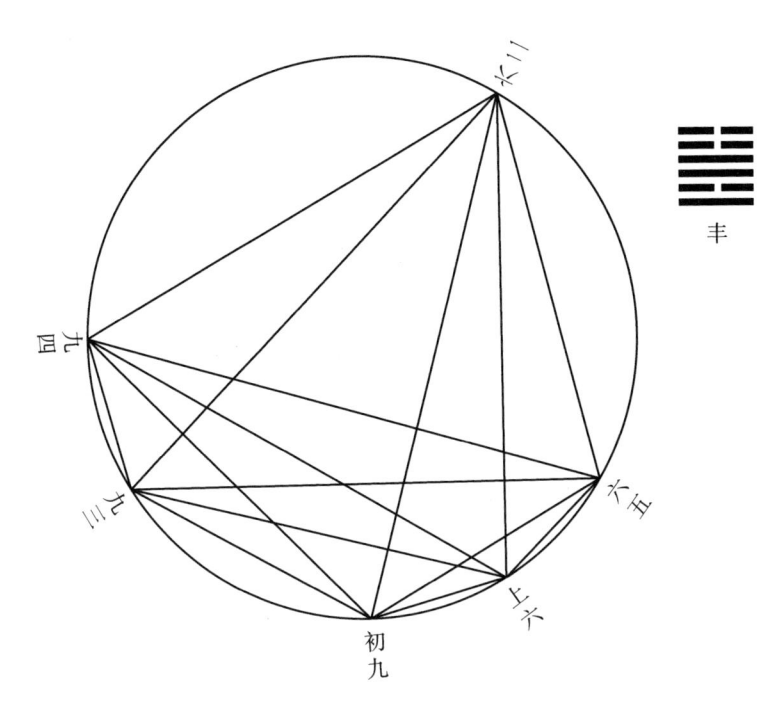

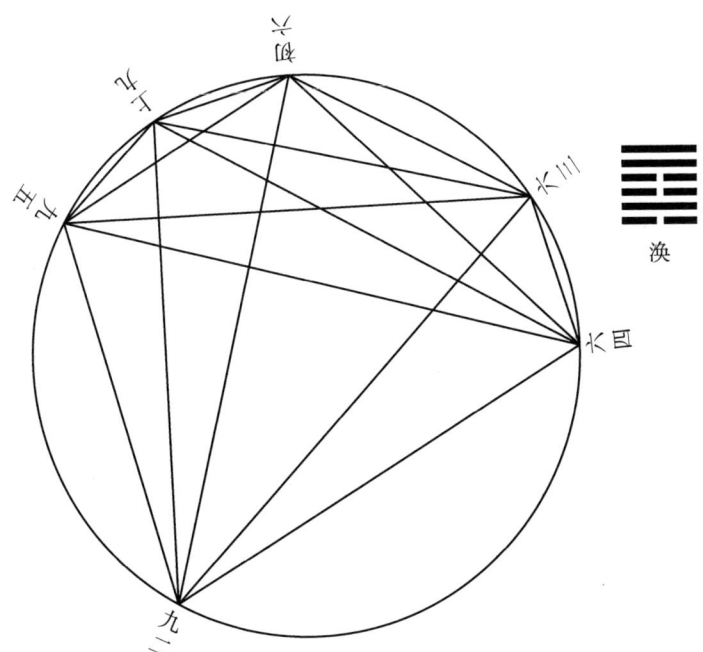

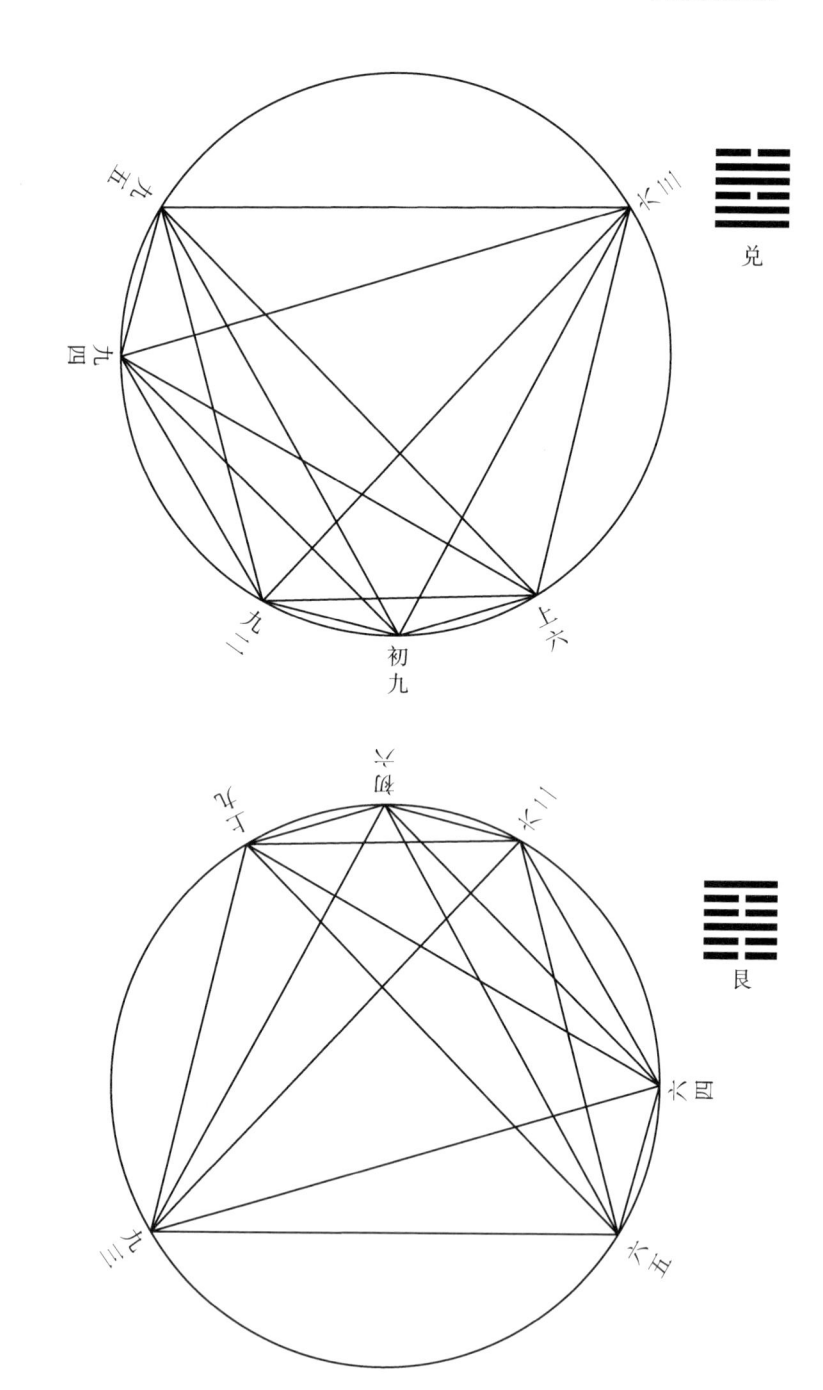

易学与几何学　　　　　　　　　　　　　　　　　　　　179

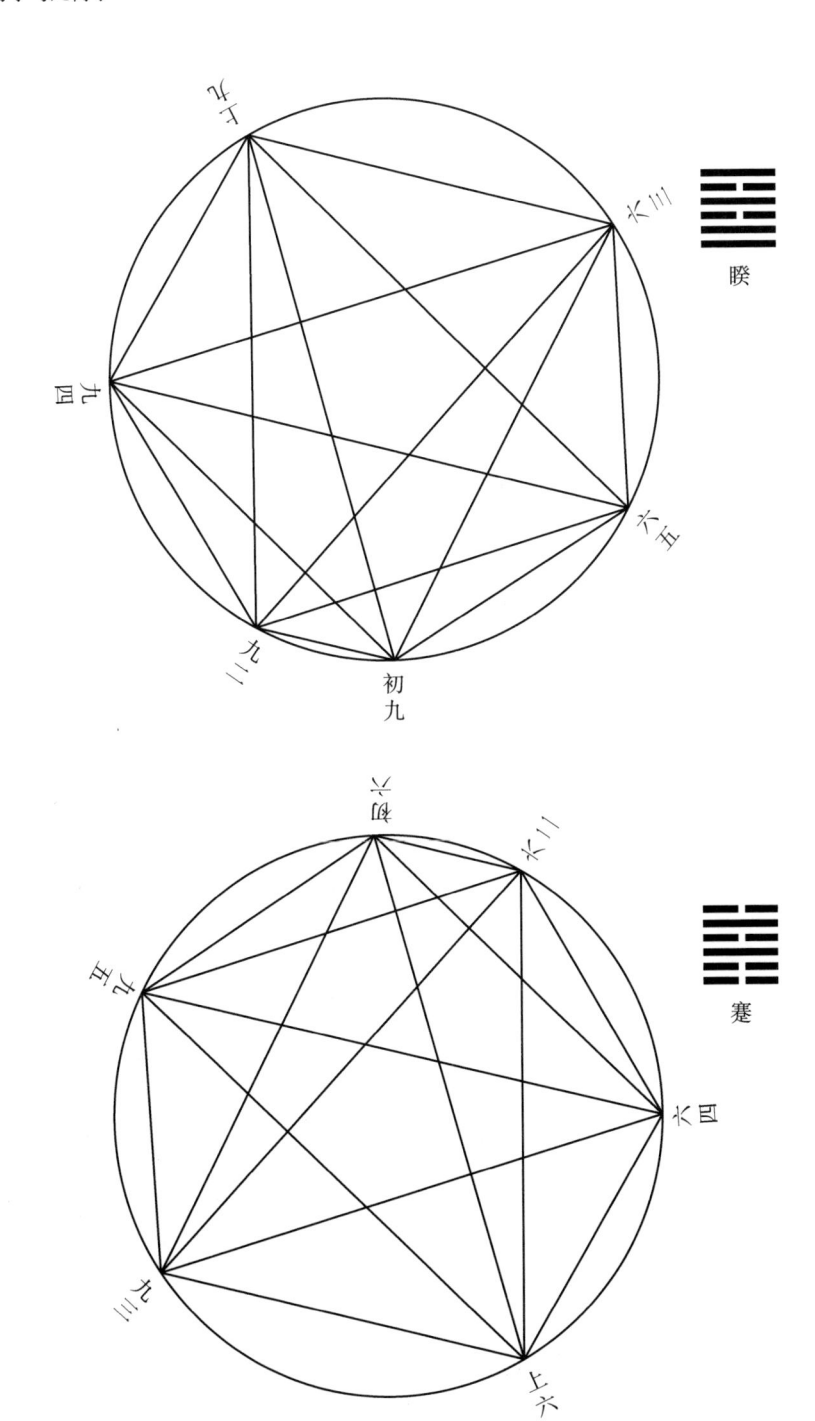

睽

蹇

180　　　　　　　　　　　　　　　　　　　　　　　周易象数丛稿

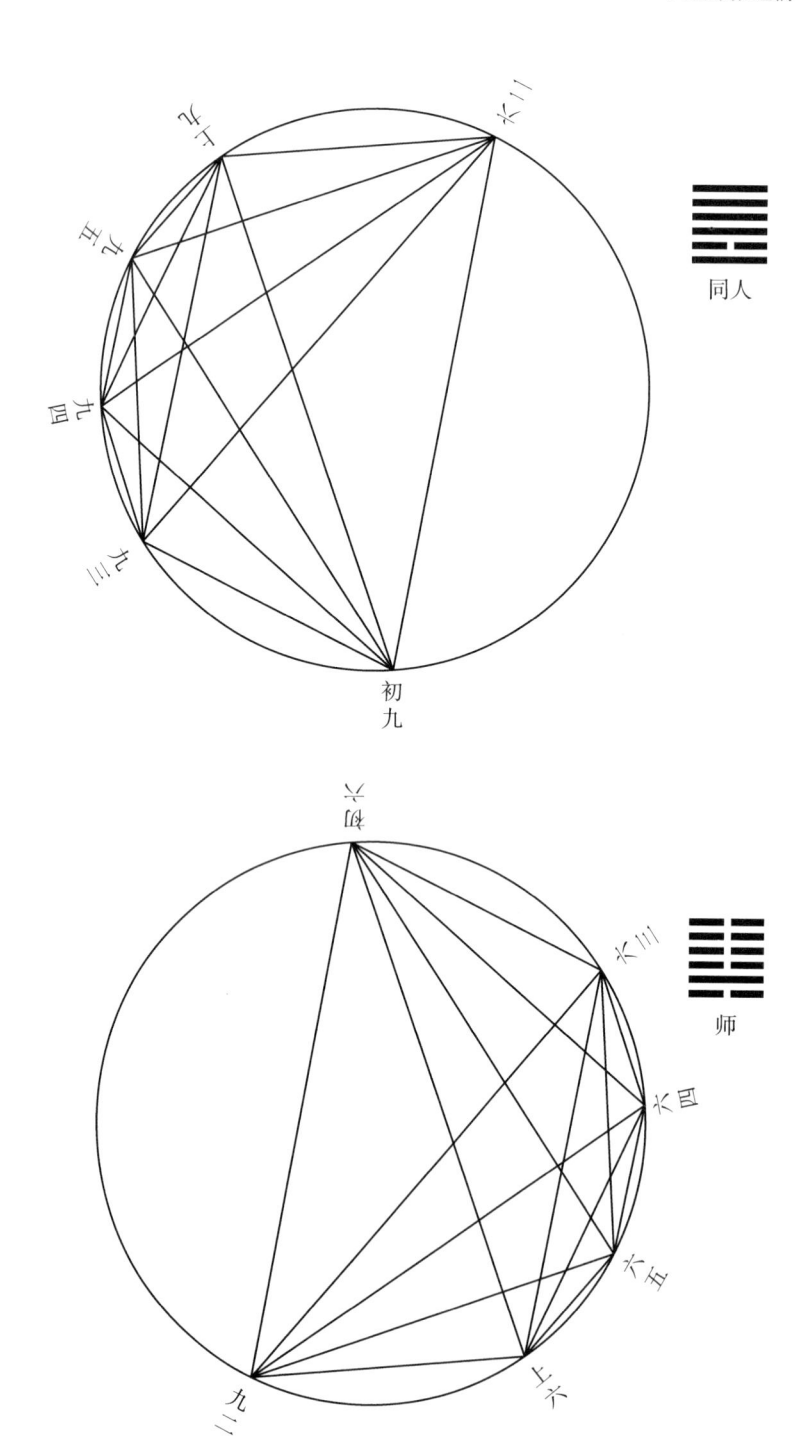

同人

师

易学与几何学　　　　　　　　　　　　　　　　　　　　181

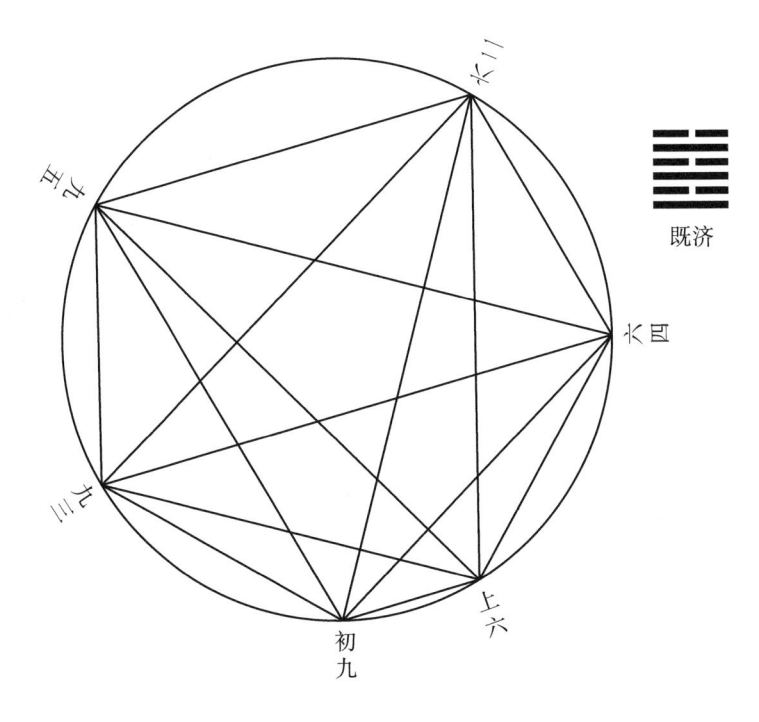

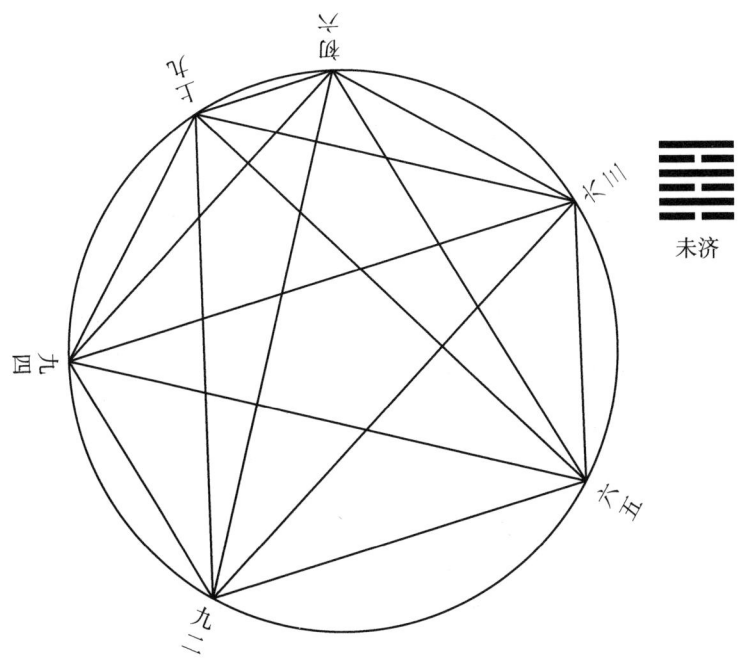

既济

未济

周易象数丛稿

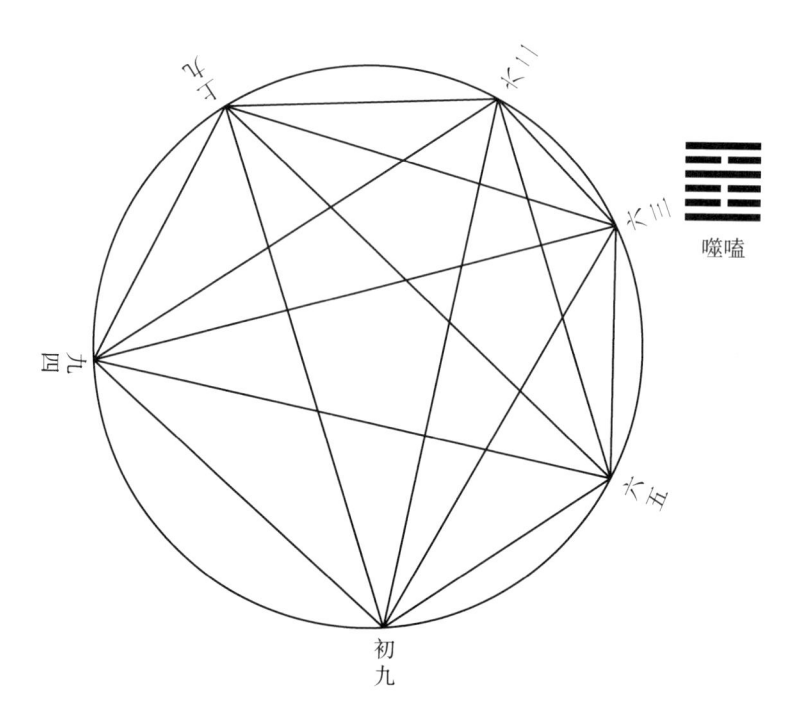

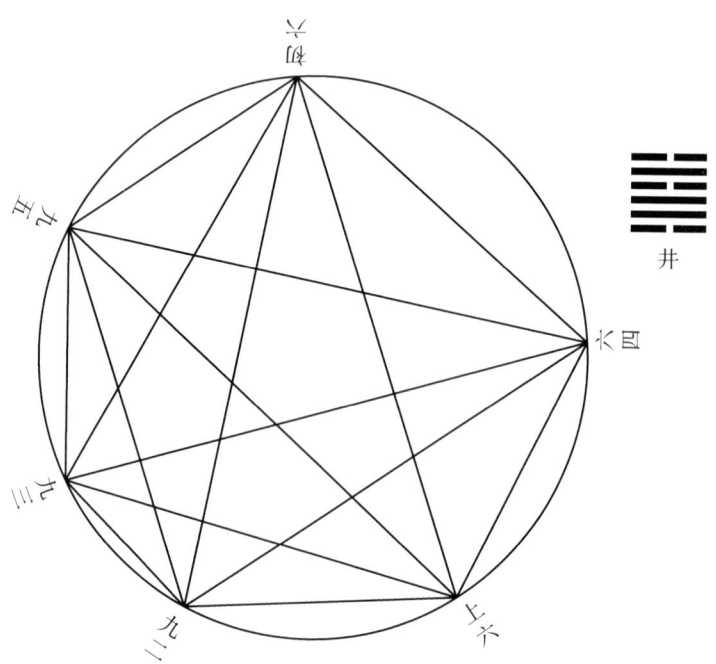

噬嗑 ䷔

井 ䷯

易学与几何学

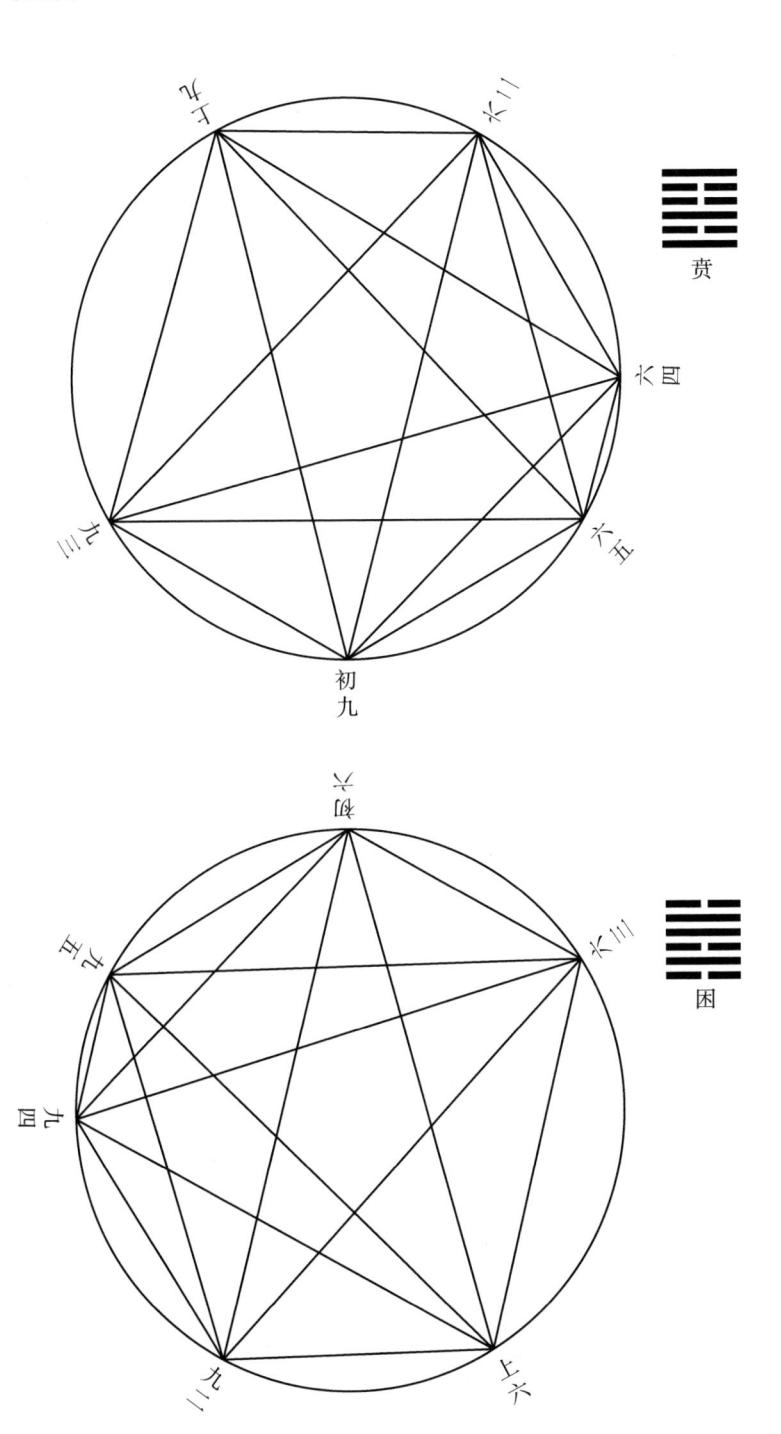

184　　　　　　　　　　　　　　　　　　　　　　　　周易象数丛稿

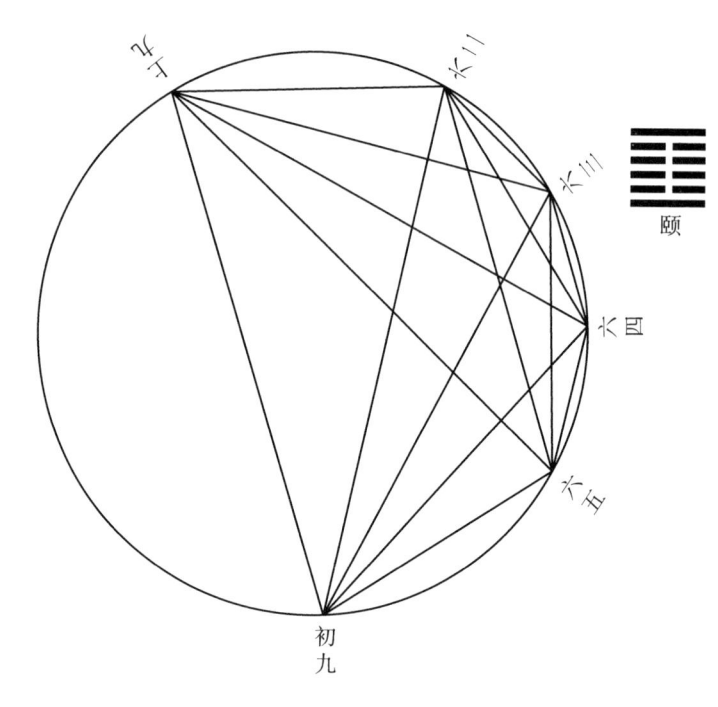

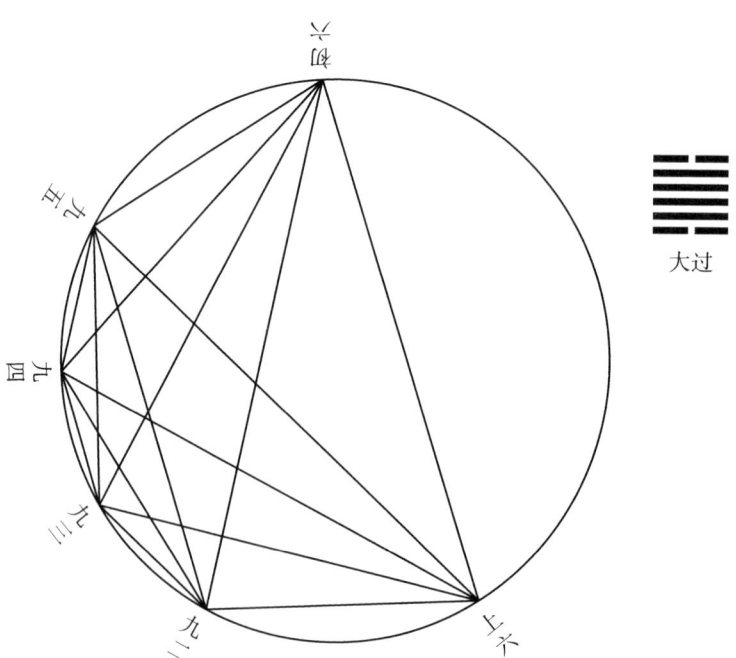

颐

大过

易学与几何学　　　　　　　　　　　　　　　　　　　　　　　185

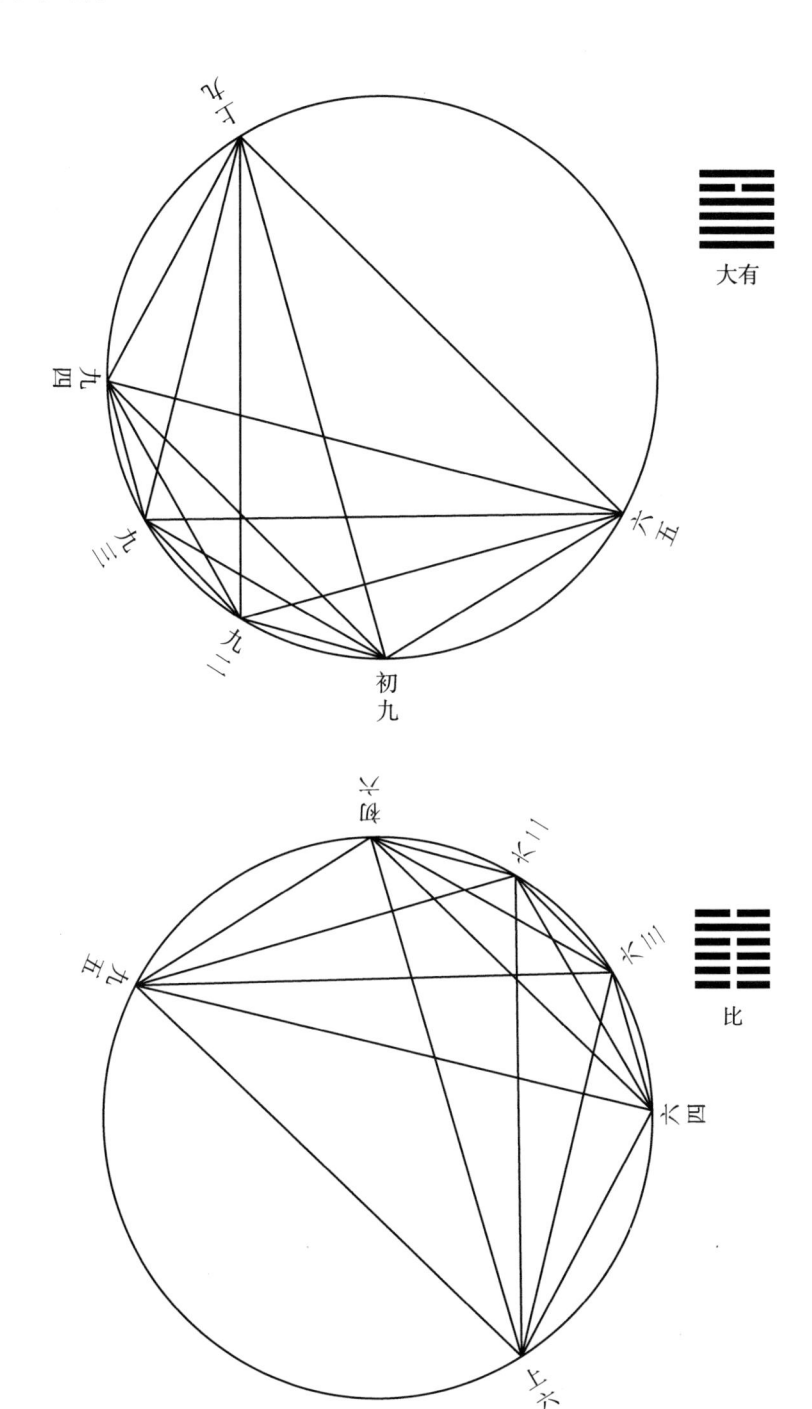

大有

比

186　　　　　　　　　　　　　　　　　　　　　周易象数丛稿

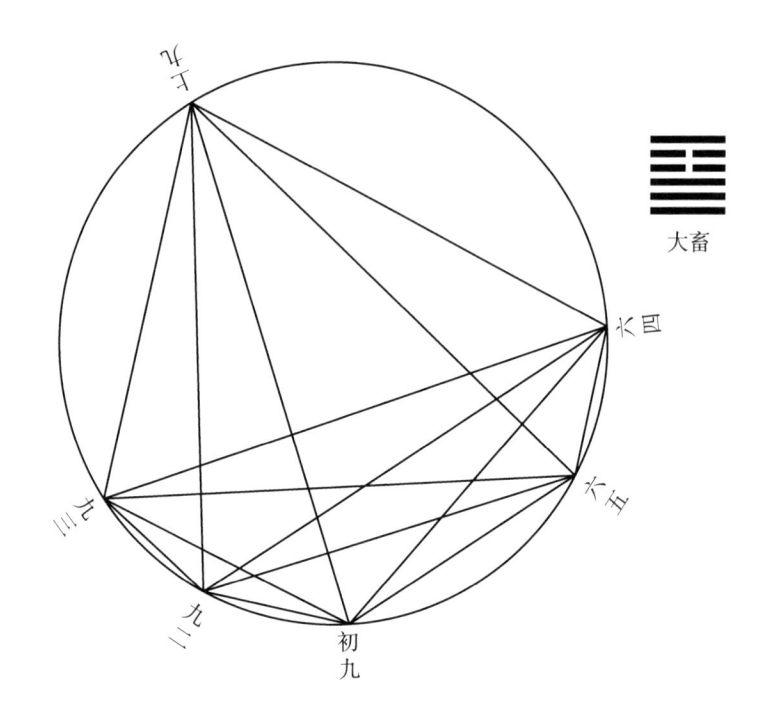

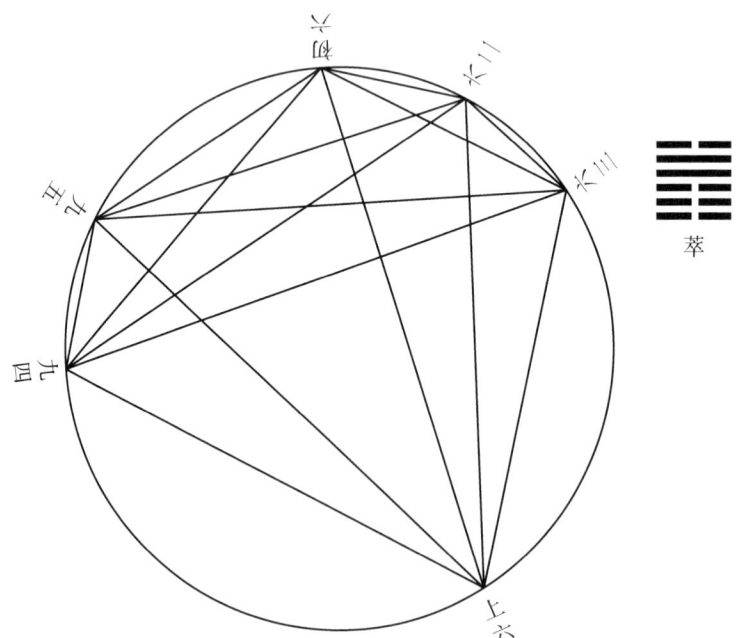

易学与几何学 187

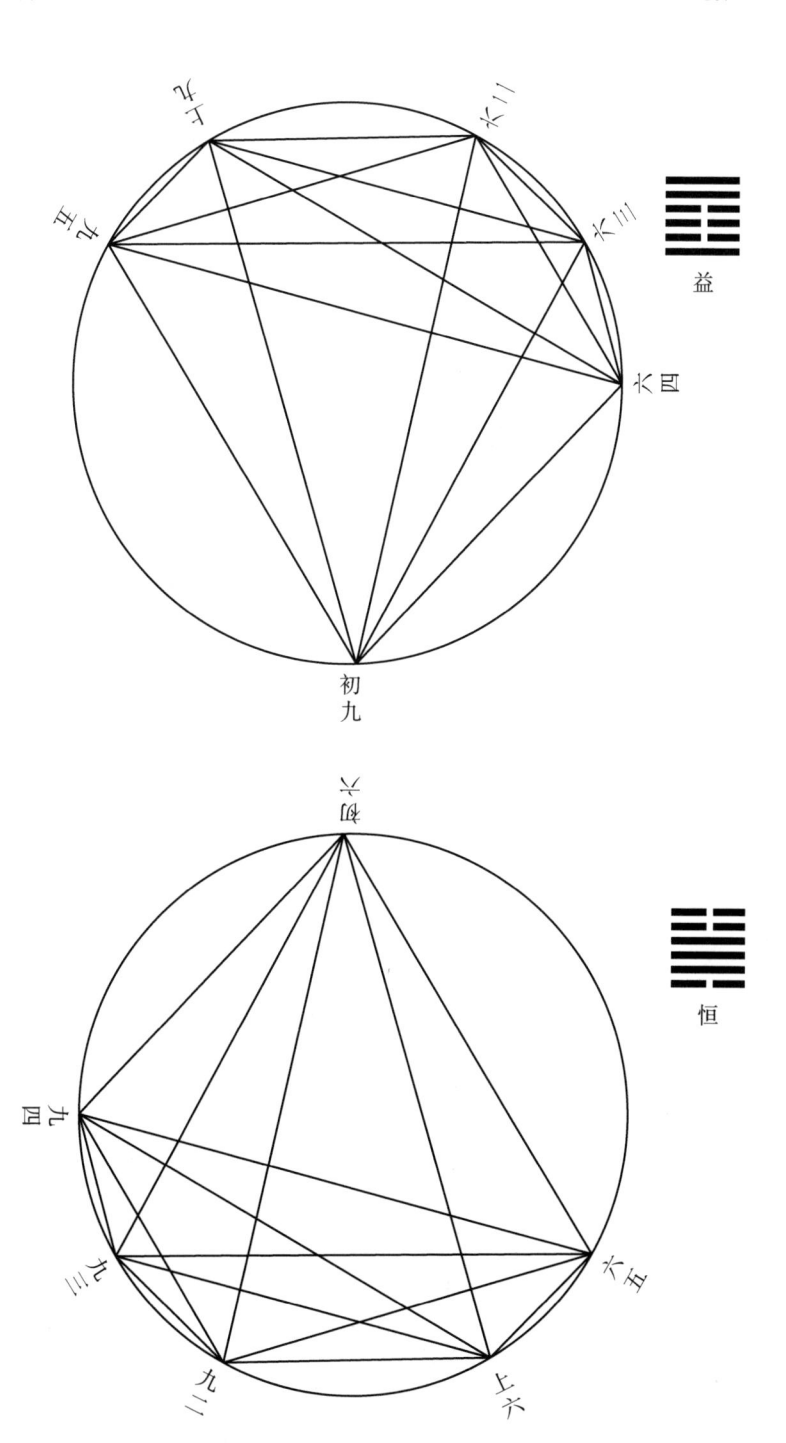

188　周易象数丛稿

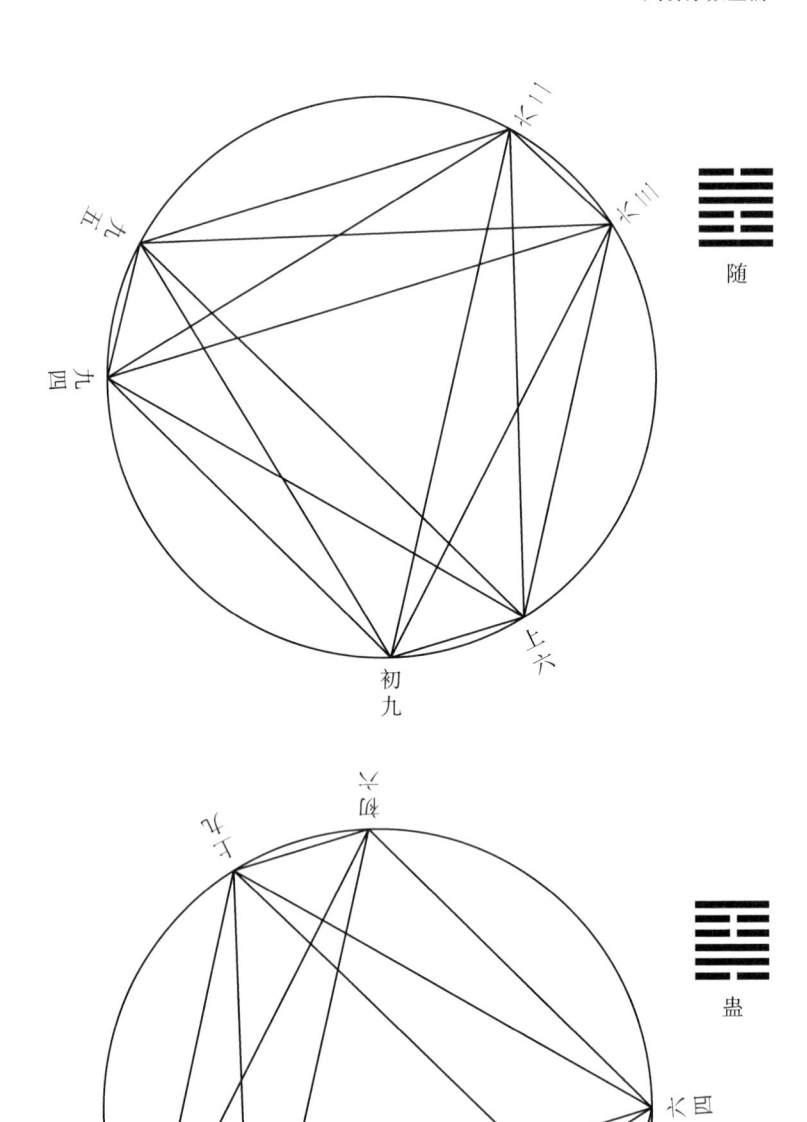

随

蛊

易学与几何学 189

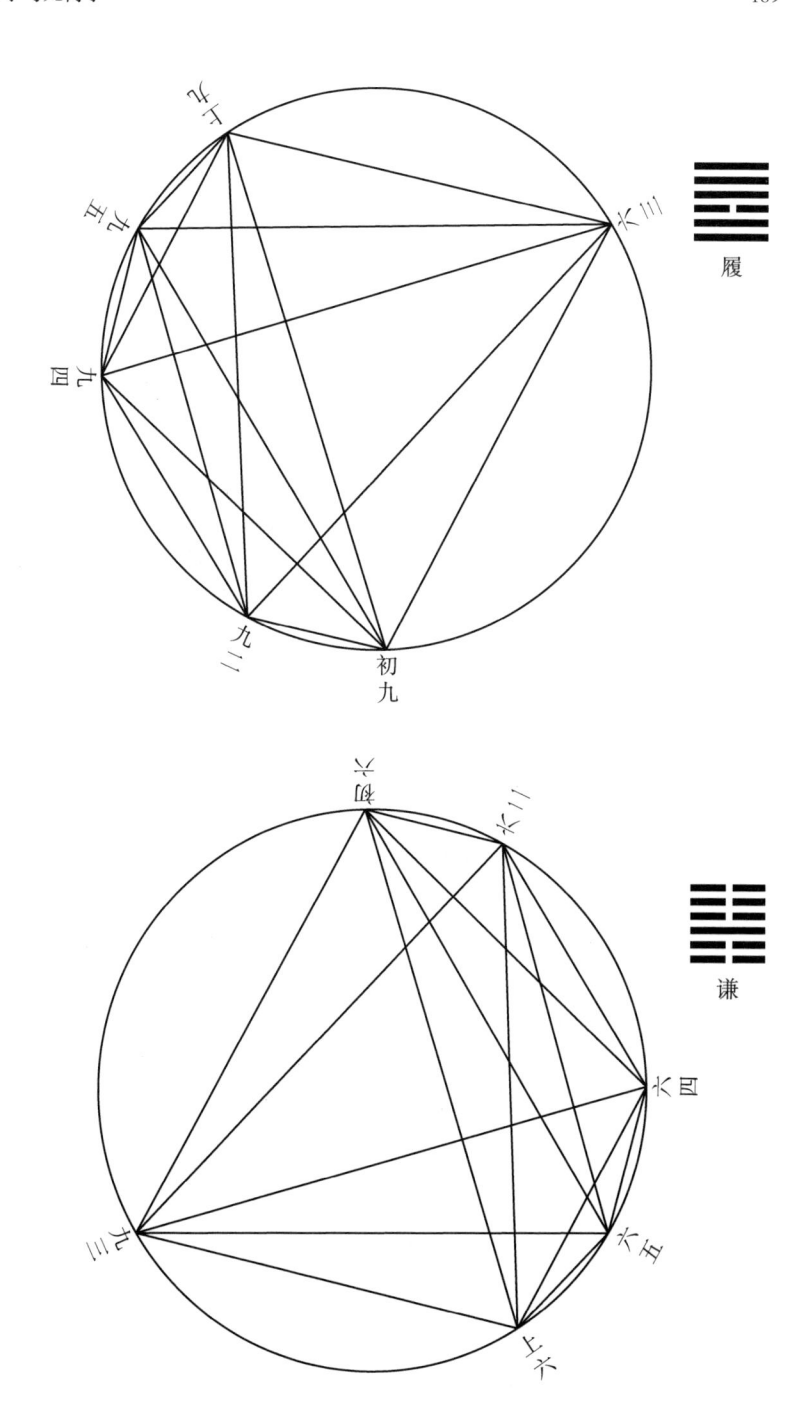

履

谦

190　　　　　　　　　　　　　　　　　　　　　　周易象数丛稿

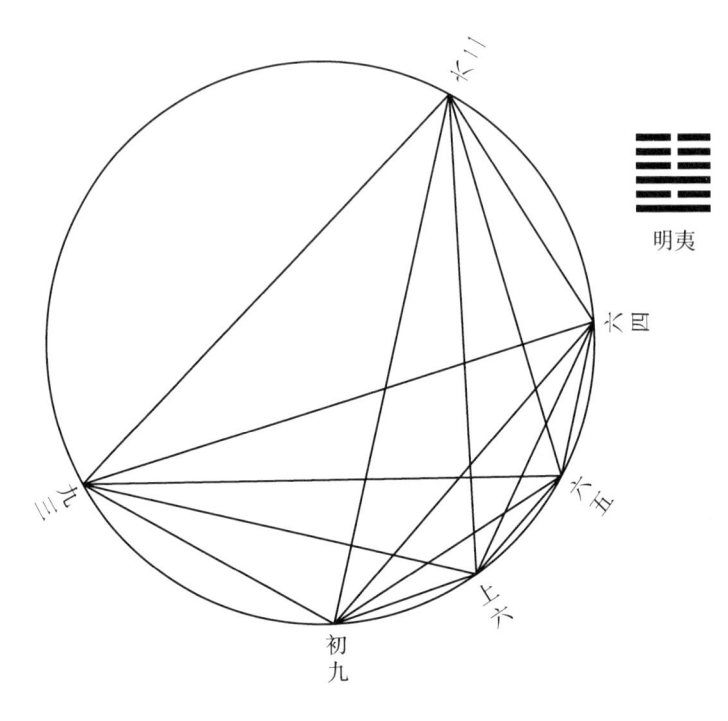

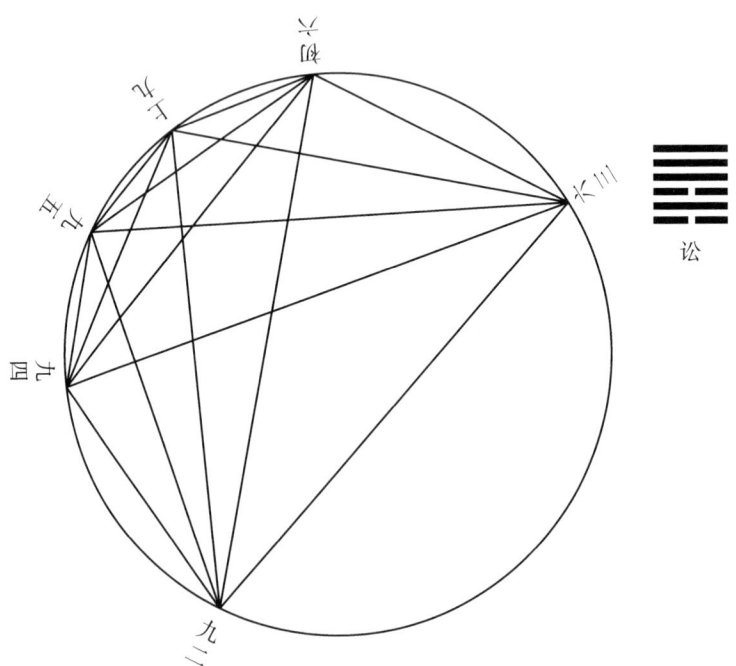

易学与几何学

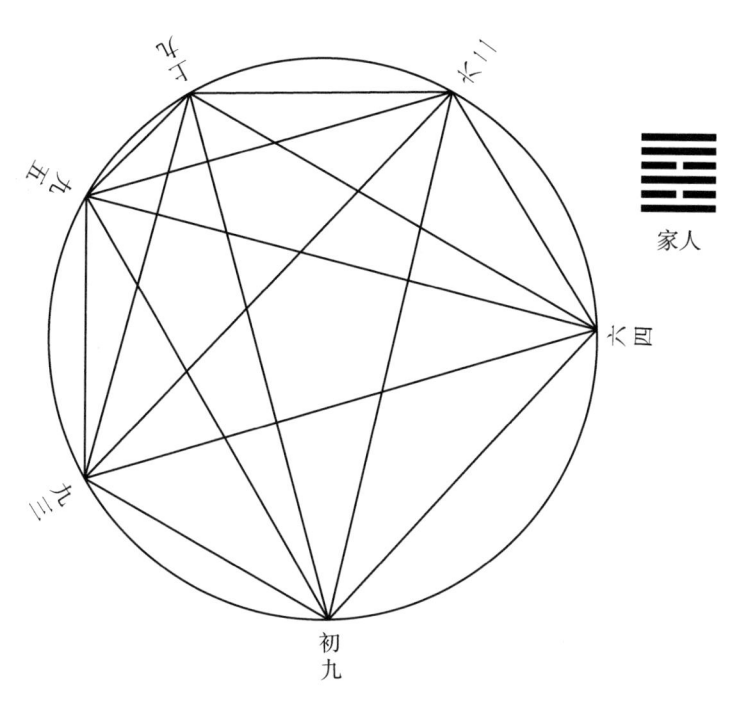

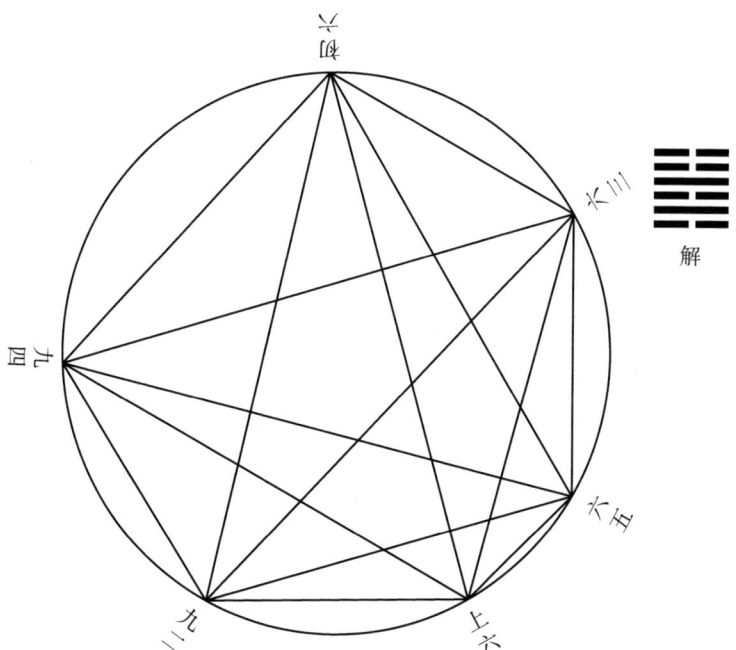

家人

解

192　周易象数丛稿

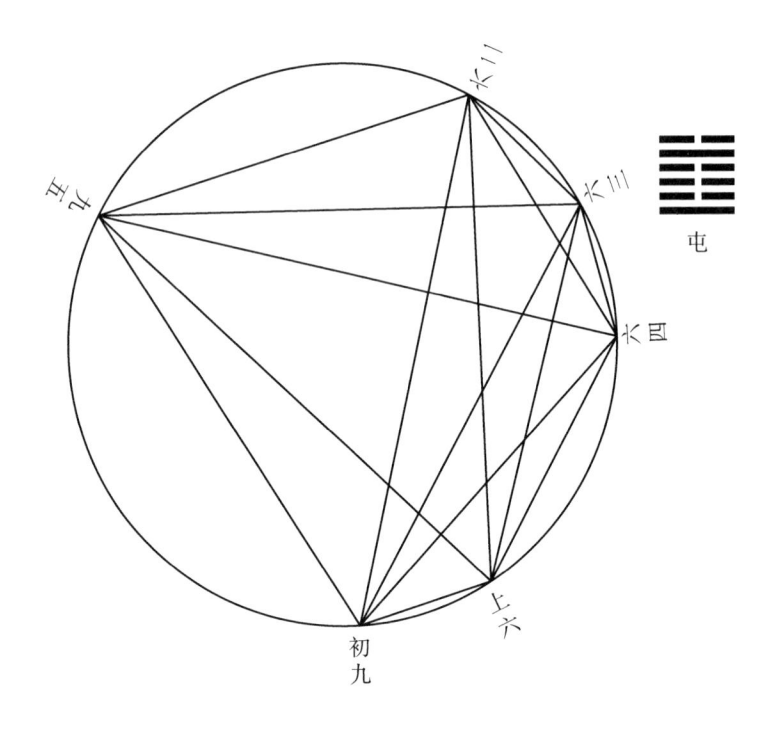

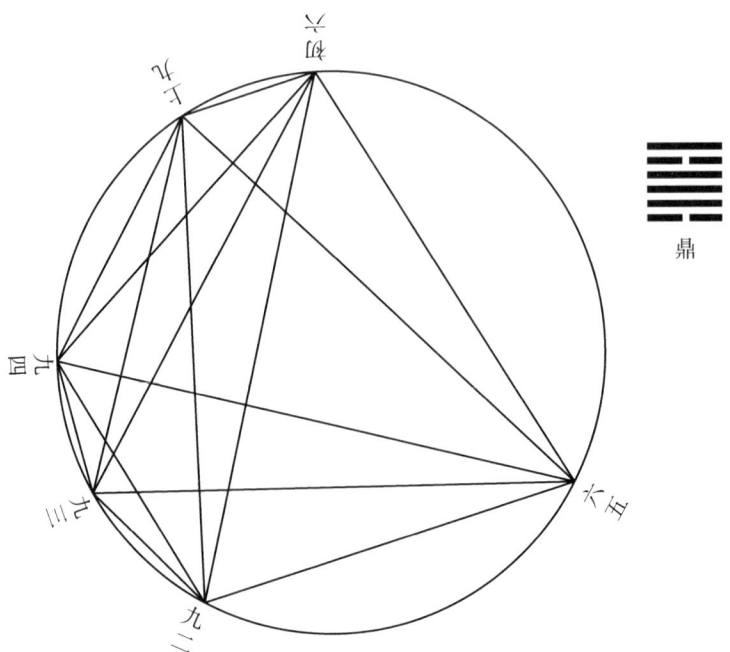

易学与几何学

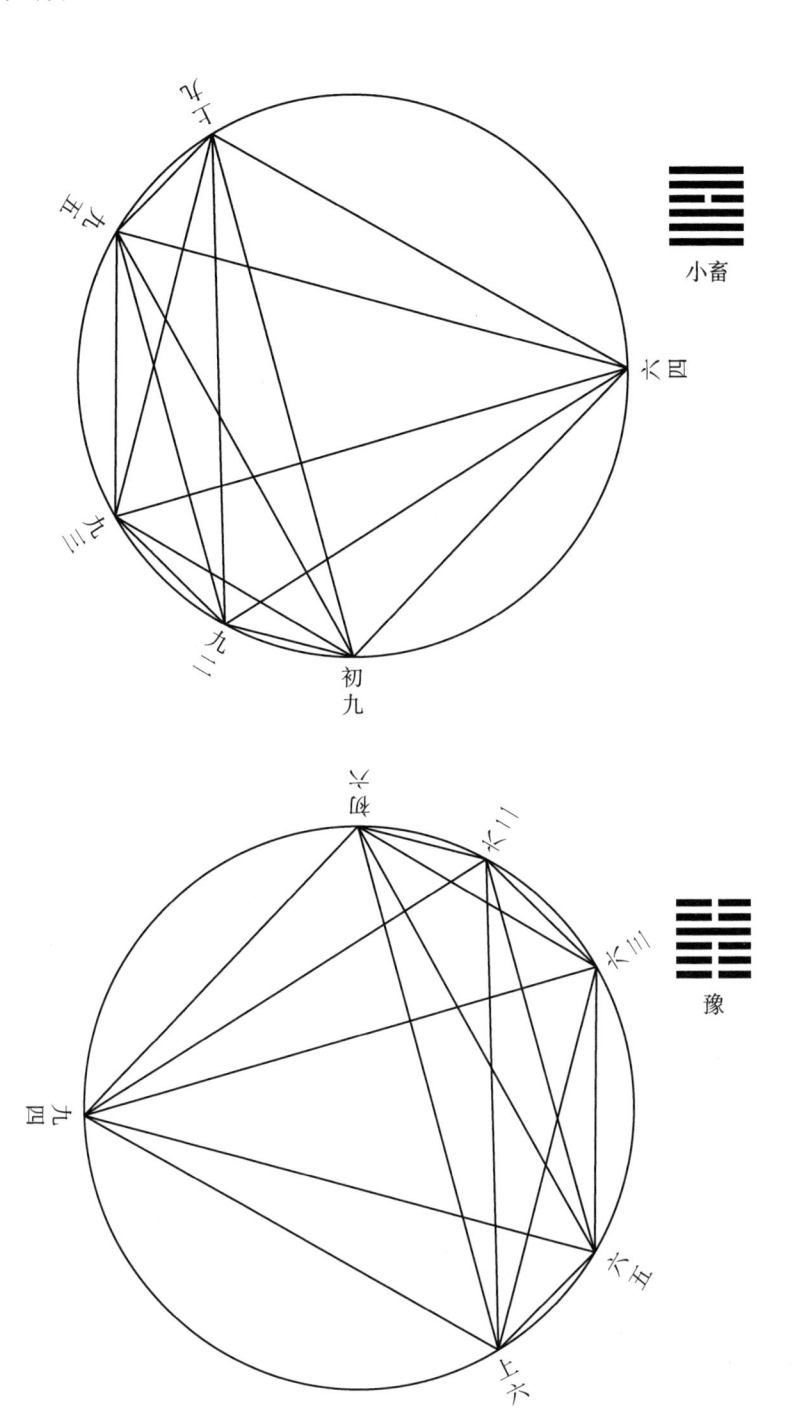

Part C

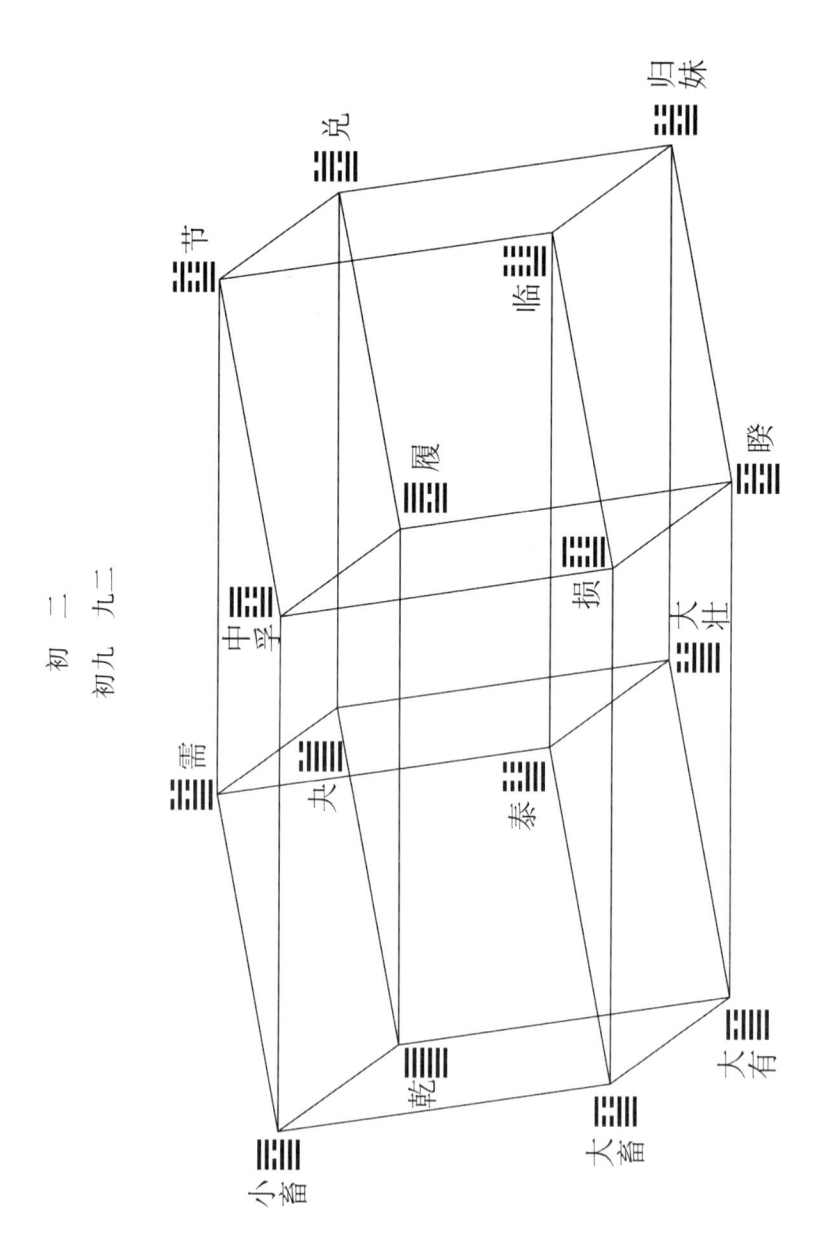

兑
归妹
节
临
履
睽
中孚
损
需
夬
泰
大壮
小畜
乾
大畜
大有

初 二
初九 九二

易学与几何学 195

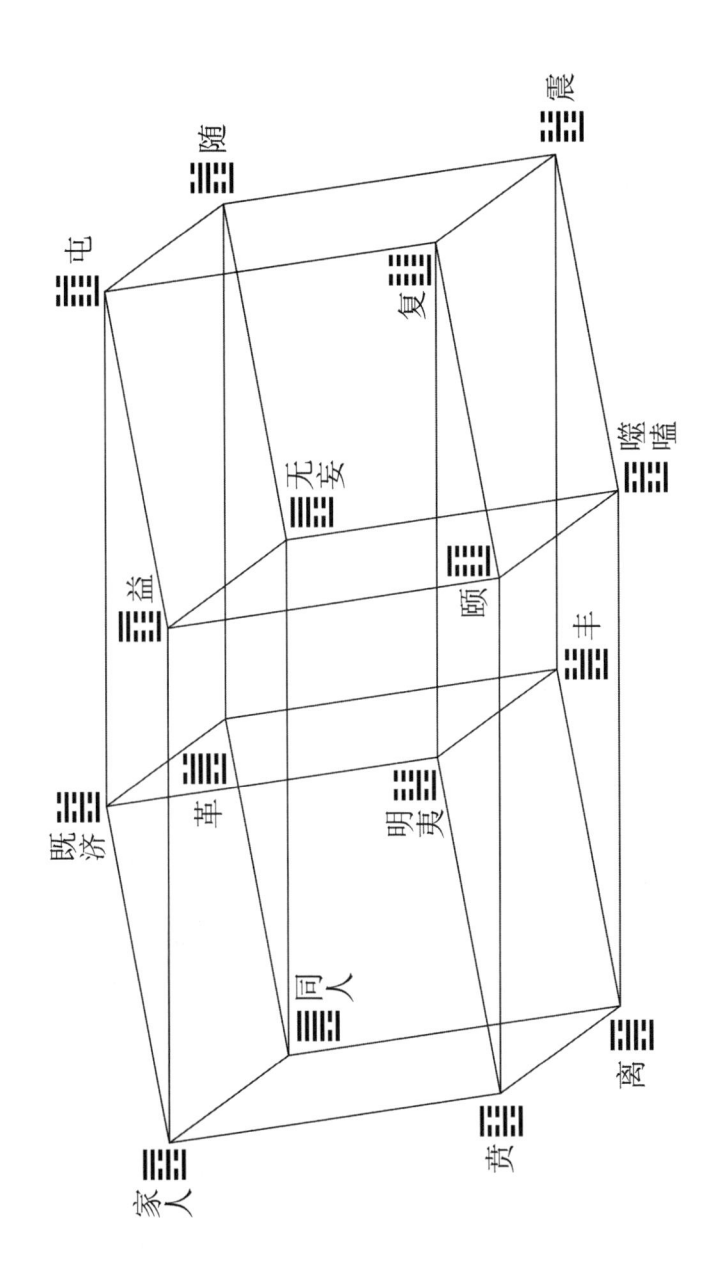

初 二
初九 六二

196　　　　　　　　　　　　　　　　　　　　　周易象数丛稿

初六　九二

易学与几何学　　　　　　　　　　　　　　　　　　　　　　197

初 二　
初六 六二

198　　　　　　　　　　　　　　　　　　　　周易象数丛稿

初　三
初九　九三

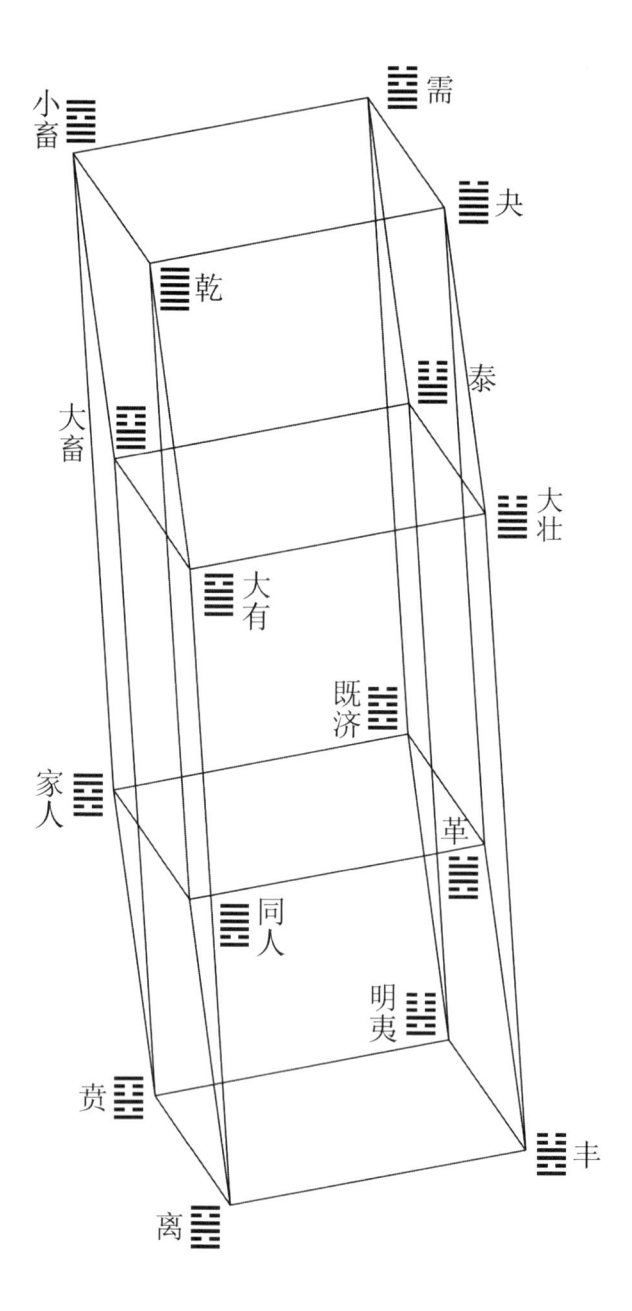

小畜　　　　　　需
　　　　　　　　夬
　　乾
　　　　　　　　泰
大畜　　　　　　大壮
　　大有
　　　　　　既济
家人　　　　　　革
　　同人
　　　　　　明夷
贲　　　　　　　丰
　　离

易学与几何学　　　　　　　　　　　　　　　　　　　　　199

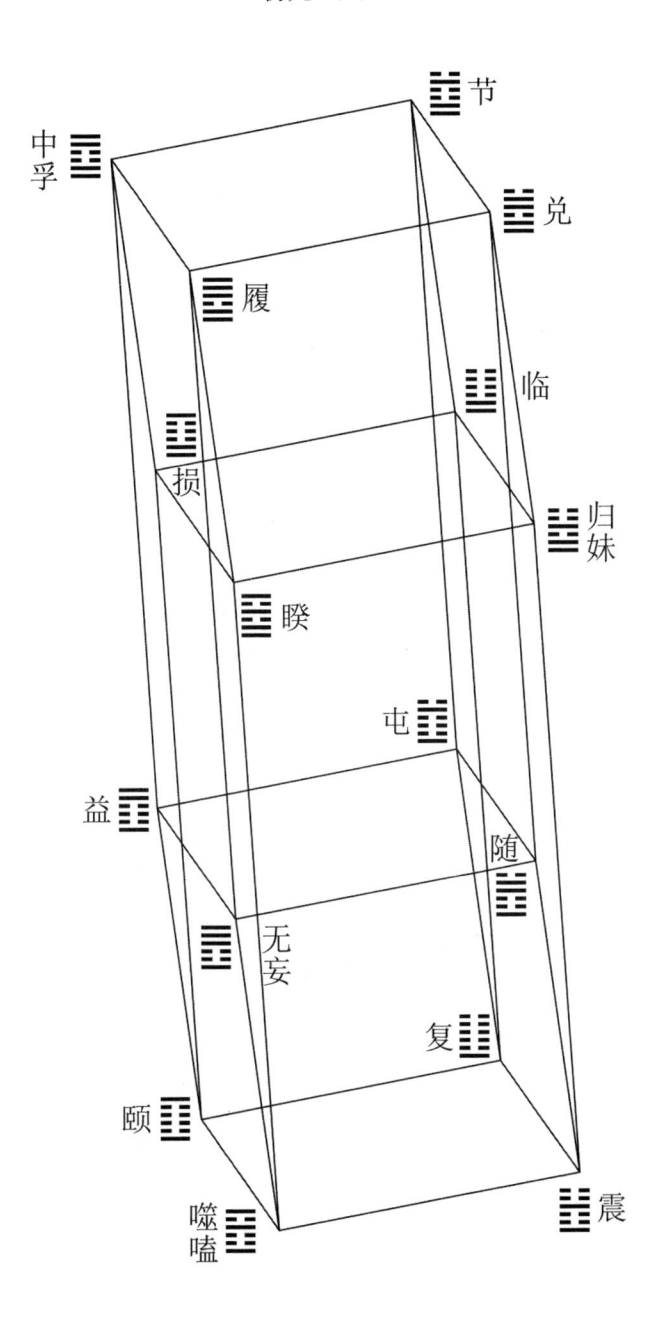

初　三
初九　六三

节
中孚
兑
履
临
损
归妹
睽
屯
益
随
无妄
复
颐
噬嗑
震

初　三
初六　九三

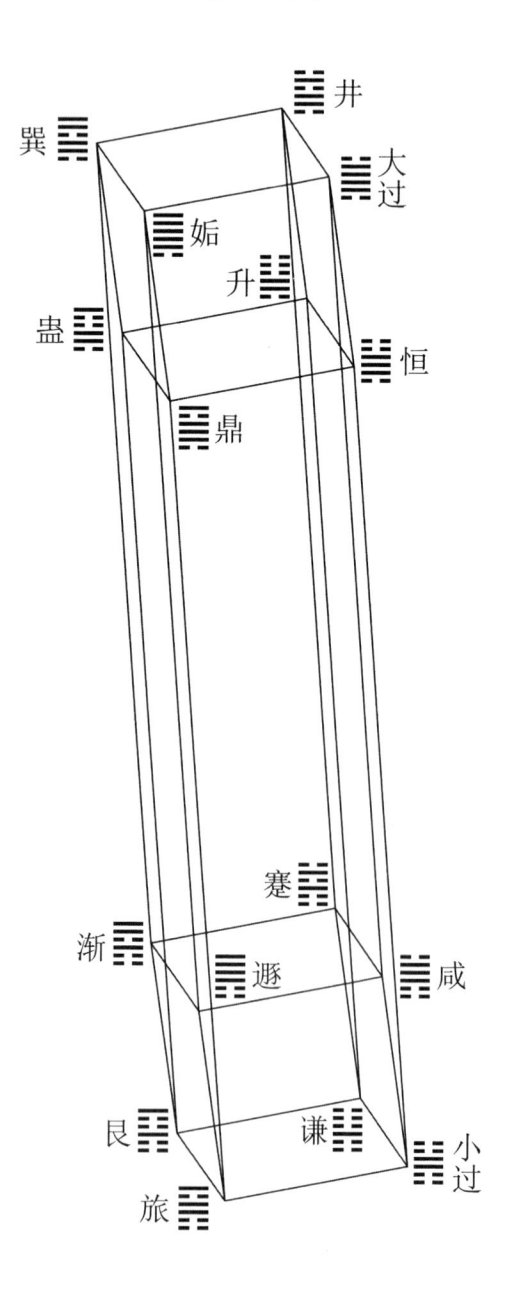

巽

姤

蛊

升

大过

恒

鼎

井

渐

蹇

遯

咸

艮

谦

旅

小过

易学与几何学　　　　　　　　　　　　　　　　　　　　201

　　　　　　　初　三
　　　　　　初六　六三

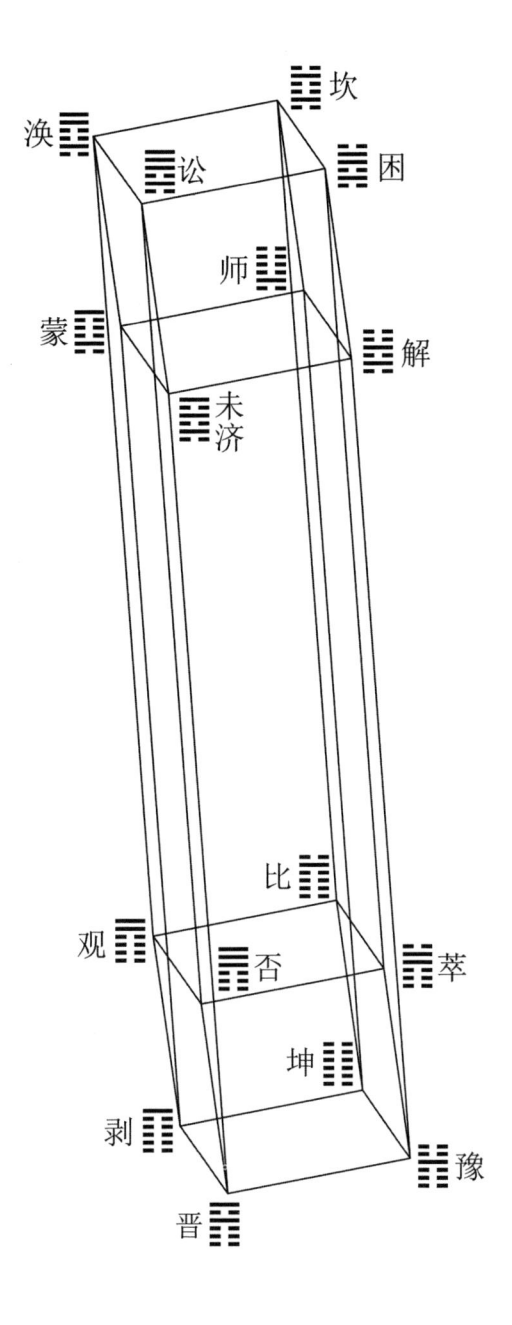

初　四
初九　九四

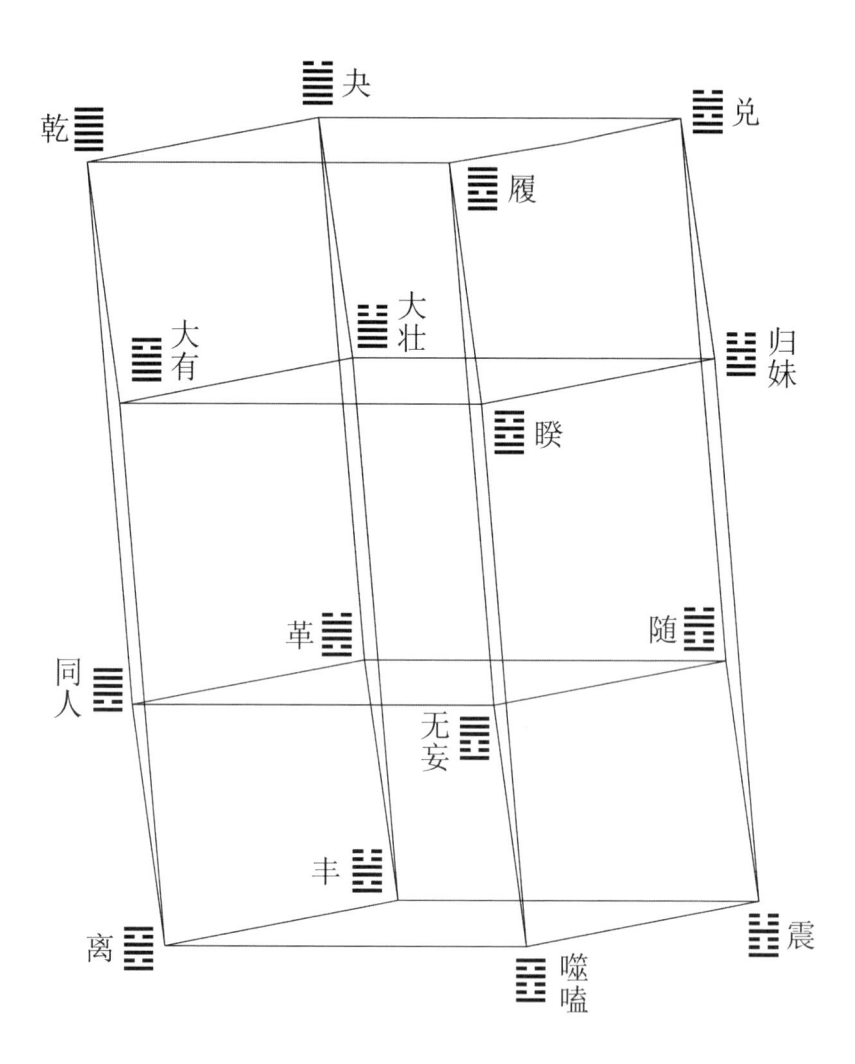

乾　夬　兑
　　履
大有　大壮　归妹
　　睽
　　革　随
同人　无妄
　　丰
离　噬嗑　震

易学与几何学

初　四
初九　六四

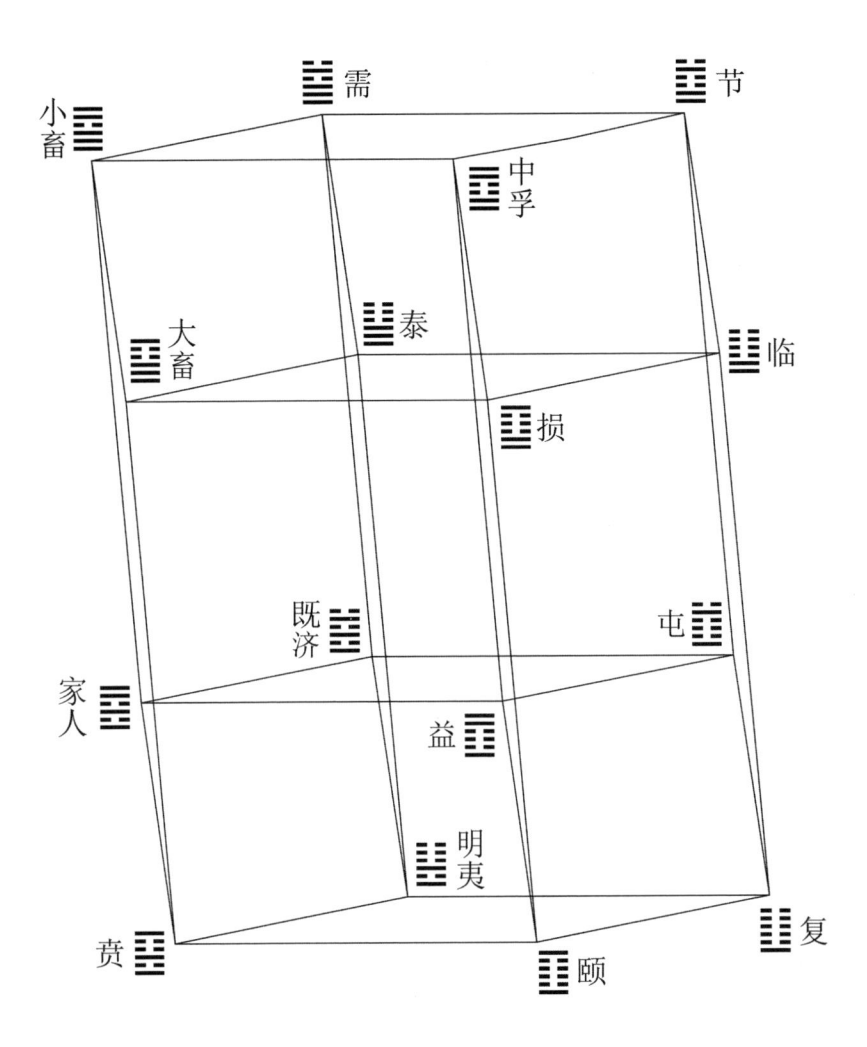

☵需　　☵节
小畜　　　　中孚
　　　☷泰　　☶临
大畜　　　☶损
　　　既济　　☳屯
家人　　☳益
　　　　☷明夷
贲　　　☶颐　☷复

初　四
初六　九四

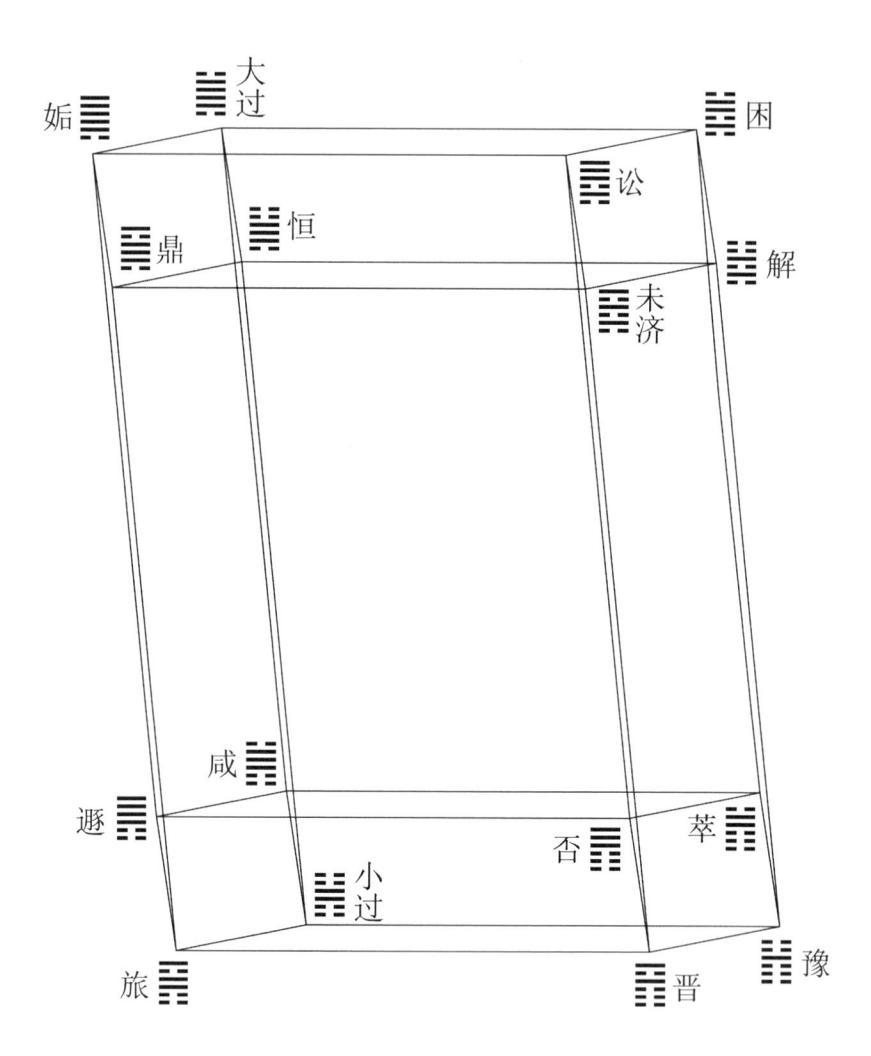

䷪ 大过
䷪ 姤
䷯ 困
䷅ 讼
䷱ 鼎
䷟ 恒
䷧ 解
䷿ 未济
䷠ 遯
䷞ 咸
䷋ 否
䷬ 萃
䷽ 小过
䷷ 旅
䷢ 晋
䷏ 豫

易学与几何学   205

初　四
初六　六四

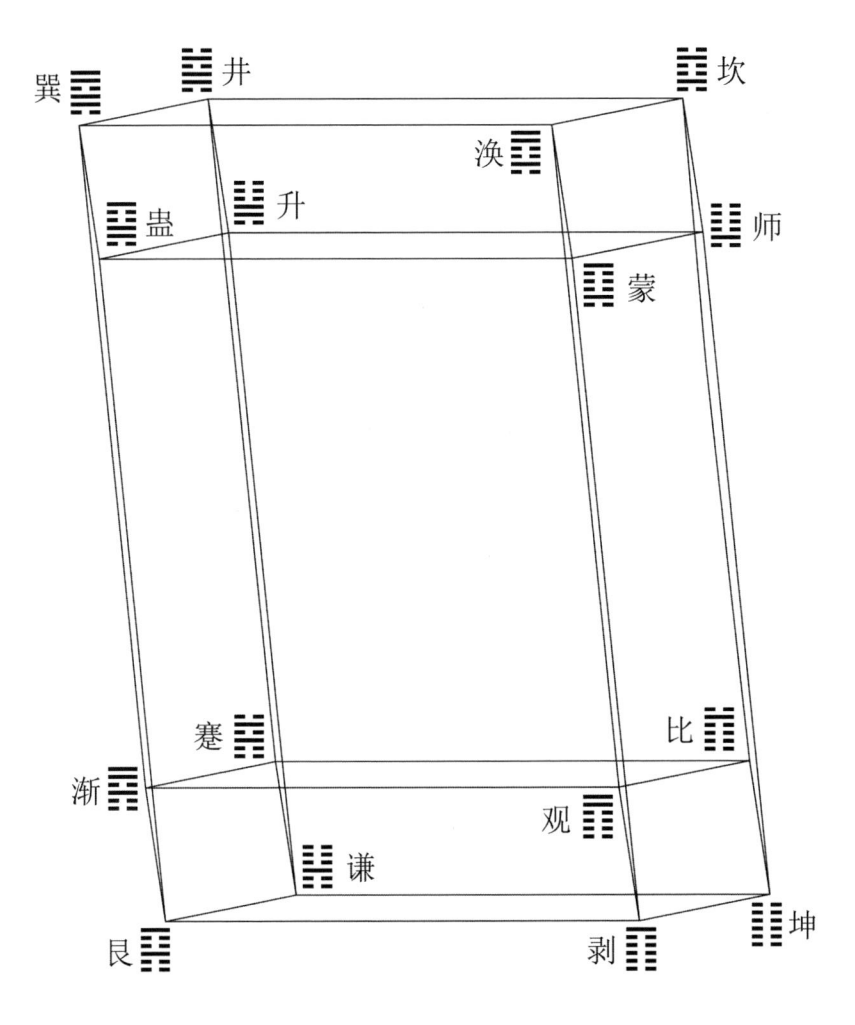

初　　五
初九　九五

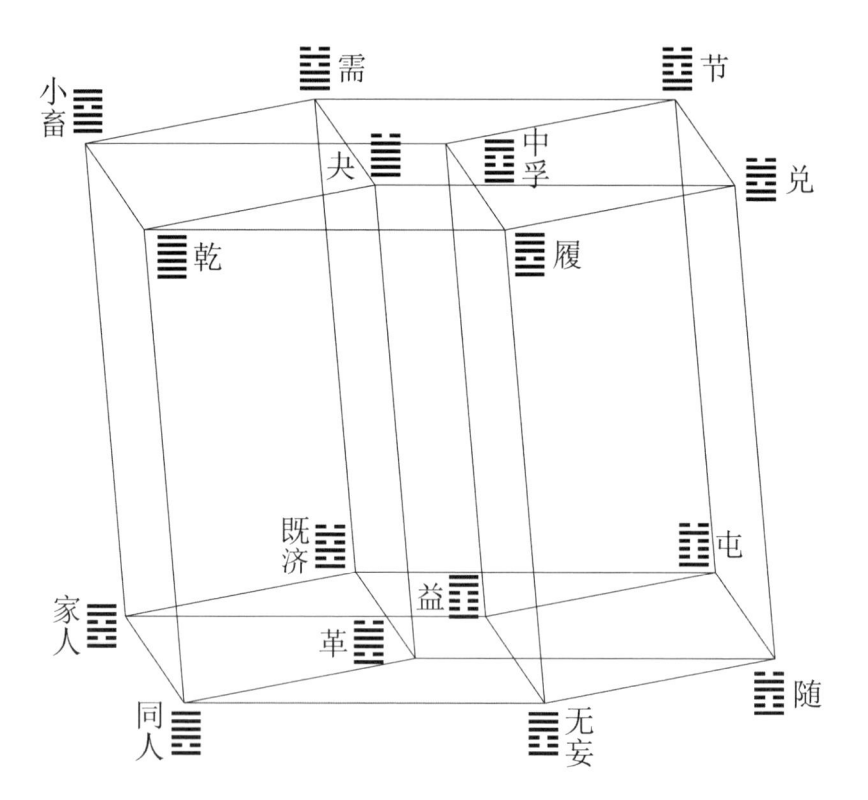

䷄ 需　　　　　　　　䷻ 节
小畜 ䷈　　　　　　　　　　　
　　　　䷪ 夬　　䷼ 中孚　　䷹ 兑
　　　䷀ 乾　　　　　䷉ 履

　　　　䷾ 既济　　　　　　䷂ 屯
家人 ䷤　　　　䷩ 益
　　　　　　䷰ 革
　　　䷌ 同人　　䷘ 无妄　　䷐ 随

易学与几何学

　　　　初　　五
　　初九　六五

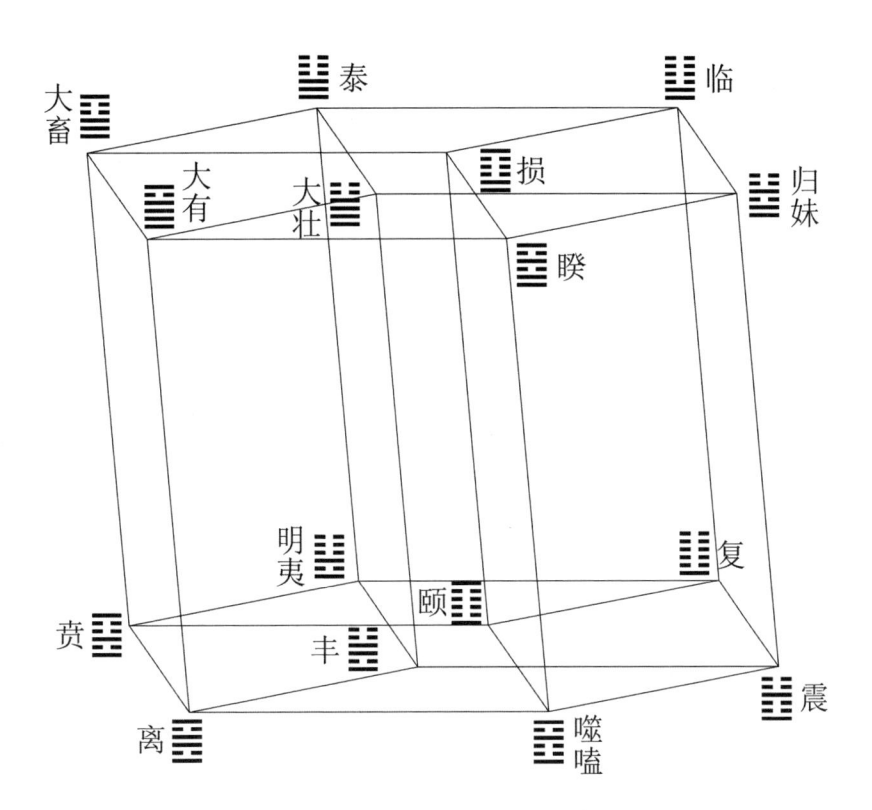

泰　临　大畜　大有　大壮　损　睽　归妹　贲　明夷　丰　颐　复　离　噬嗑　震

初　五
初六　九五

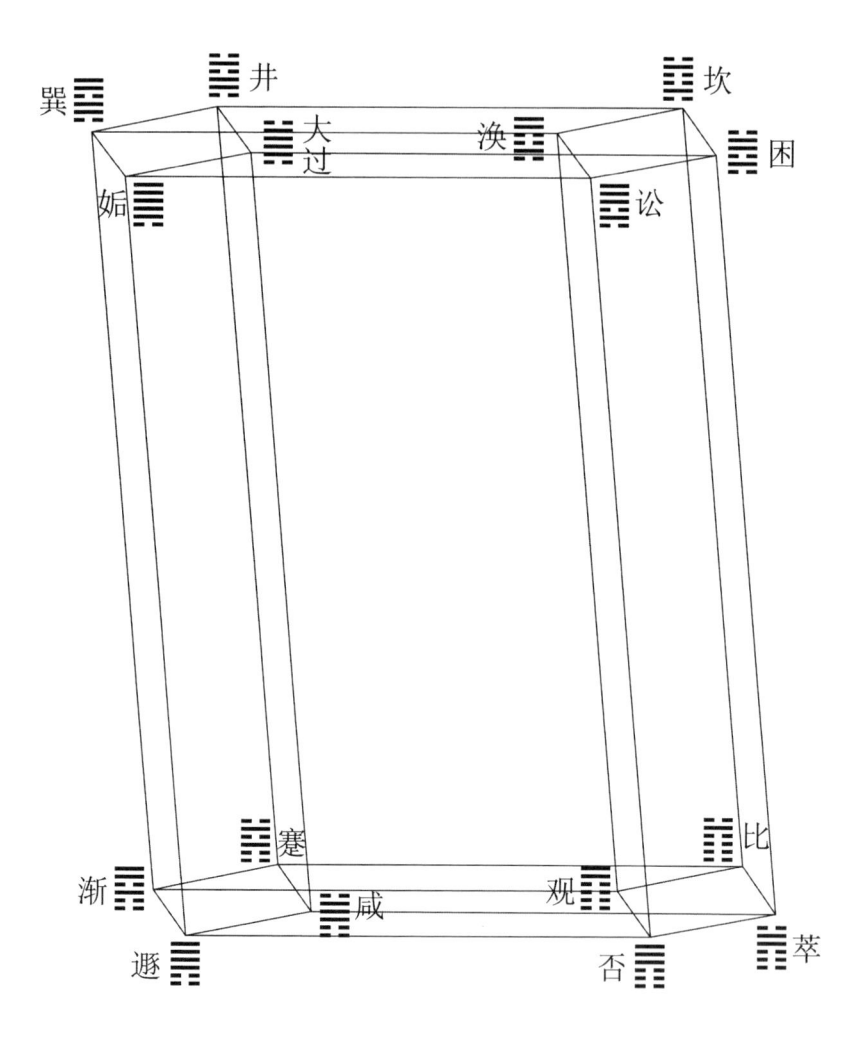

巽　井　　　　　坎
　　大过　涣
姤　　　　　讼　困

　　蹇　　　比
渐　　咸　观
　遯　　　否　萃

易学与几何学

初　五
初六　六五

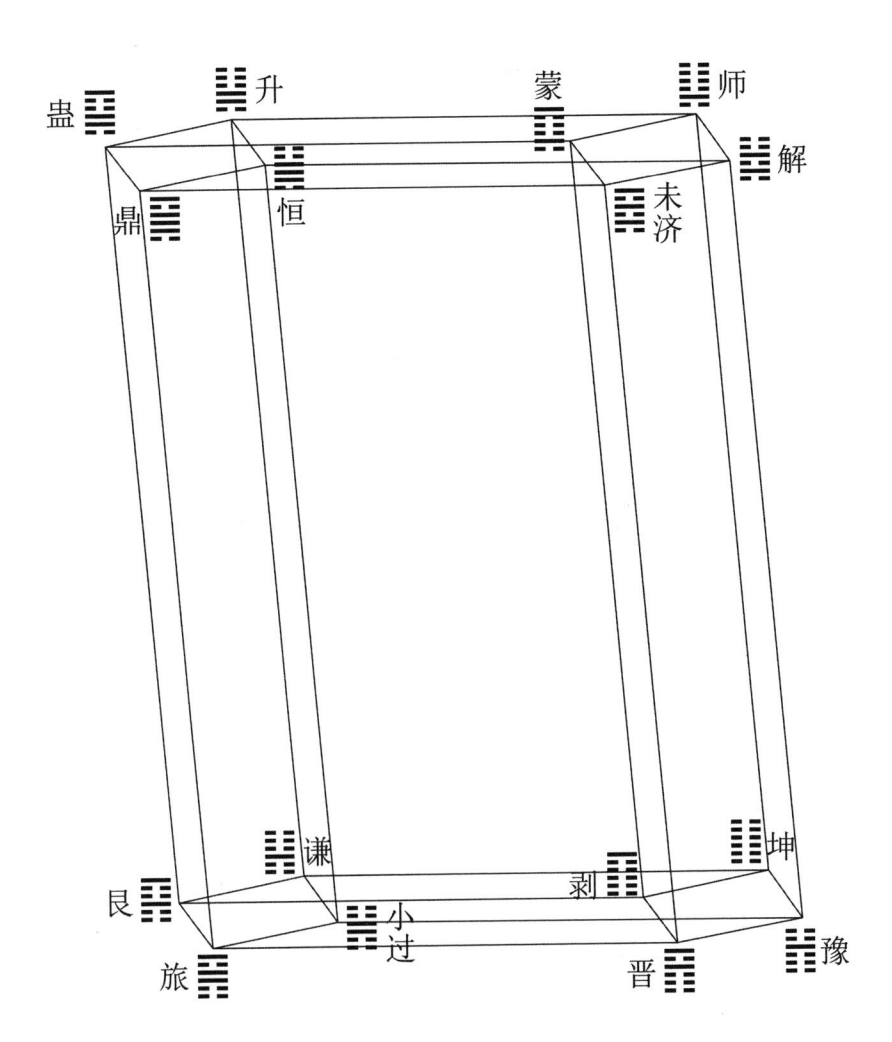

蛊　升　蒙　师
鼎　恒　未济　解
艮　谦　剥　坤
旅　小过　晋　豫

初　上
初九　上九

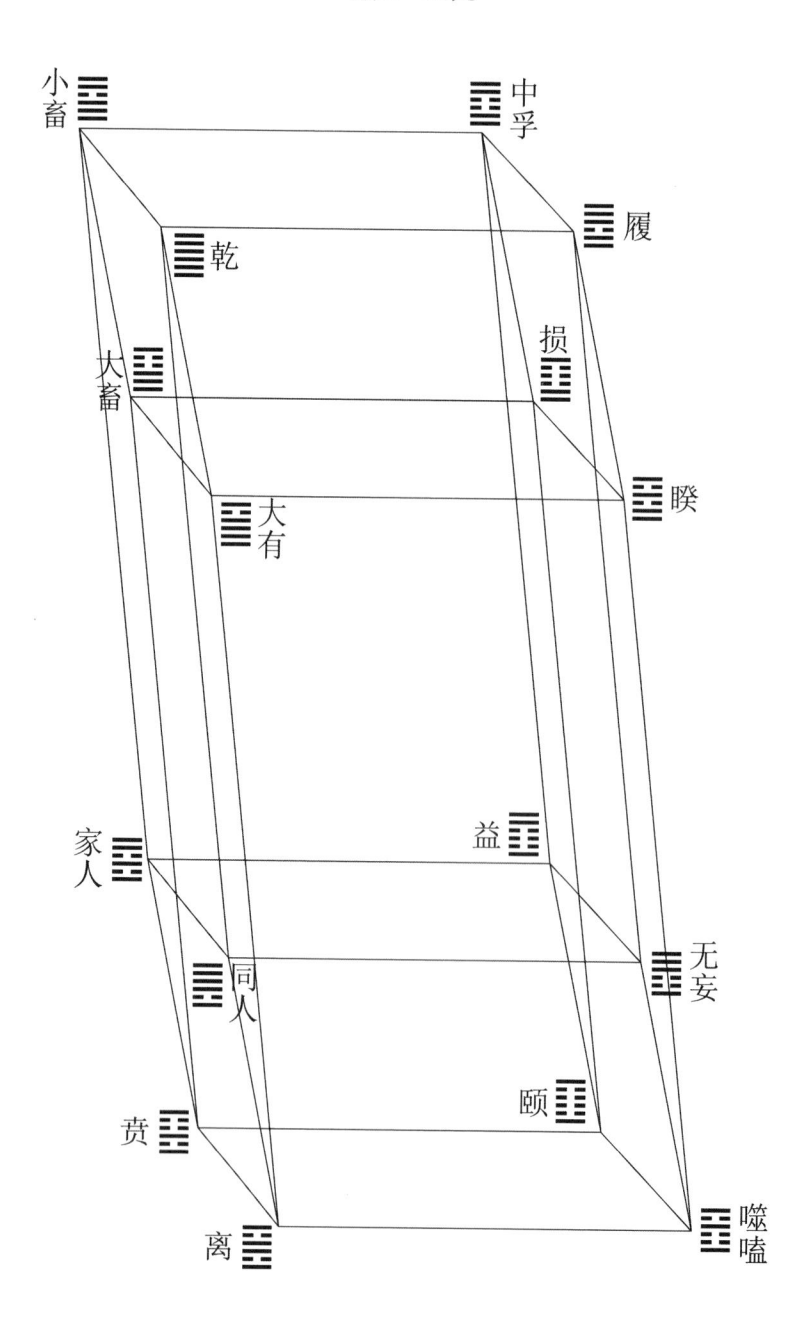

小畜　　中孚
　乾　　　履
大畜　　　損
　　　　　睽
　大有
家人　　　益
　　　　無妄
同人
賁　　　　頤
　離　　噬嗑

易学与几何学 211

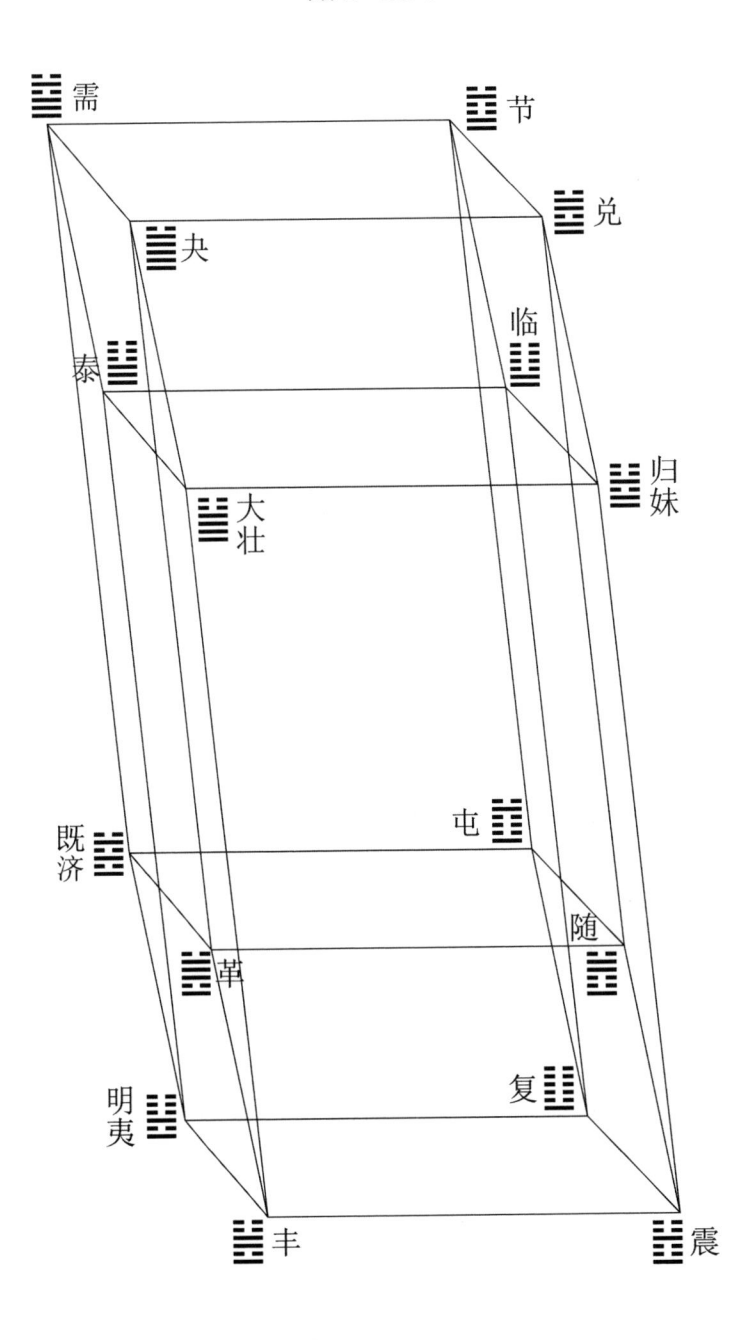

初　上
初九　上六

需　节
　　兑
夬
　　临
泰
　　归妹
大壮

既济　屯
　　随
革
明夷　复
丰　震

初　上
初六　上九

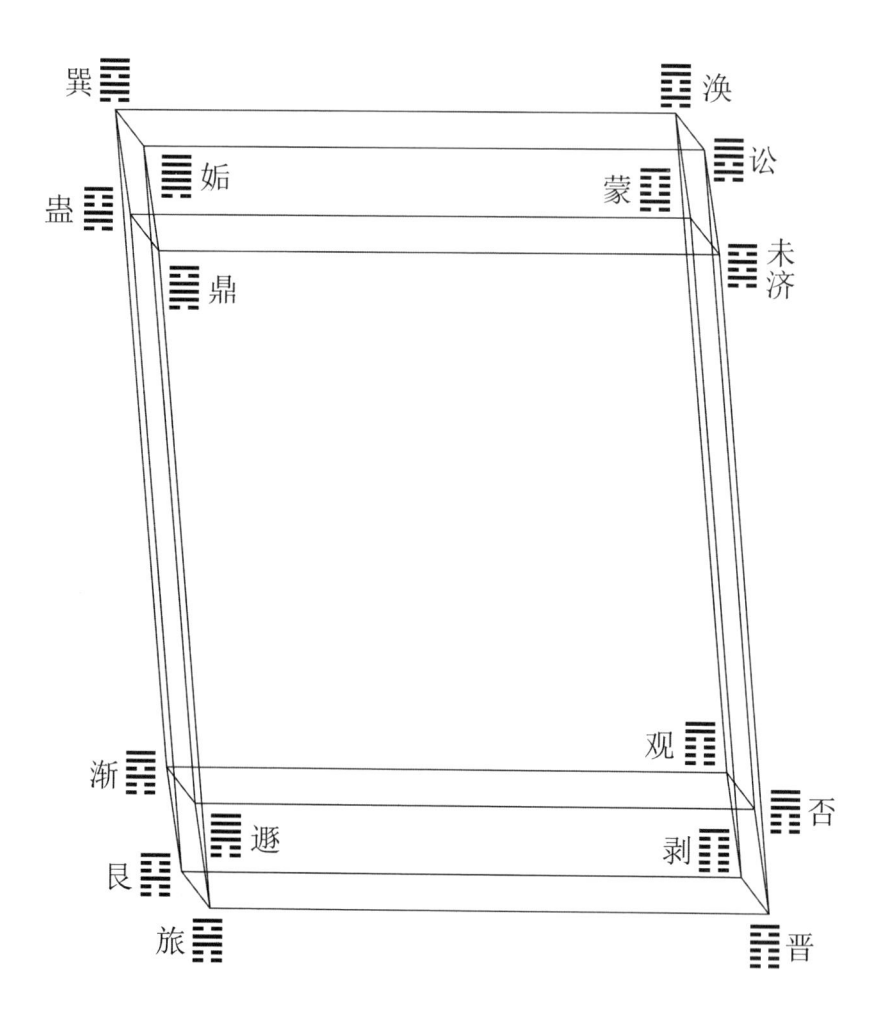

巽
蛊
姤
鼎
涣
讼
蒙
未济
渐
艮
遯
旅
观
否
剥
晋

易学与几何学

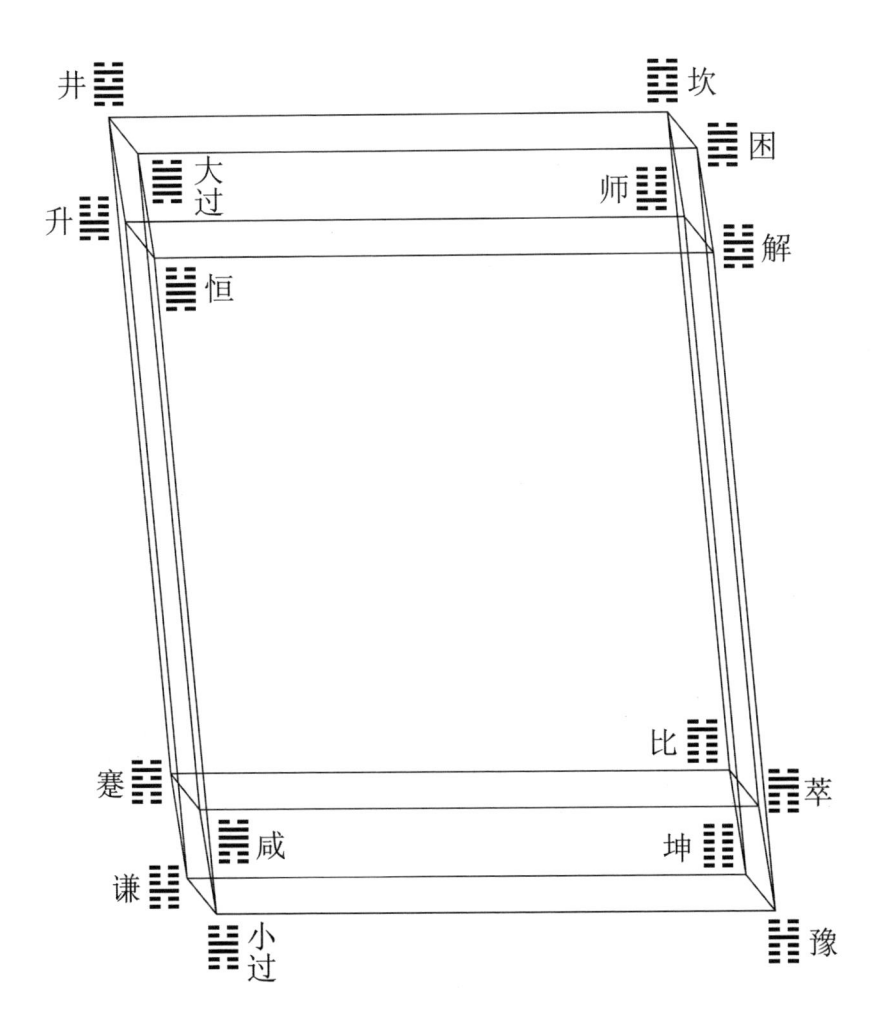

初　上
初六　上六

井　　　　　　　　　　　　　　　坎
　　　　大　　　　　　　师　　　　困
升　　　过　　　　　　　　　　　　解
　　　　恒

　　　　　　　　　　　　　　　比
蹇　　　　　　　　　　　　　　　　萃
　　　　咸　　　　　　　坤
谦　　　　　　　　　　　　　　　　
　　　　小过　　　　　　　　　豫

二　三
九二　九三

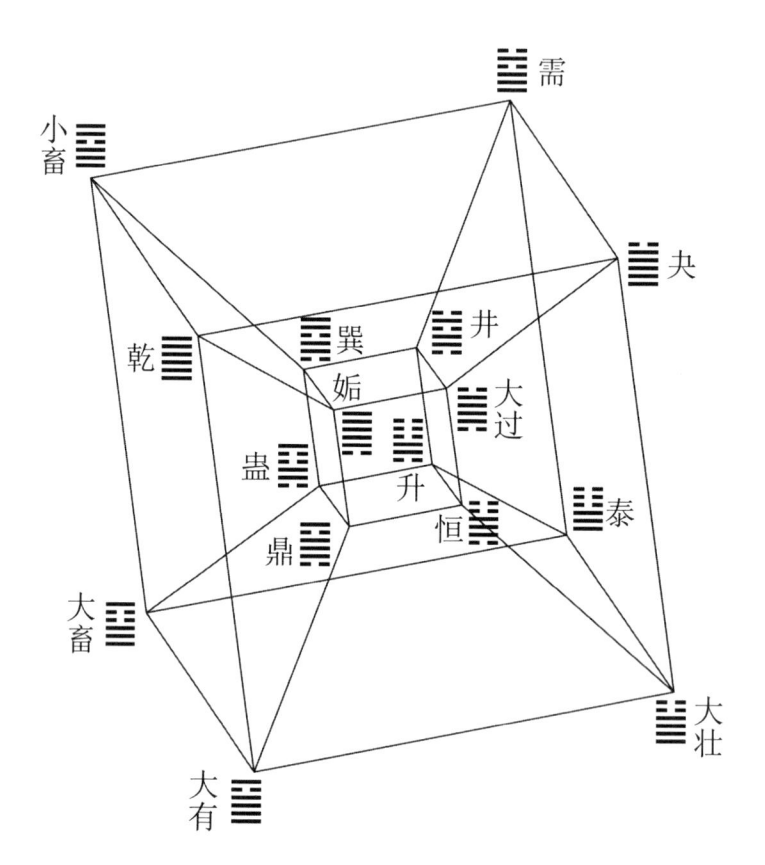

小畜　　　　　需

乾　　巽　井　夬
　　姤　大过
　　蛊　升　泰
　　鼎　恒

大畜　　　　　大壮

　　大有

易学与几何学 215

二　三
九二　六三

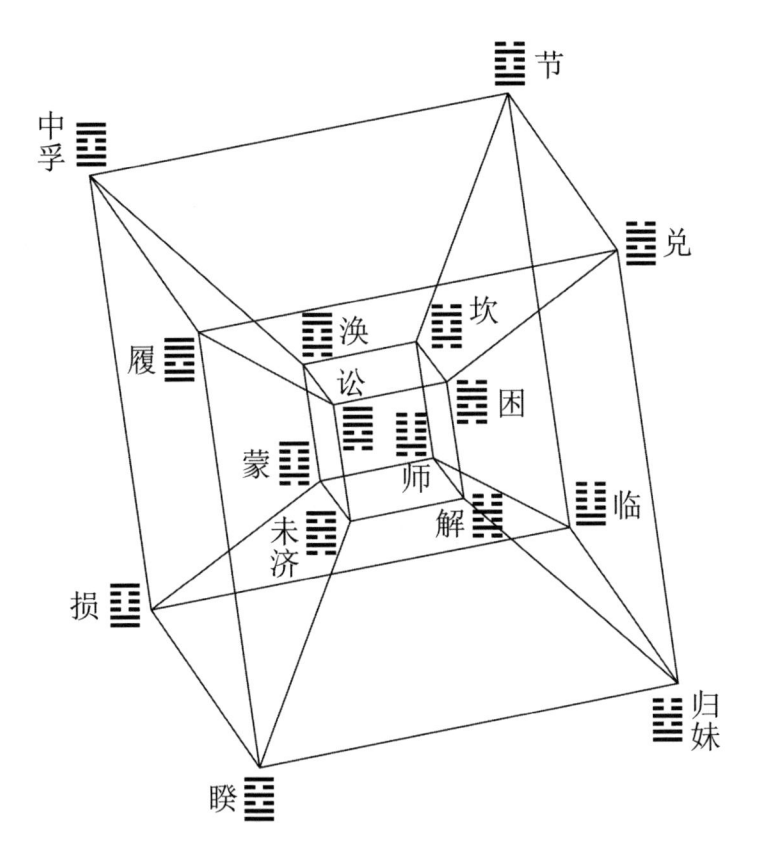

节

中孚

兑

涣
坎
履
讼
困
蒙
师
解
未济
临
损
归妹
睽

二　三
六二　九三

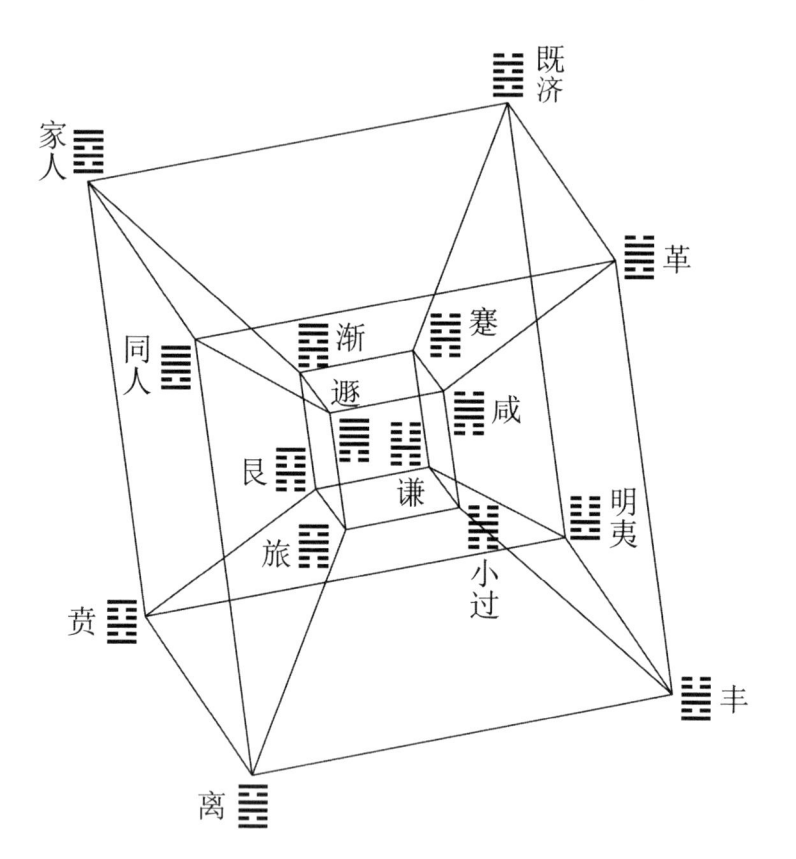

既济
家人
革
同人　渐　蹇
咸
艮　遯
谦
贲　旅　小过　明夷
丰
离

易学与几何学 217

二　三
六二　六三

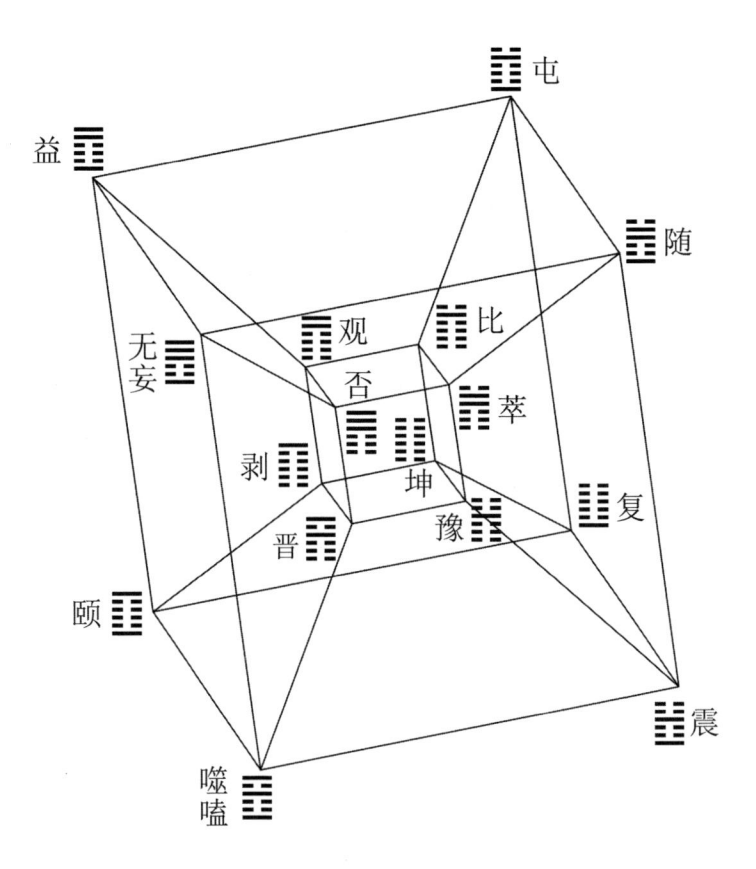

屯　随　比　观　否　萃　复　震　豫　坤　剥　晋　噬嗑　颐　无妄　益

二　四　九二　九四

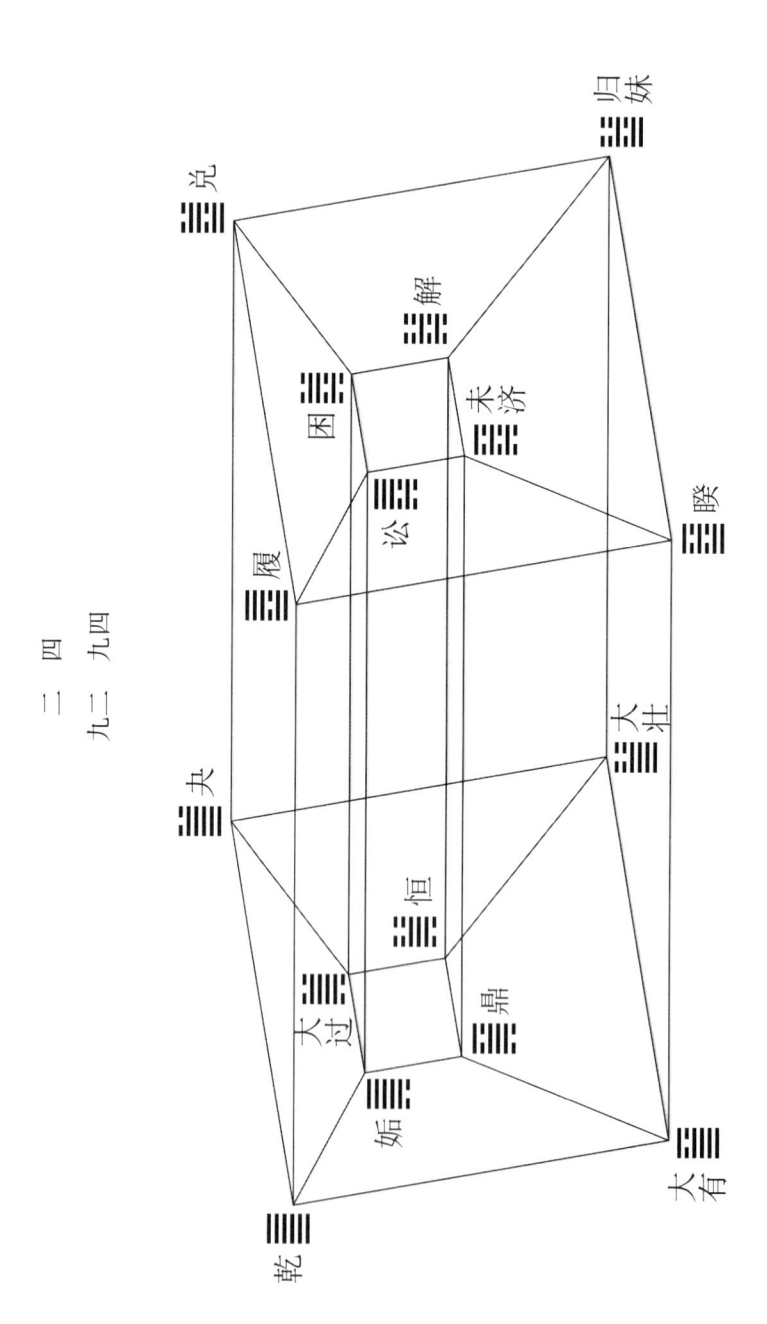

乾　夬　兑　归妹　大有　大壮　睽　姤　大过　履　鼎　恒　讼　困　解　未济

易学与几何学 219

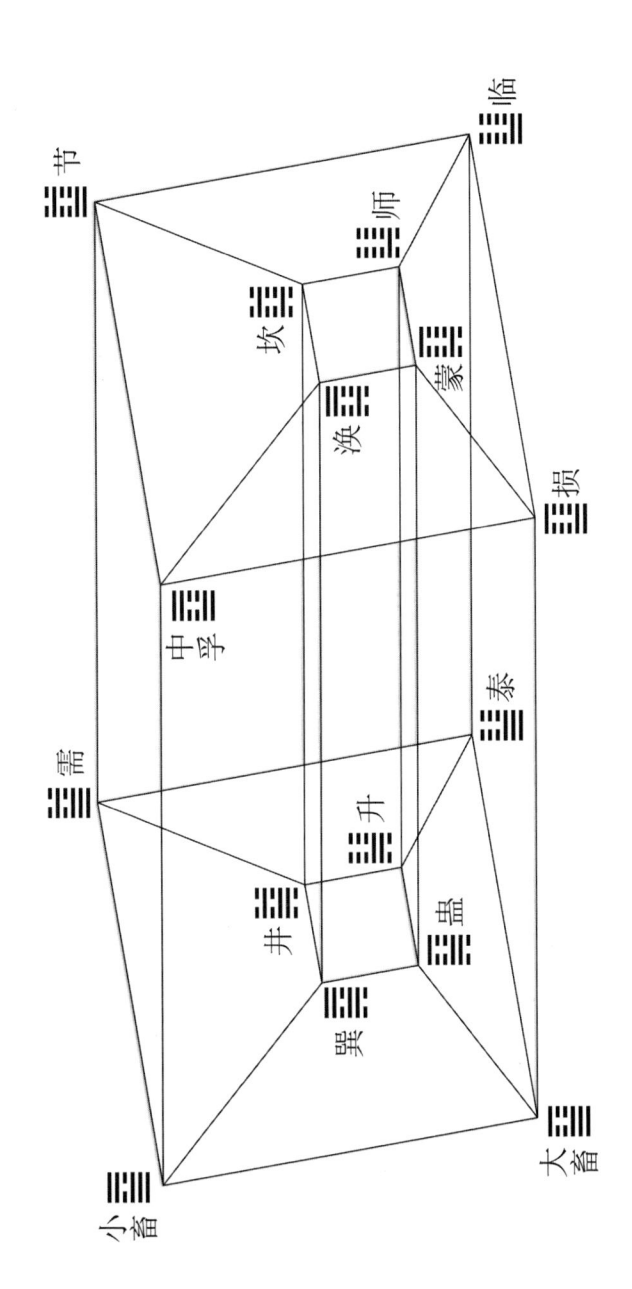

二 四
九三 六四

二 四
六三 九四

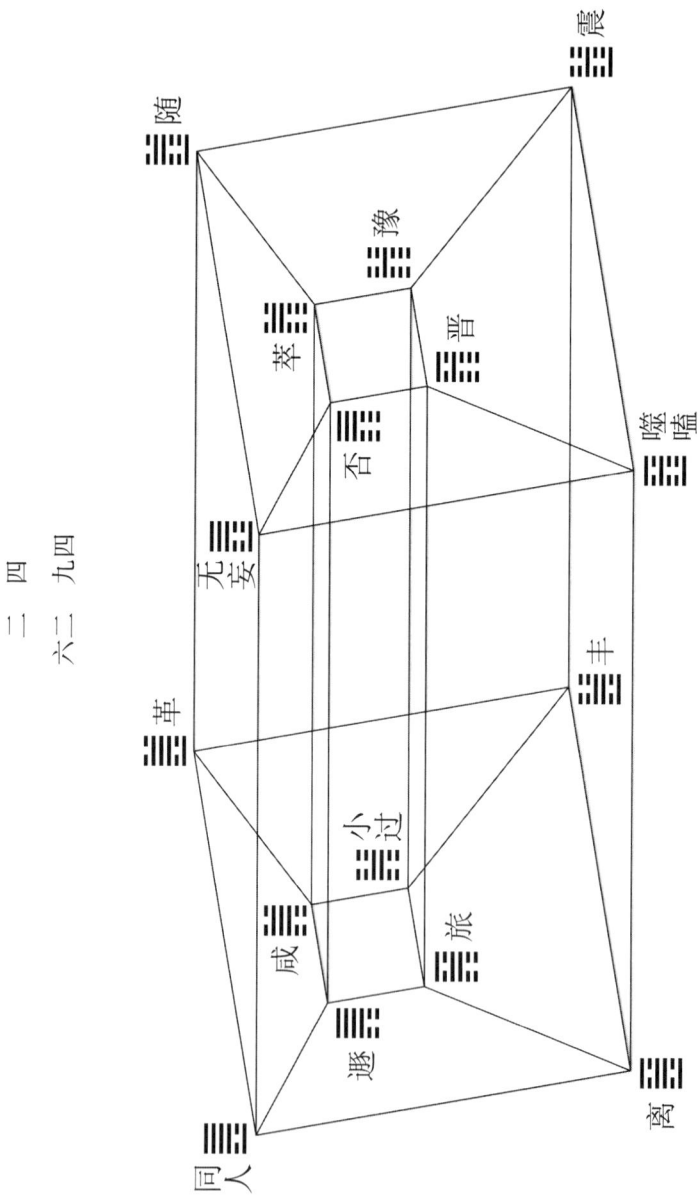

易学与几何学 221

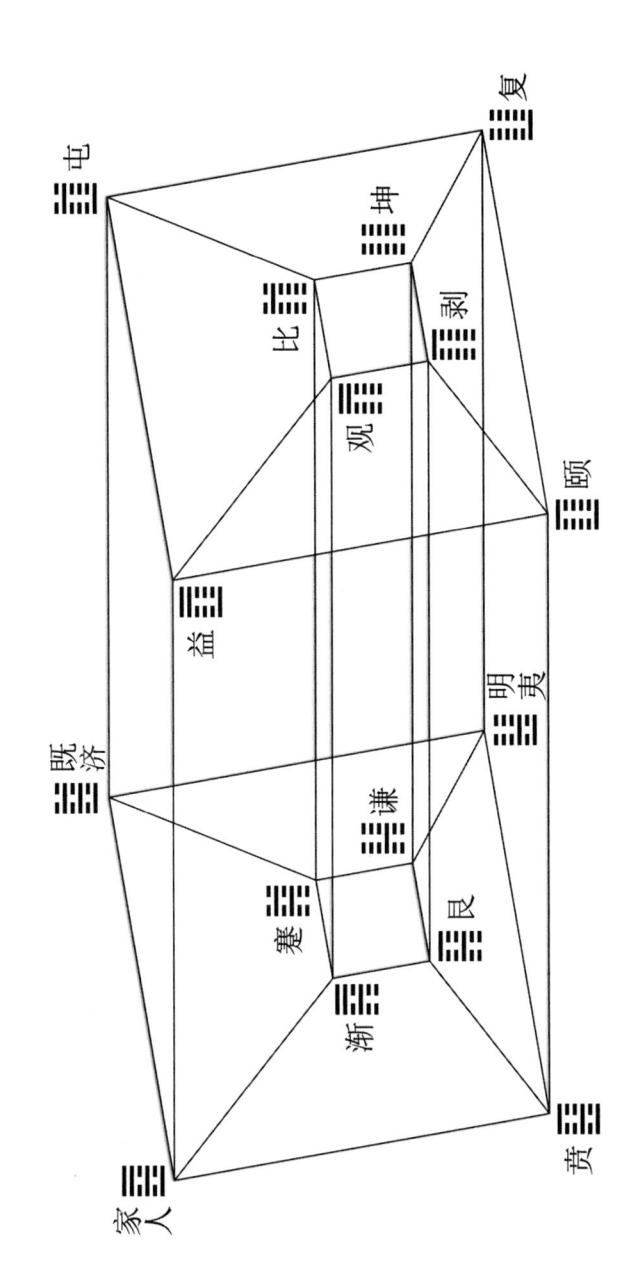

二 四
六二 六四

屯 复 坤 剥 比 观 颐 益 明夷 既济 谦 蹇 艮 渐 贲 家人

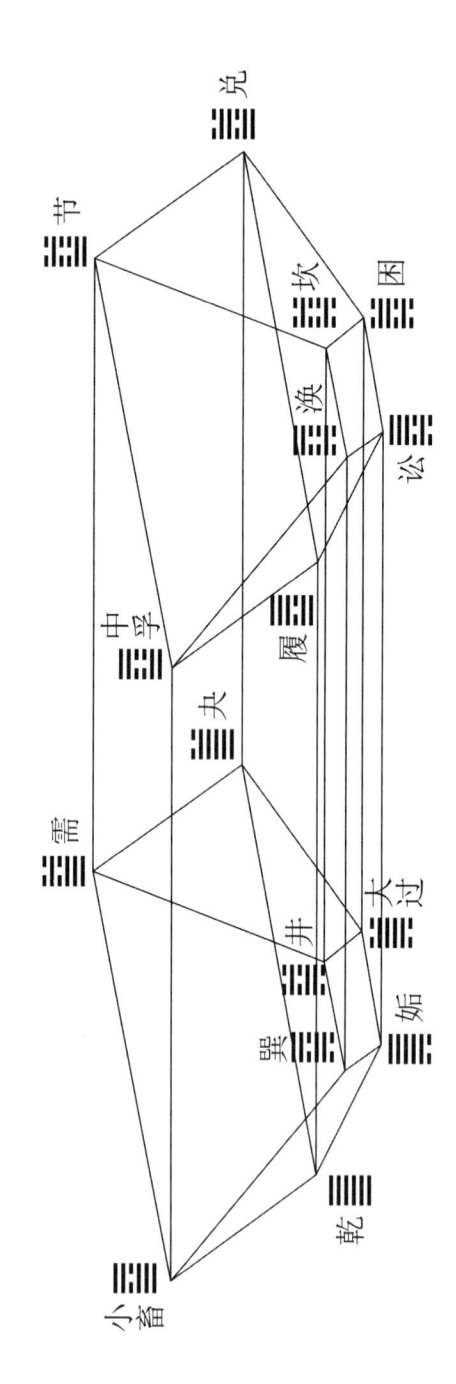

二　五
九二　九五

兑　节　坎　困　涣　讼　中孚　履　夬　需　井　大过　巽　姤　乾　小畜

易学与几何学 223

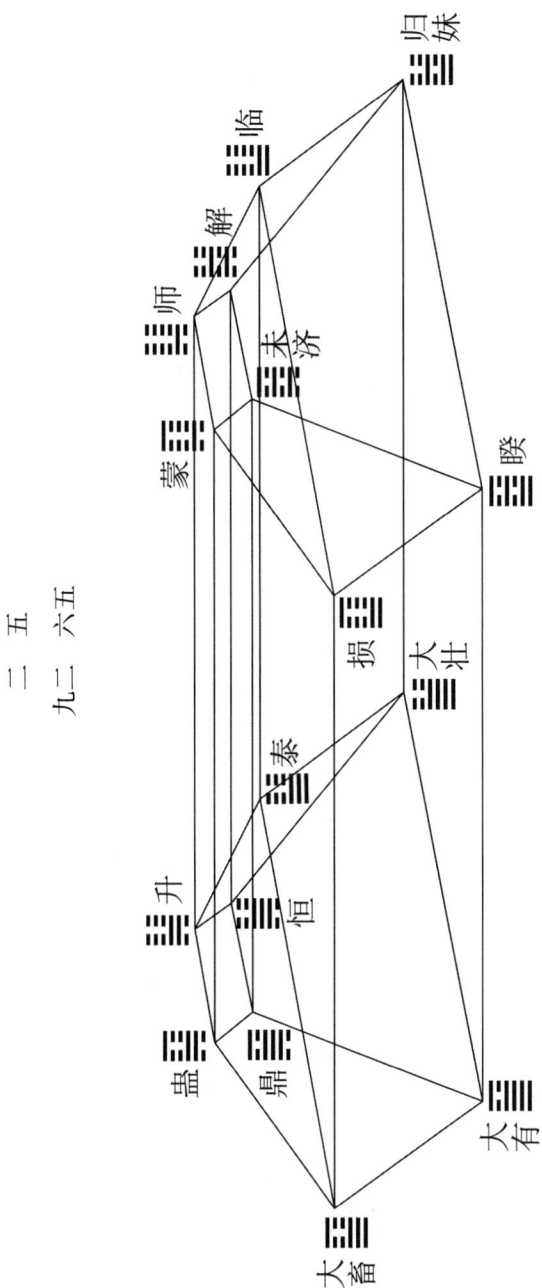

二　五
九二　六五

归妹　临　解　师　蒙　未济　睽　损　大壮　泰　升　恒　蛊　鼎　大有　大畜

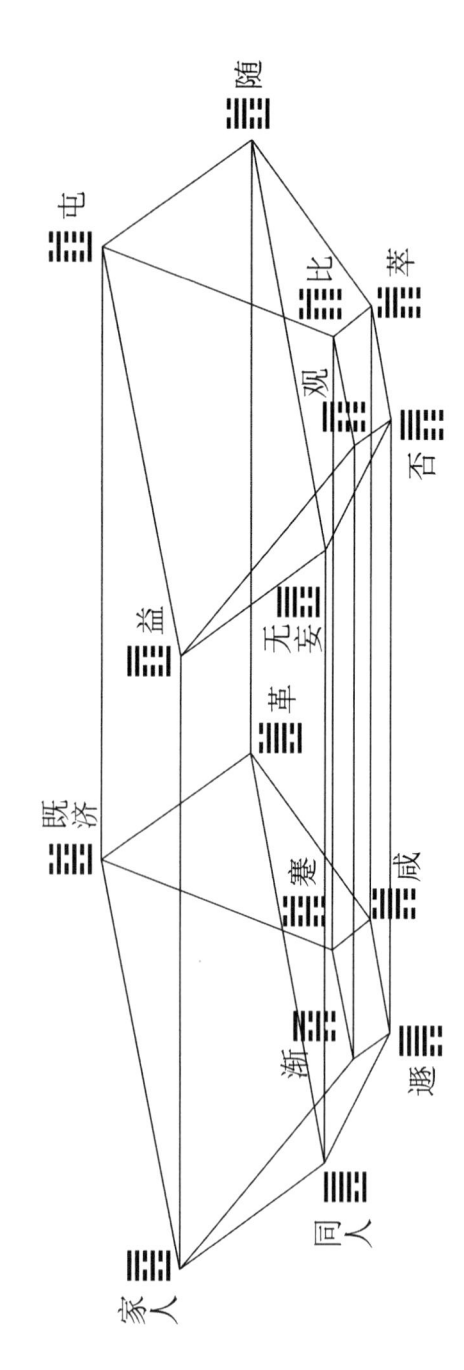

二　五
六二　九五

屯　随　比　萃　观　否　益　无妄　革　既济　蹇　咸　渐　遯　同人　家人

易学与几何学   225

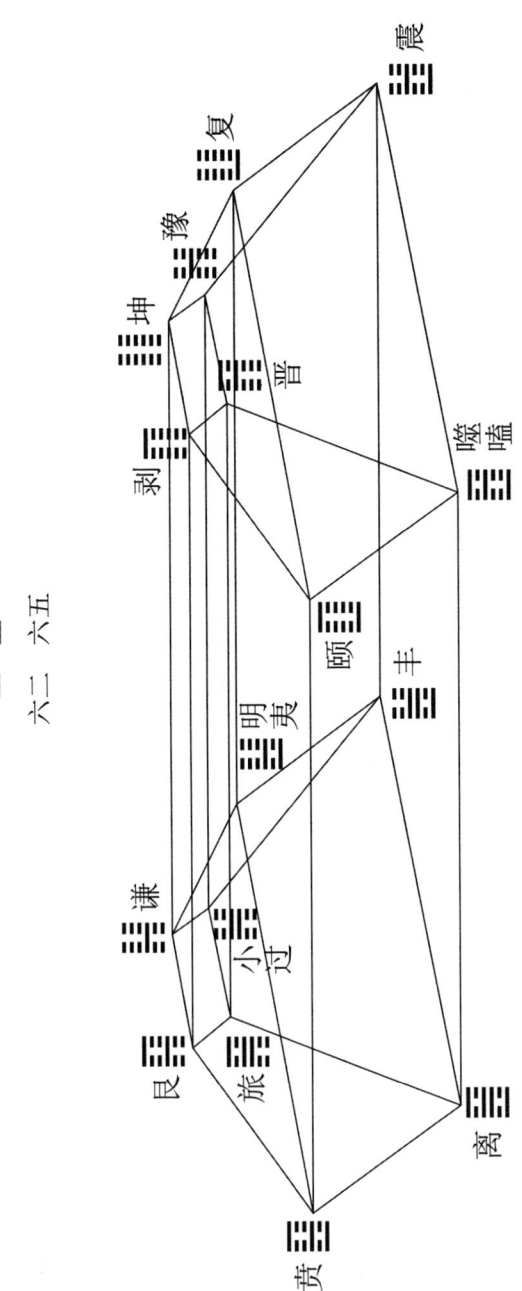

二 五
六二 六五

二 上
九二 上九

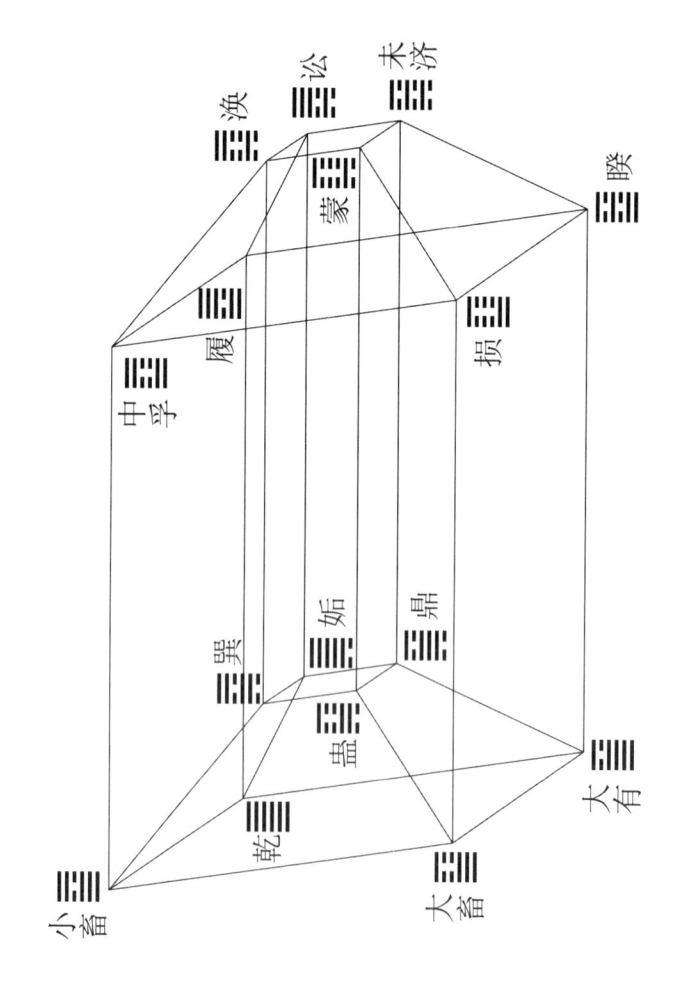

渙 訟 未济
睽
履 損
中孚
巽 姤 鼎
小畜 蠱
乾 大畜 大有

易学与几何学　　　　　　　　　　　　　　　　　　　　227

三　上　上九
六二

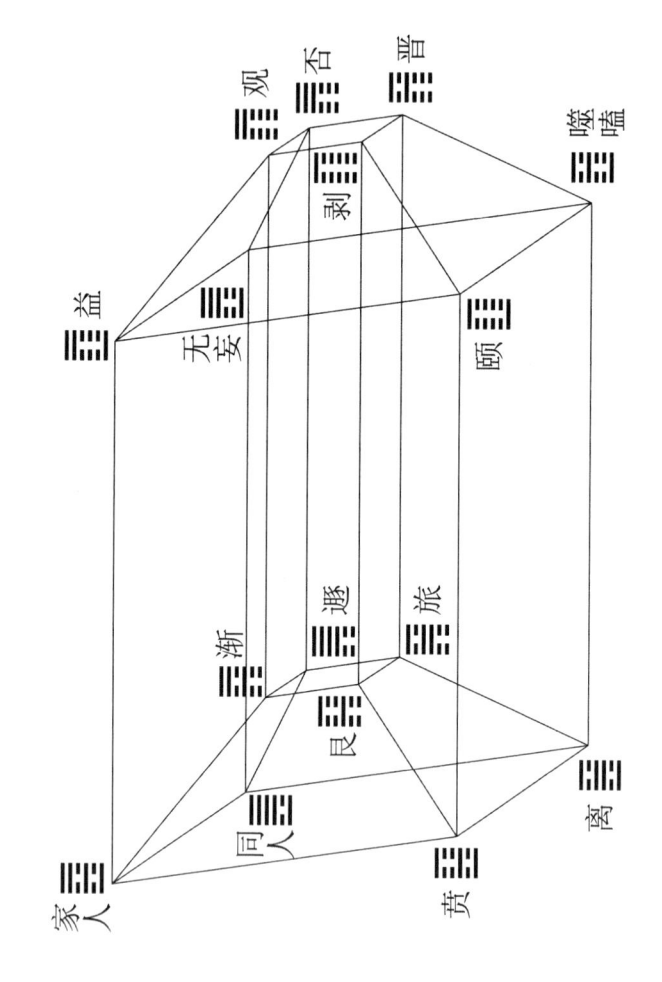

易学与几何学 229

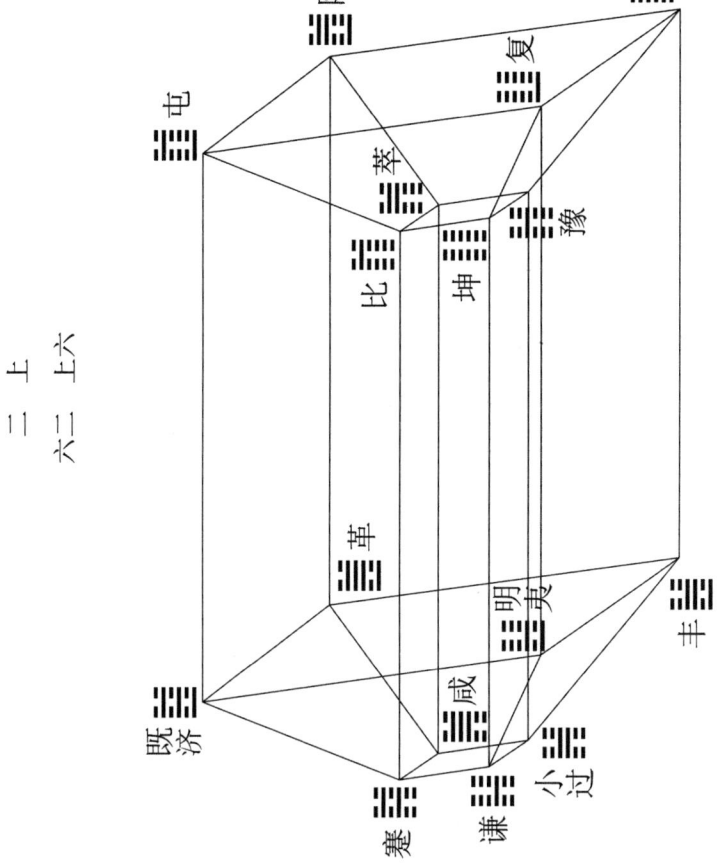

三 上
六三 上六

震 随 复 屯 萃 豫 比 坤 革 明夷 丰 既济 咸 蹇 谦 小过

三　四
九三　九四

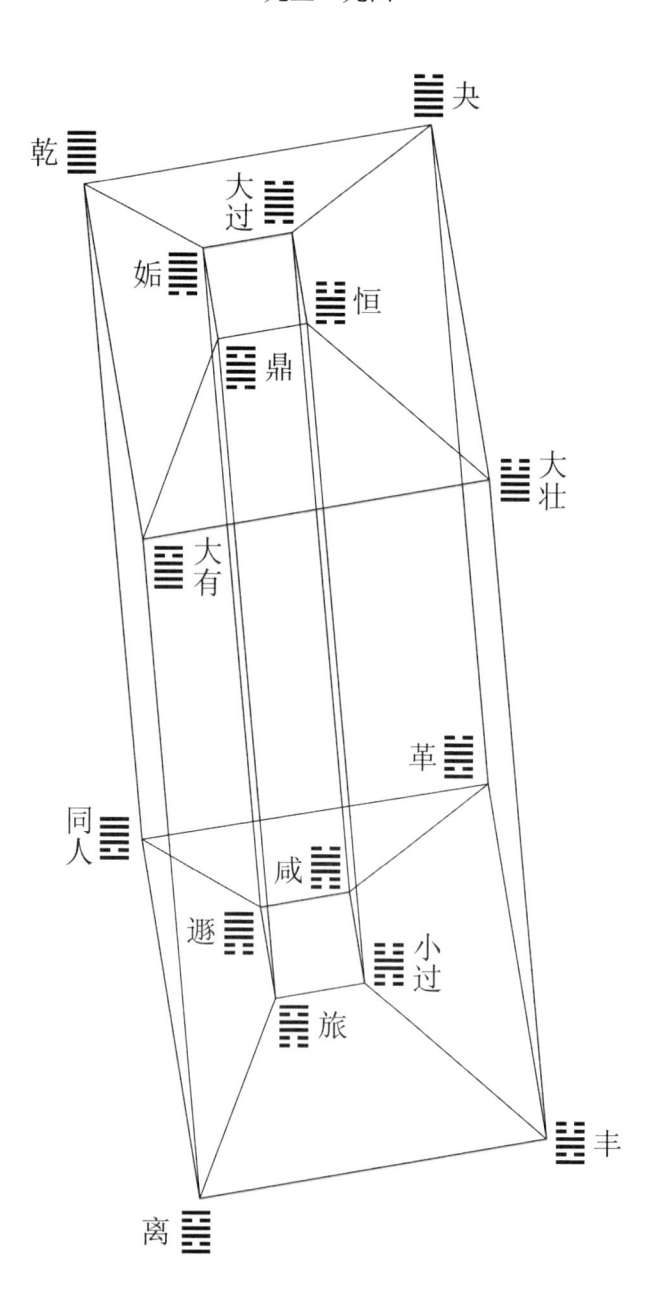

乾　夬
大过
姤　恒
鼎
大壮
大有
革
同人　咸
遁　小过
旅
丰
离

易学与几何学 231

三　四
九三　六四

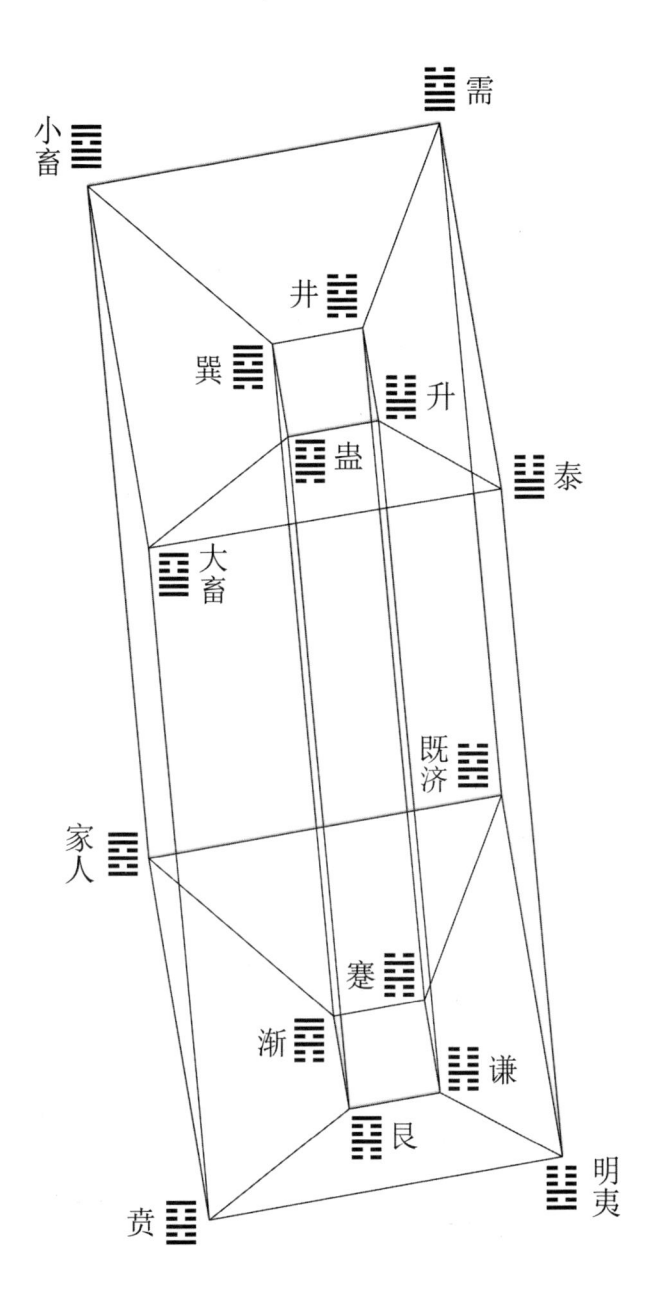

小畜　需
井
巽　升
蛊　泰
大畜
既济
家人
蹇
渐　谦
艮
贲　明夷

　　　　三　四
　　　六三　九四

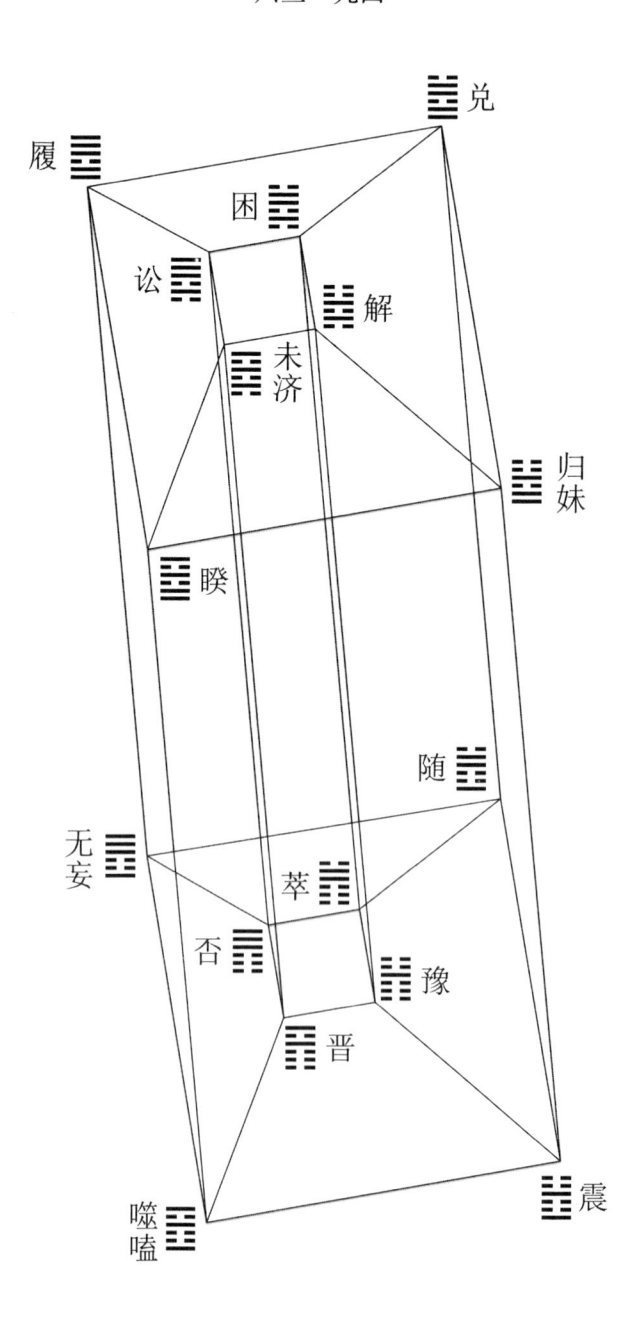

兑

履

困

讼　　解

未济

归妹

睽

随

无妄

萃

否　豫

晋

噬嗑　　震

易学与几何学　　　　　　　　　　　　　　　　　　　　　233

　　　　　　　三　四
　　　　　　六三　六四

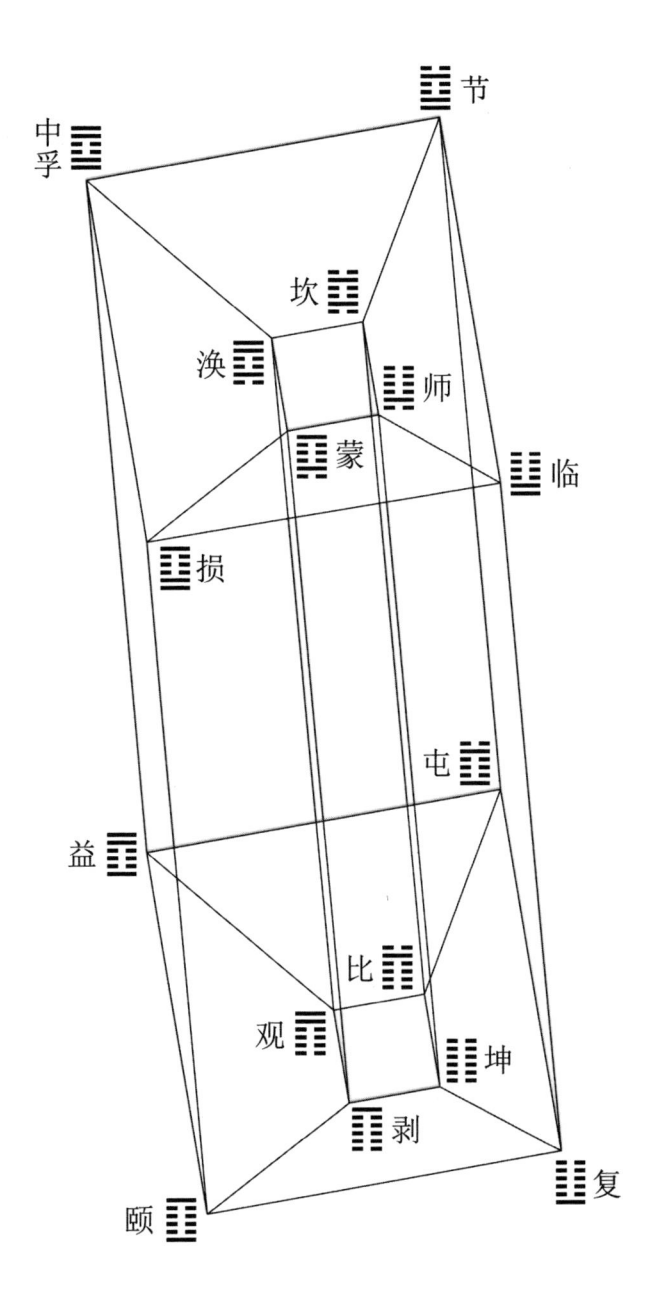

中孚䷼　　　　　　　　　　　䷻节

　　　　　　坎䷜

　涣䷺

　　　　　䷃蒙　　　　䷒临

　　䷨损

　　　　　　　　　　　　䷂屯

益䷩

　　　　　　　　　　比䷇

　　　　观䷓　　　　　䷁坤

　　　　　　　　䷖剥

　　　　　　　　　　　　䷗复

颐䷚

　　　　　三　五
　　　　九三　九五

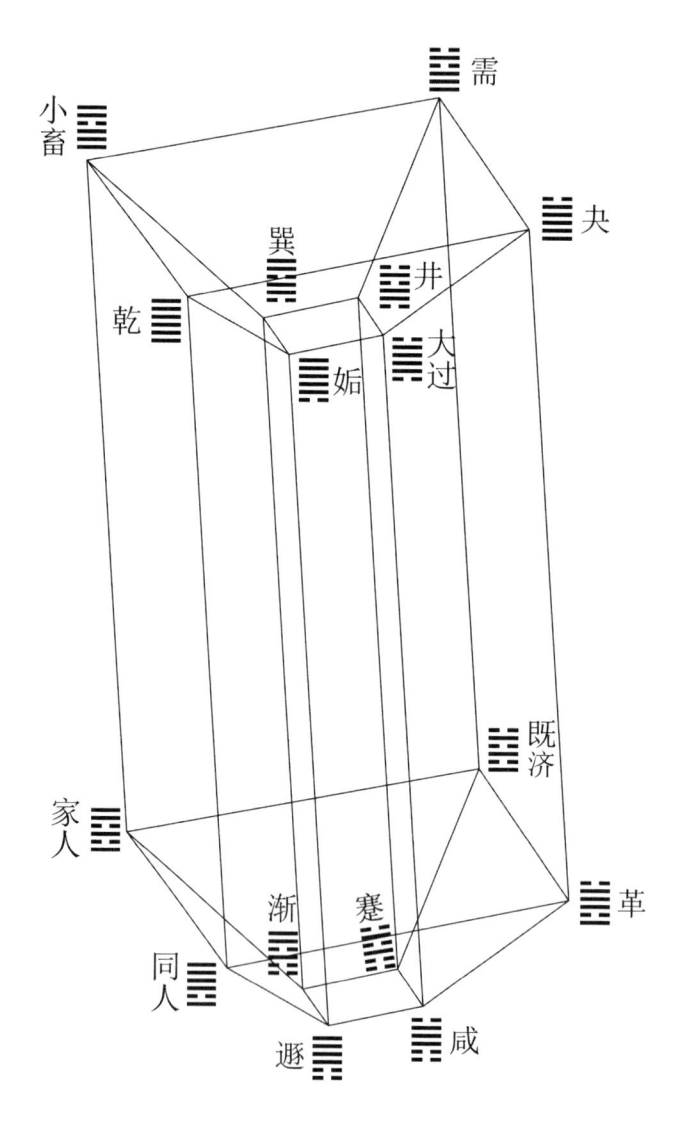

　　　　　　　　　　　　　䷄ 需

　　　小畜 ䷈

　　　　　　　　巽 ䷸　　井 ䷯　　　　䷪ 夬

　　　乾 ䷀
　　　　　　　　　　姤 ䷫　大过 ䷛

　　　　　　　　　　　　　　　　既济 ䷾

　　　家人 ䷤
　　　　　　　　　　渐 ䷴　蹇 ䷦　　　　　革 ䷰
　　　　　　同人 ䷌
　　　　　　　　　　　　遯 ䷠　咸 ䷞

易学与几何学　　　　　　　　　　　　　　　　235

三　五
九三　六五

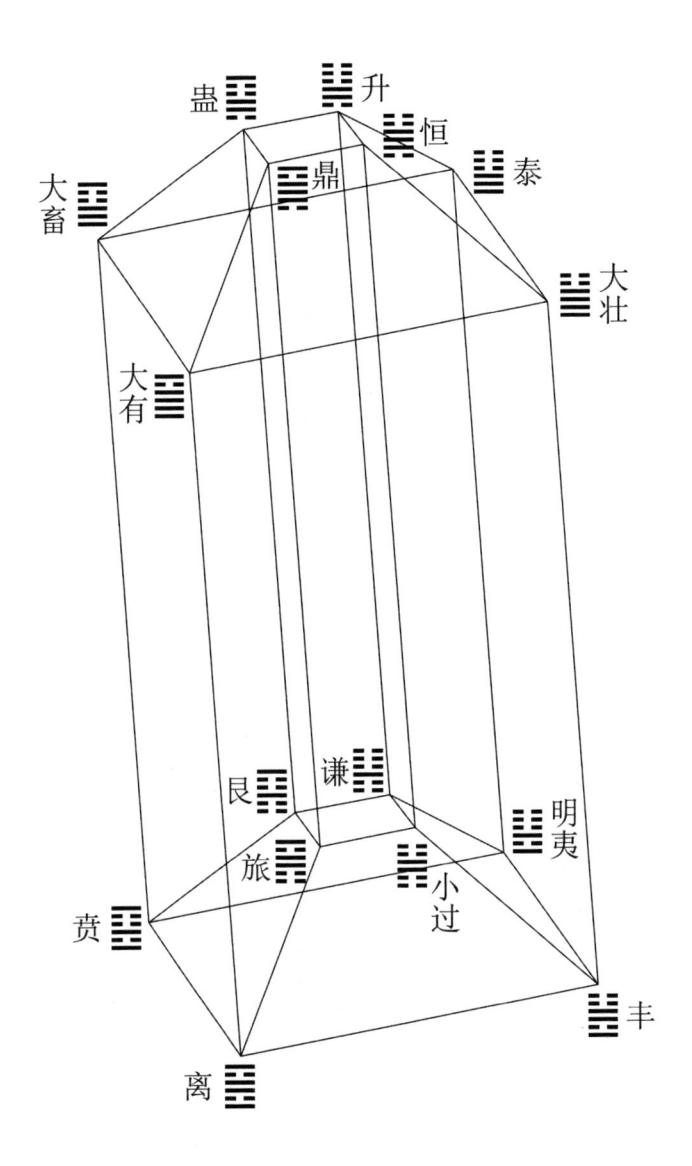

三　五
六三　九五

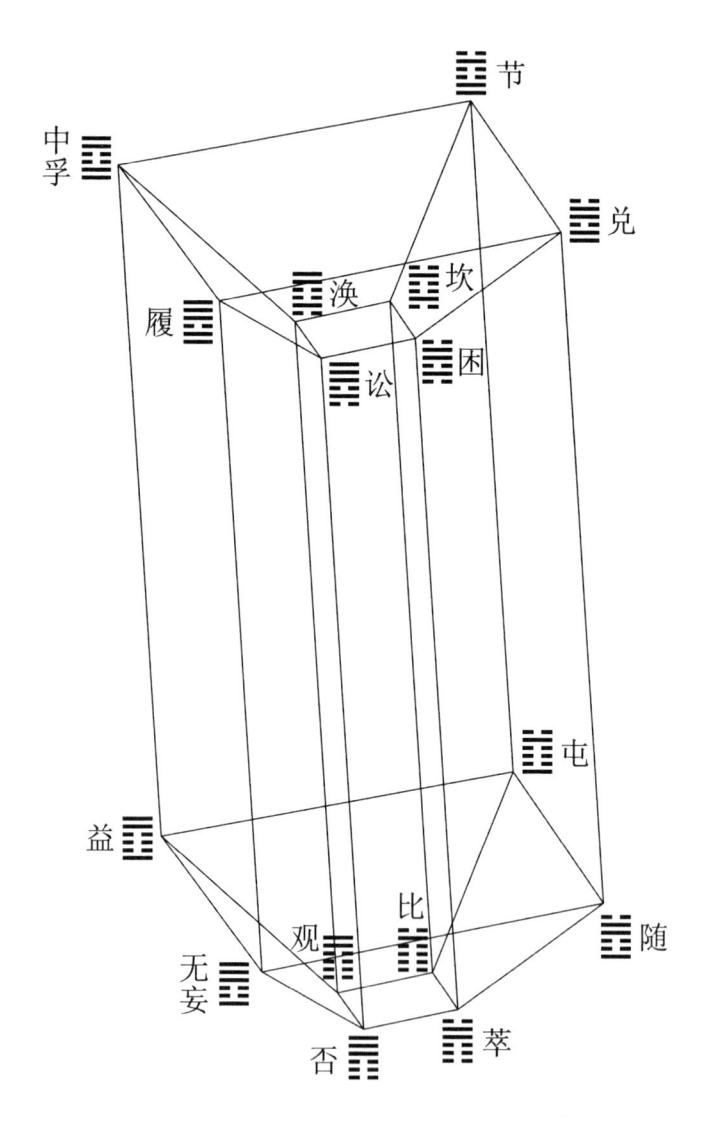

节

中孚

兑

涣　坎

履

讼　困

屯

益

随

比

观

无妄

随

否　萃

三　五
六三　六五

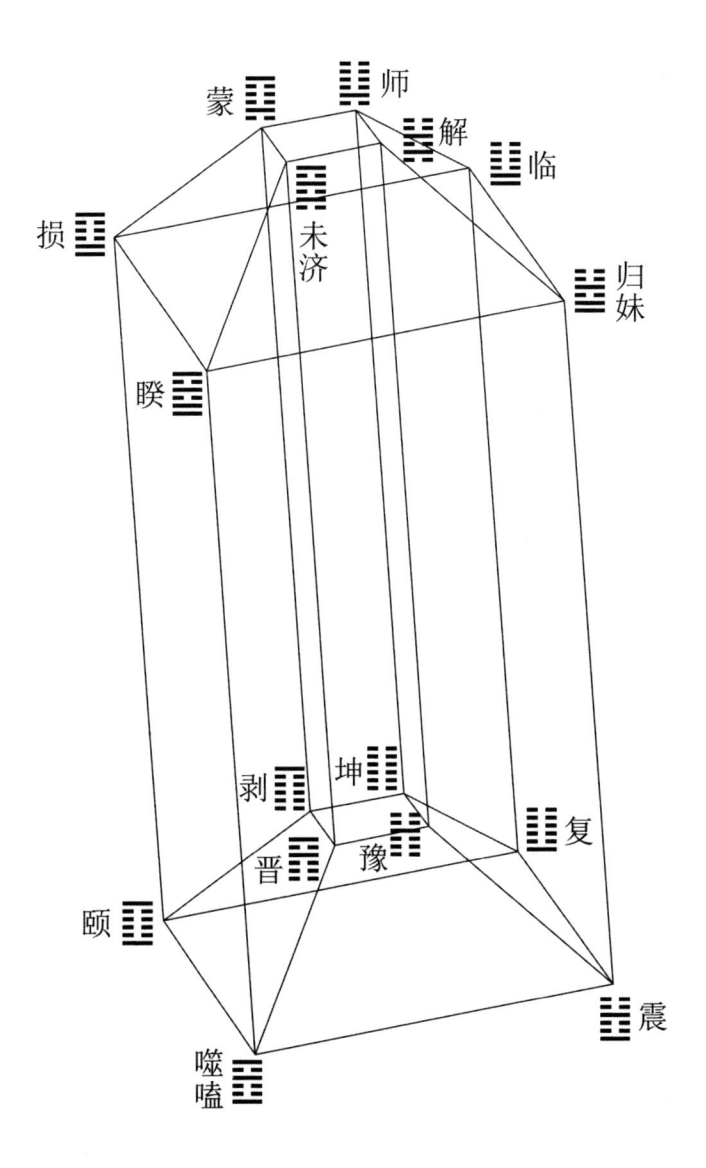

三　上
九三　上九

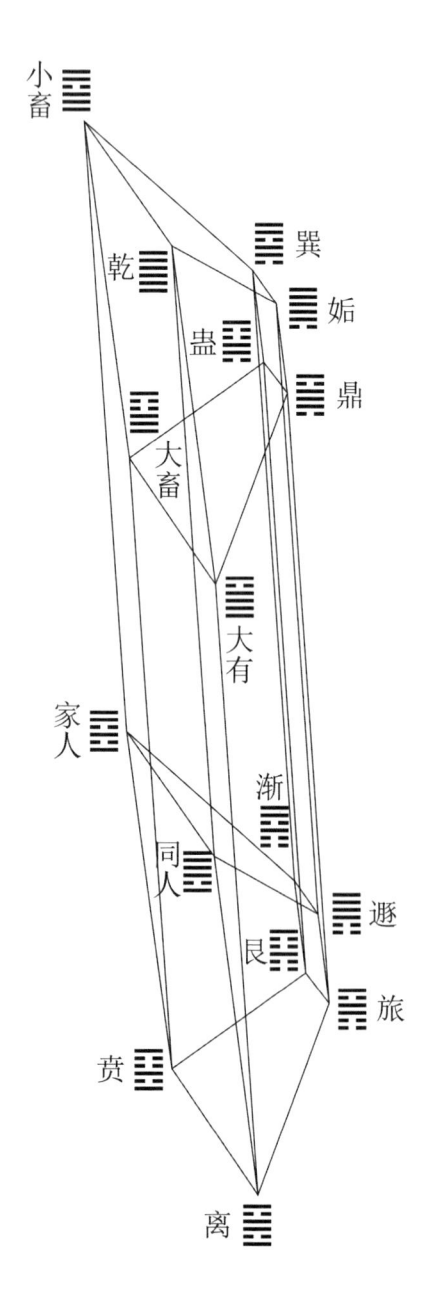

小畜　䷈

巽　䷸
乾　䷀
蛊　䷑
姤　䷫
鼎　䷱
大畜　䷙
大有　䷍
家人　䷤
渐　䷴
同人　䷌
遯　䷠
艮　䷳
旅　䷷
贲　䷕
离　䷝

易学与几何学 239

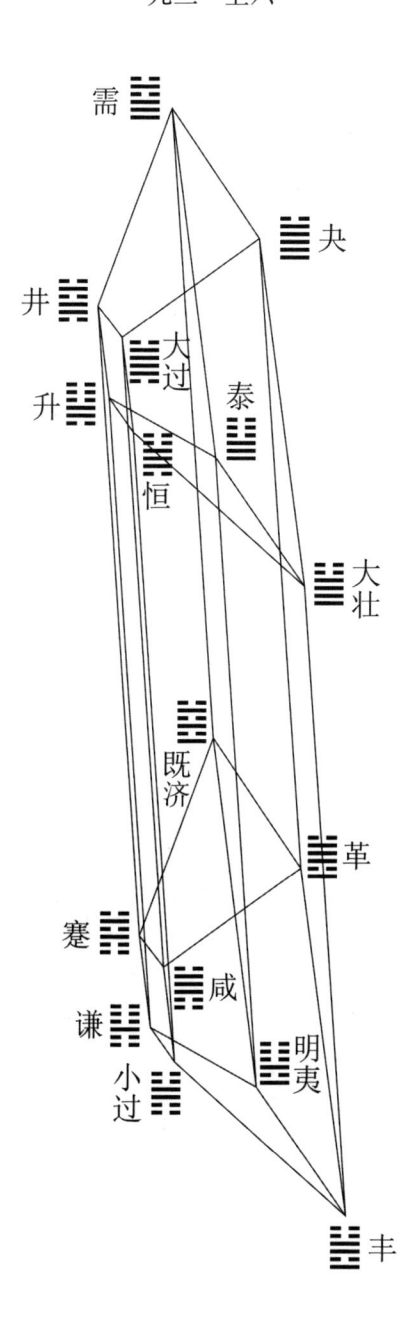

三　上
九三　上六

需

夬

井
大过　泰
升
恒

大壮

既济

革

蹇
咸
谦
明夷
小过

丰

三　上
六三　上九

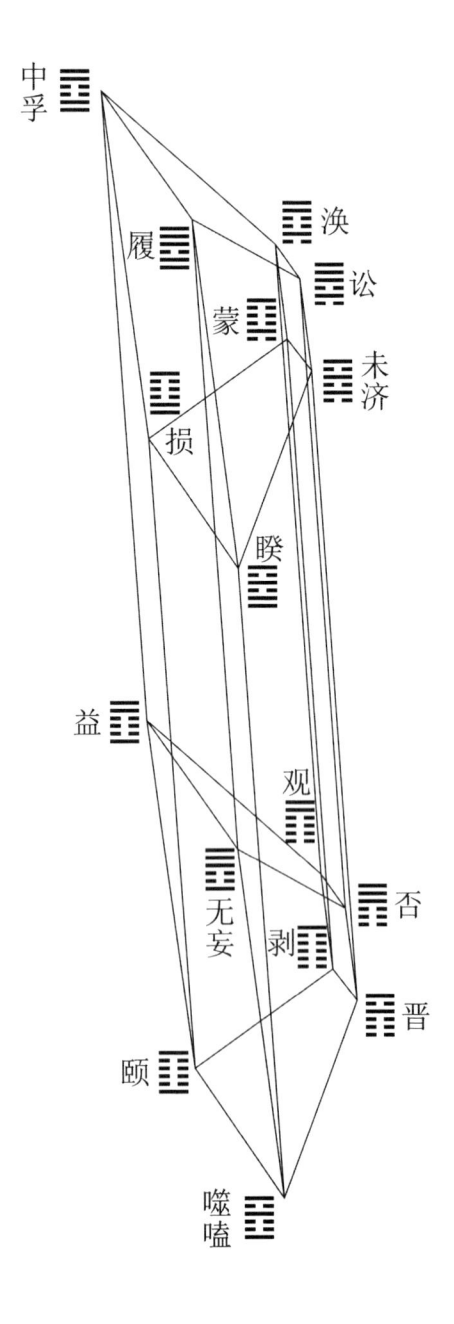

中孚

履

涣
讼

蒙

未济

损

睽

益

观

无妄

否

剥

晋

颐

噬嗑

易学与几何学

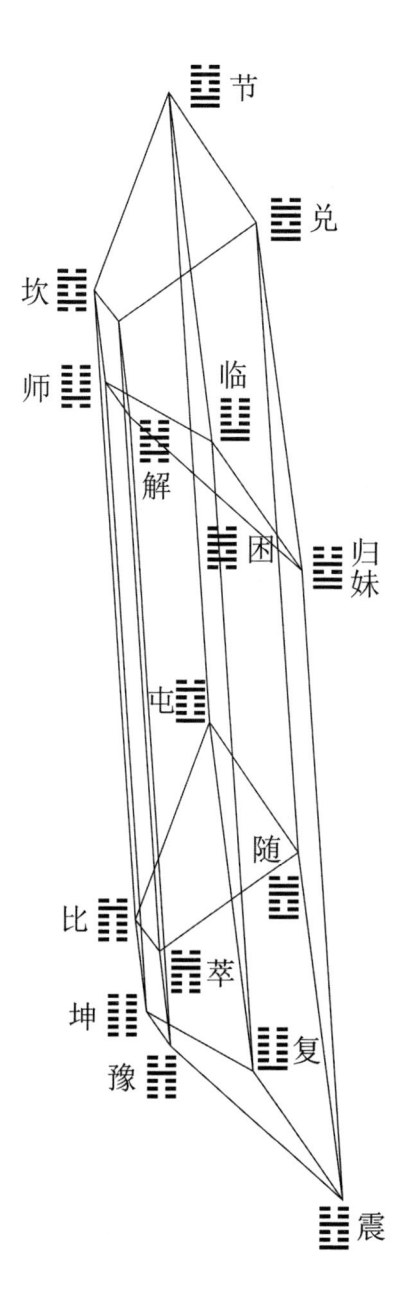

　　　　三　　上
　　　六三　上六

节
兑
坎
师　临
解
困　归妹
屯
随
比
萃
坤　复
豫
震

四　五
九四　九五

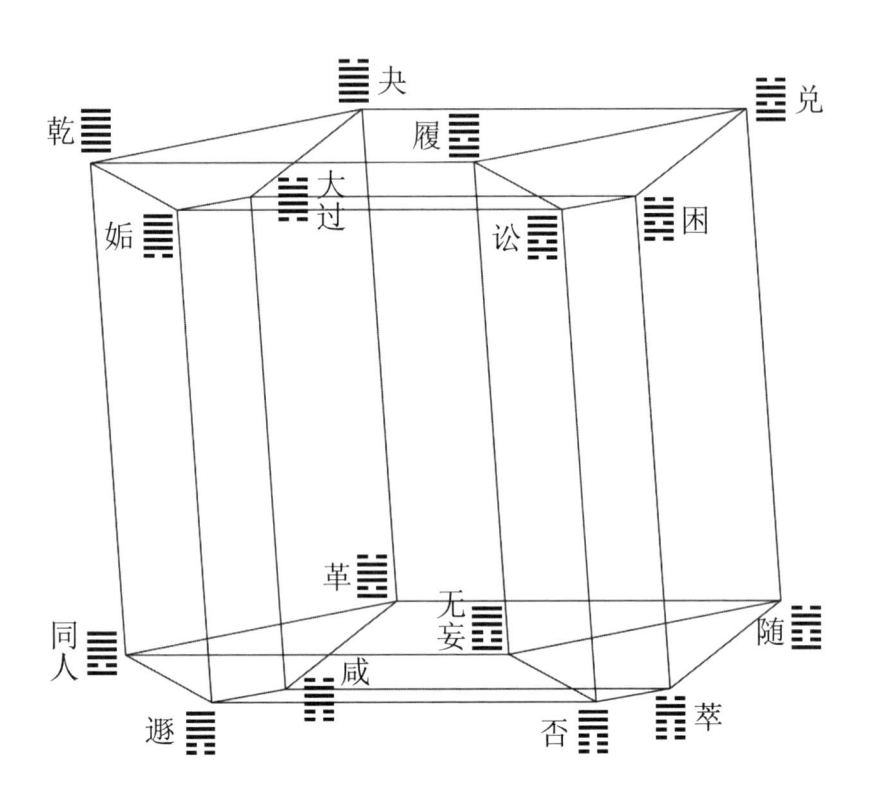

乾　夬　履　兑
姤　大过　讼　困
革　无妄
同人　咸　随
　遯　否　萃

易学与几何学 243

四　五
九四　六五

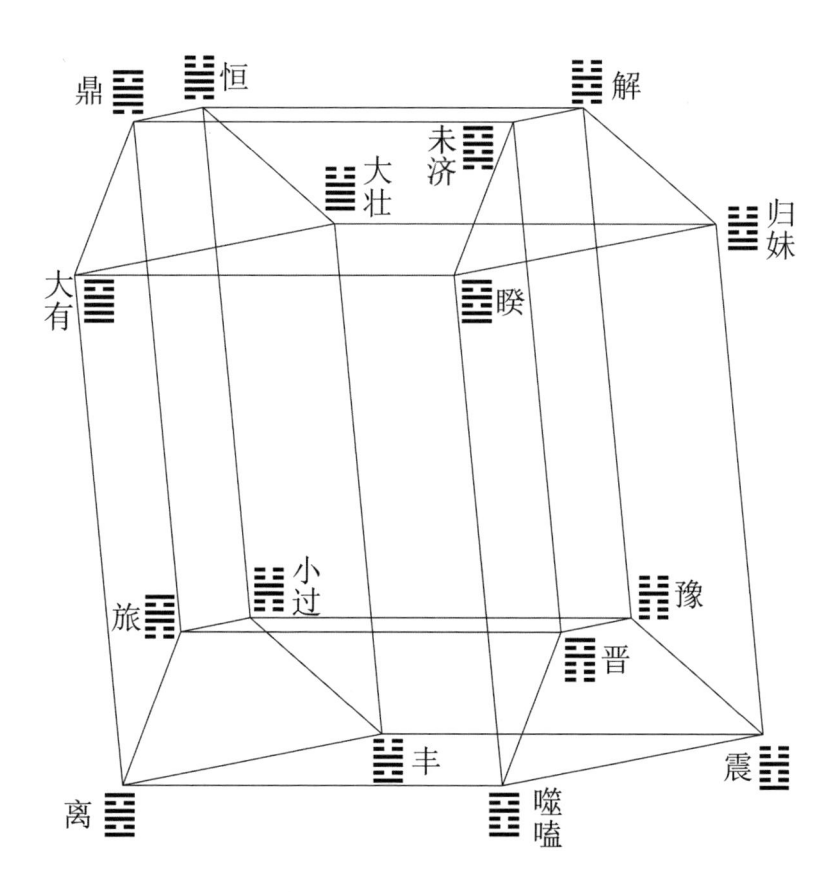

鼎　恒　解
未济　大壮　归妹
大有　睽
旅　小过　豫
晋
离　丰　嚏嗑　震

　　　　　四　五
　　　　六四　九五

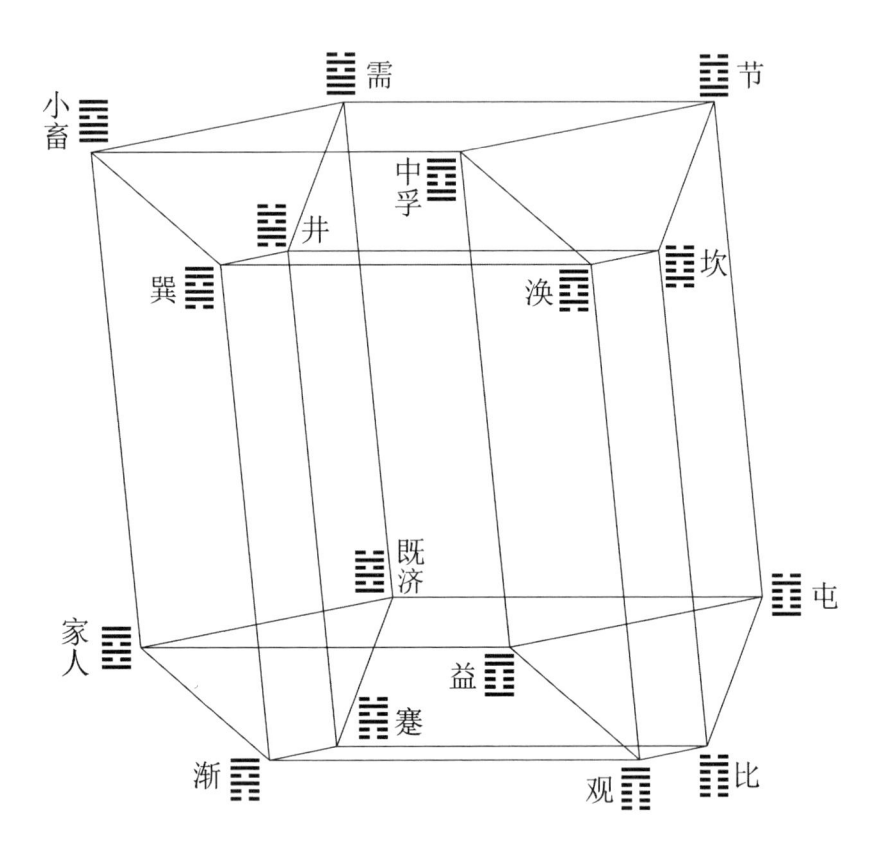

（小畜　需　节　中孚　井　巽　涣　坎　既济　屯　家人　益　蹇　渐　观　比）

易学与几何学　　　　　　　　　　　　　　　　　　245

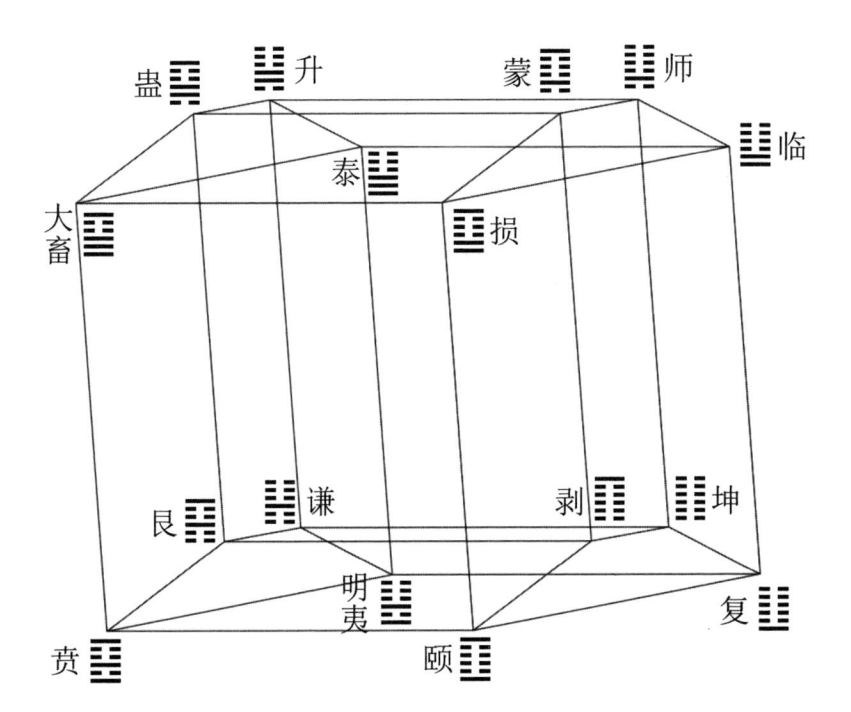

　　　　　　四　五
　　　　　六四　六五

蛊　升　　　蒙　师
　　泰　　　　　临
大畜　　　损
　　　　
　　　艮　谦　　剥　坤
　　　　　明夷　　　复
　　贲　　　颐

四　上
九四　上九

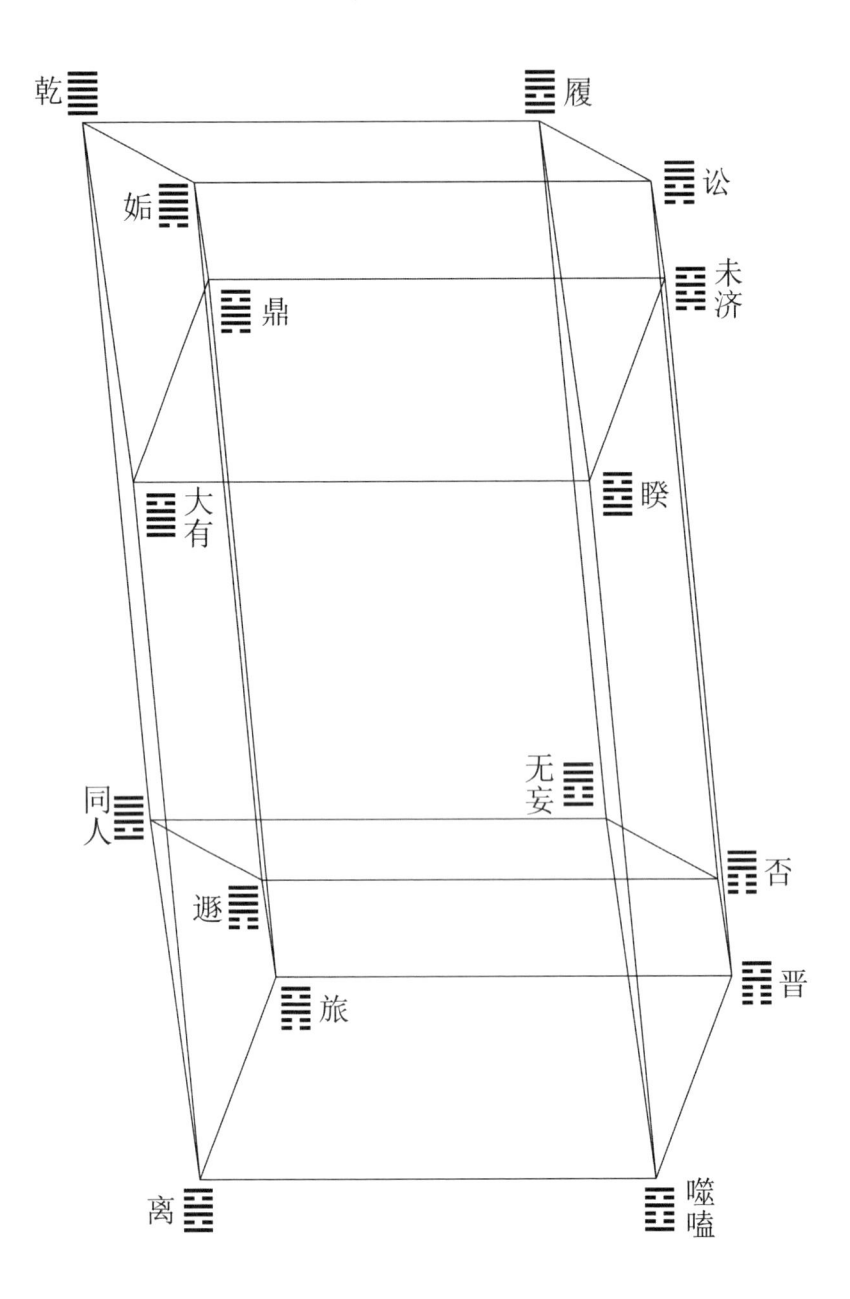

乾　履
姤　讼
　　未济
鼎
　　睽
大有
　　无妄
同人　否
遯　　晋
　旅
离　噬嗑

易学与几何学

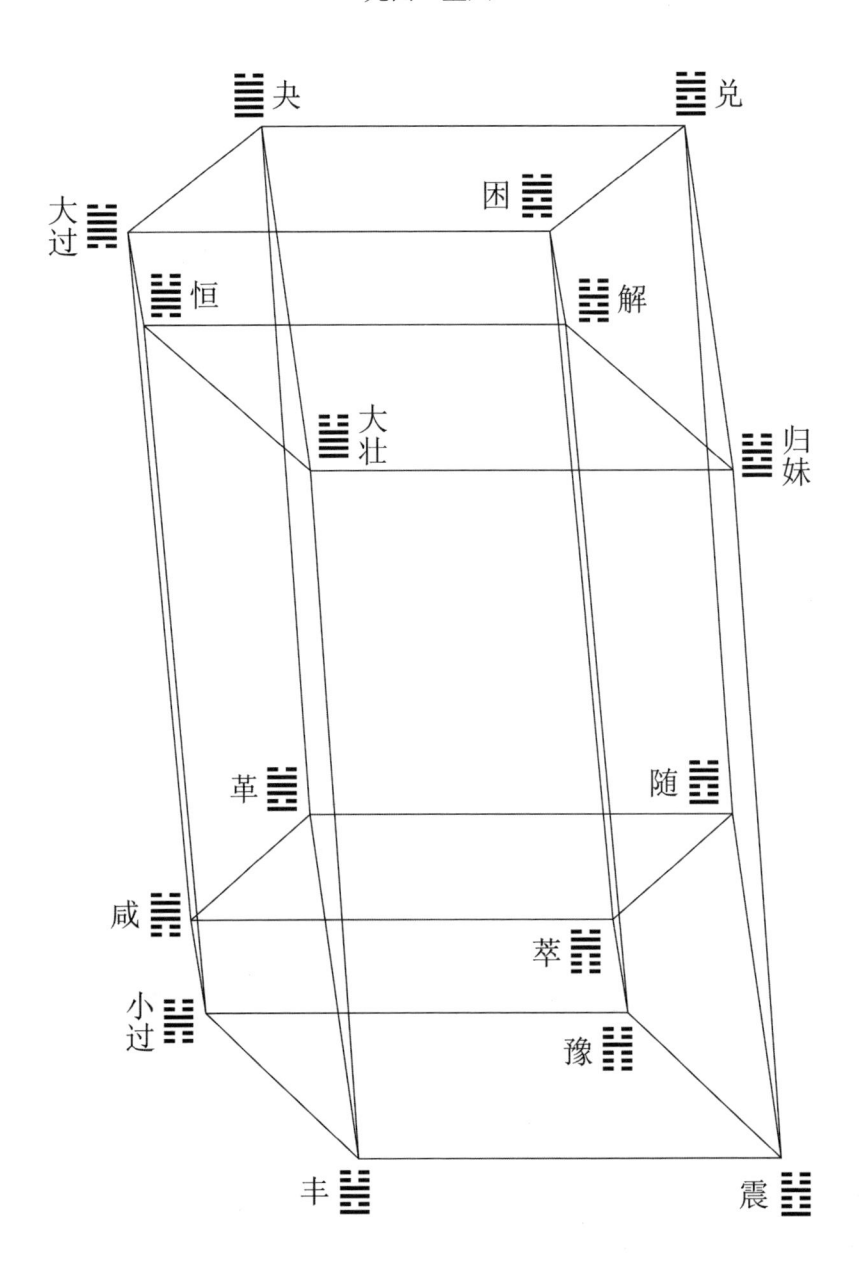

```
    四    上
   九四   上六
```

夬　兑

大过　困

恒　解

大壮　归妹

革　随

咸　萃

小过　豫

丰　震

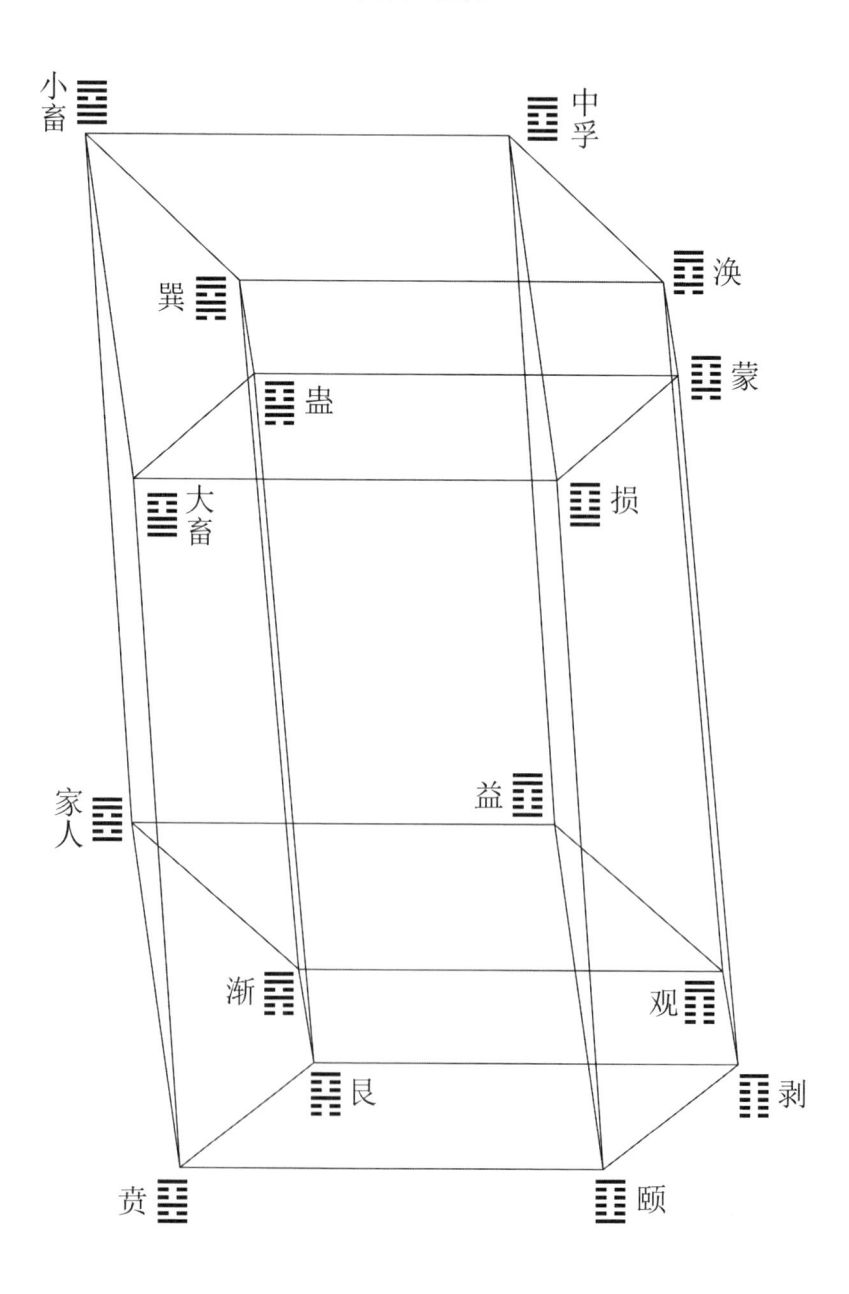

四　上
六四　上九

小畜　　　　　　　中孚

巽　　　　　　　涣
　　　　　　　蒙
蛊
大畜　　　　　　损

家人　　　　　益

渐　　　　　　观

　　艮　　　　　　剥
贲　　　　　　　颐

易学与几何学

四　上
六四　上六

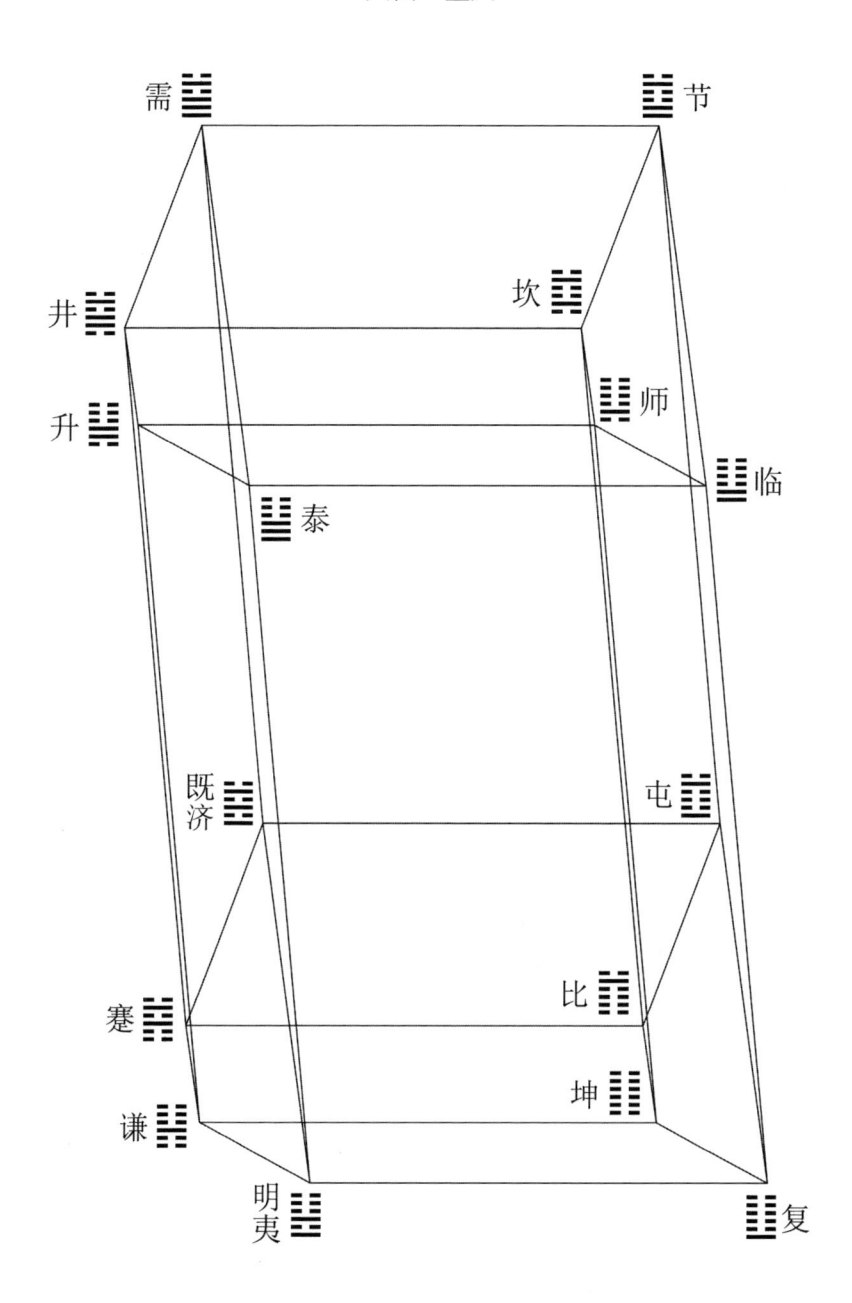

需　节
井
升
　　坎
　　　师
　　　临
　泰

既济　　屯

蹇　　比
谦　　坤
明夷　　复

五　上
九五　上九

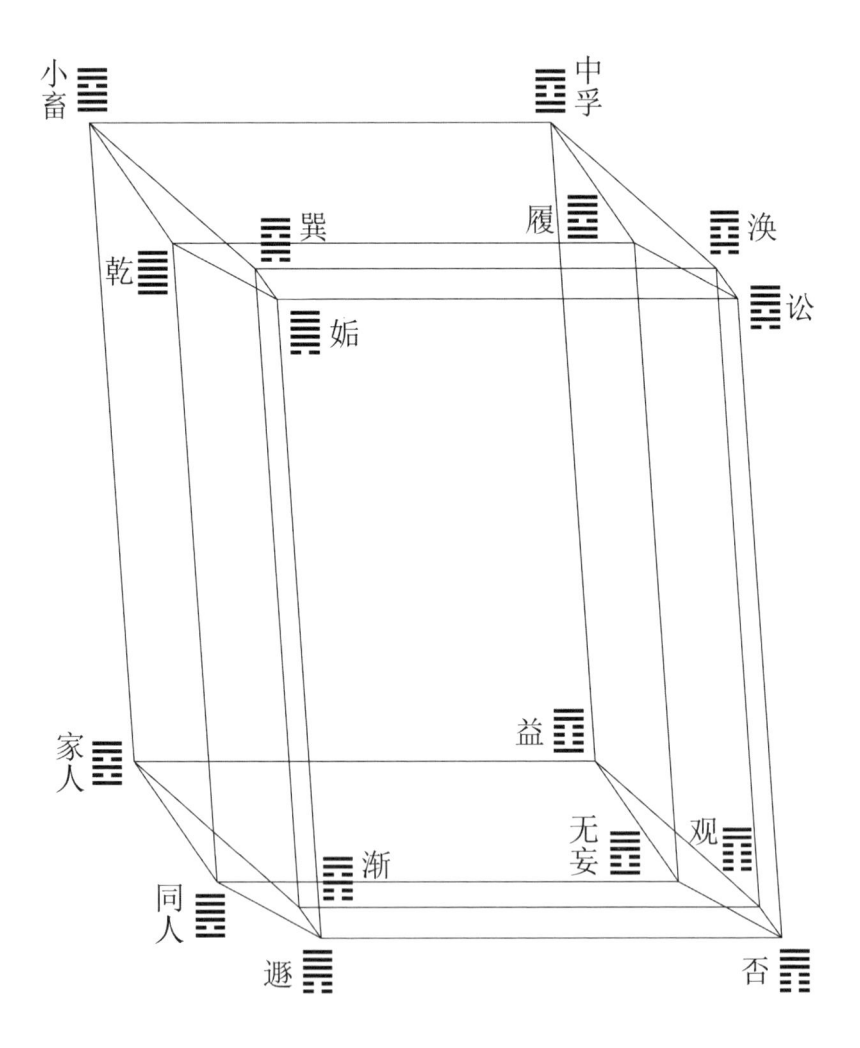

小畜　　中孚

巽　履　涣

乾　　　讼

　姤

　　　　益

家人　　　　无妄　观

　　渐

同人　　遯　　否

易学与几何学

五　上
九五　上六

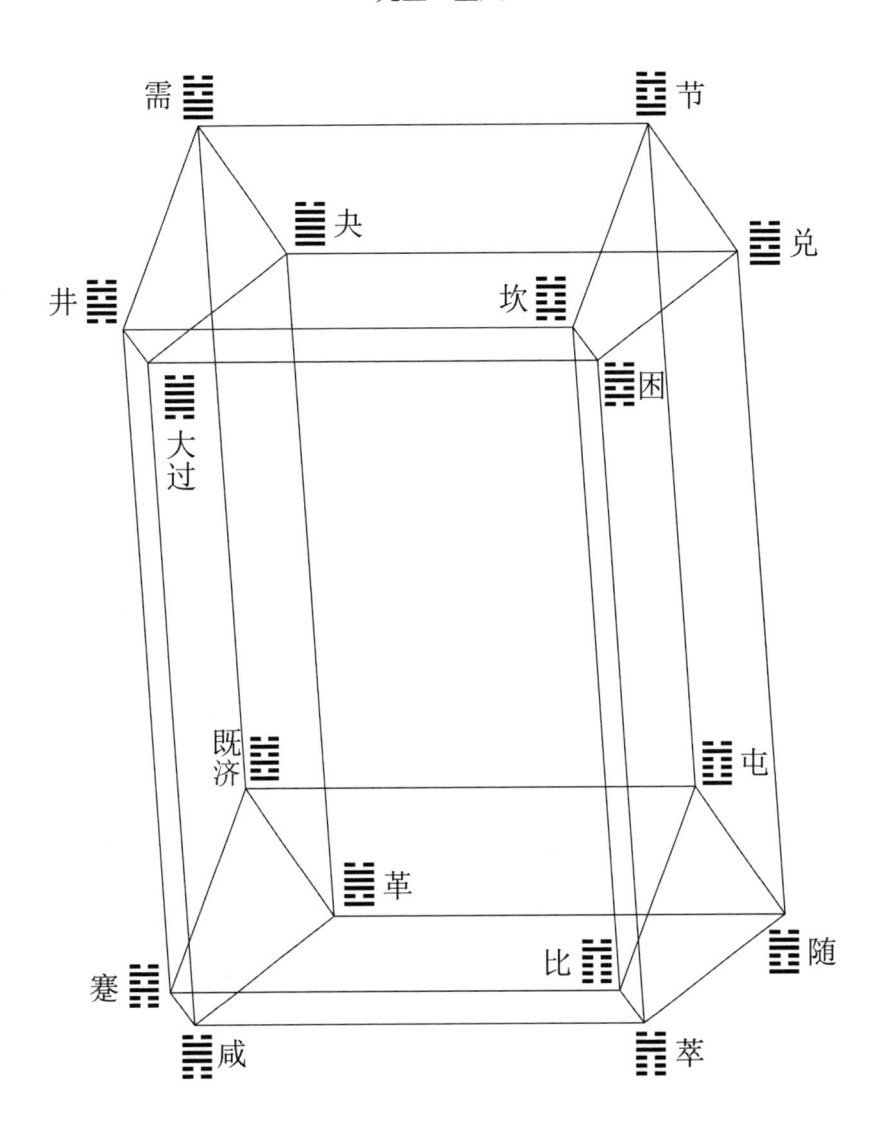

需　节
夬　兑
井　坎
　　困
大过

既济　屯
革
蹇　比　随
咸　萃

五　上
六五　上九

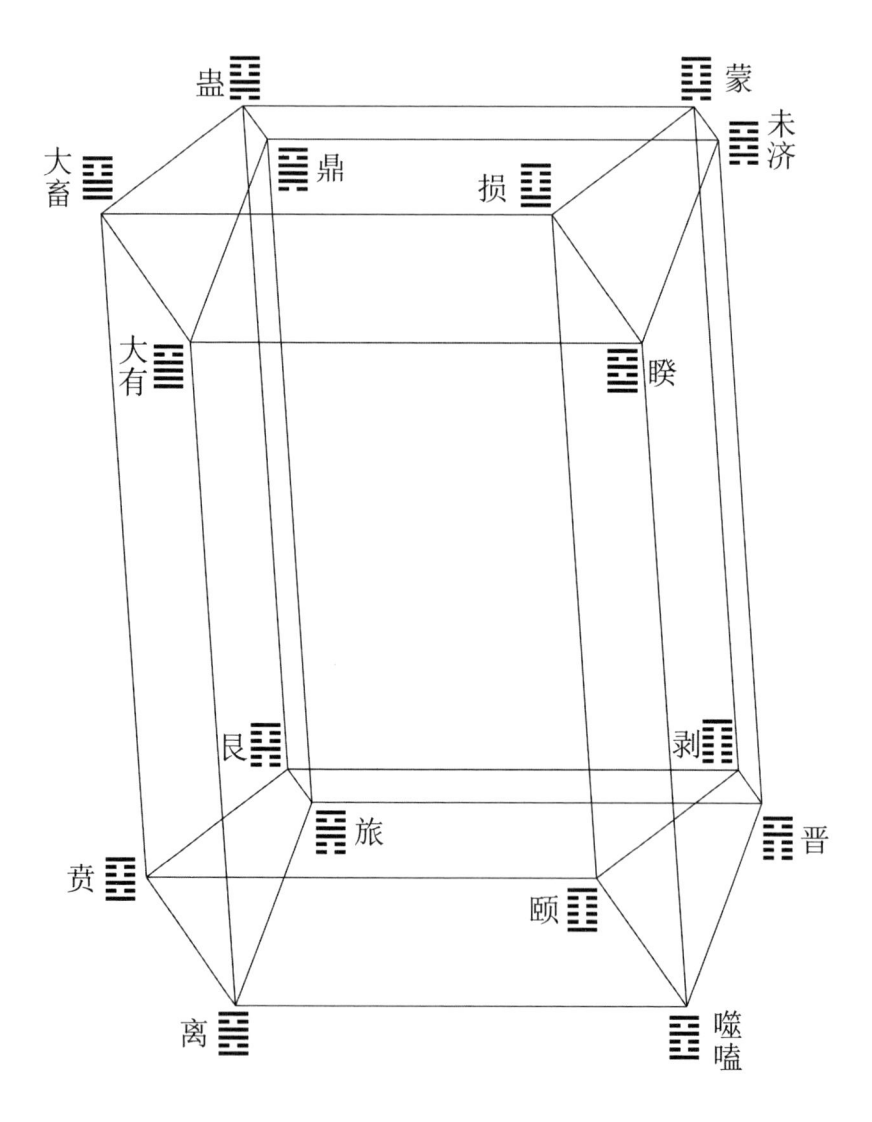

蛊　　　　　　　　　蒙
　　　　　　　　　　　未济
大畜　鼎　　损

大有　　　　　　　睽

艮　　　　　　　剥
　　旅　　　　　　　晋
贲　　　　　颐
　　离　　　　　噬嗑

五　上
六五　上六

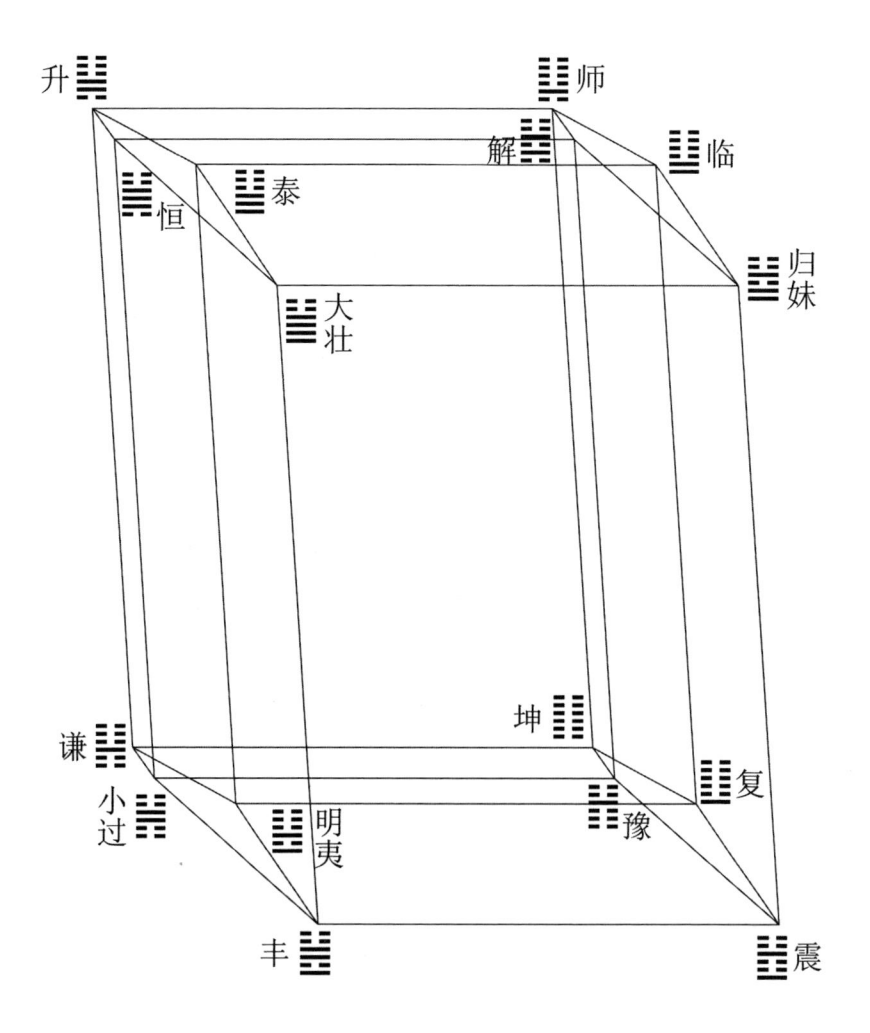

升　　　　　　　　　師
　　　　　解　　　臨
　恒　泰
　　　　歸妹
　　大壯

　　　　　　坤
謙　　　　　　　　復
小過　　明夷　　豫
　　　豐　　　　　震

附录

论希尔伯特空间与正则多维空间

测度多维空间之情况，宜取正则多维空间以为坐标。希尔伯特之基本方体，犹三维之笛卡尔坐标，其维数可无限增加，为正则多维空间之一。于五维空间起，正则多维空间之类型唯三，即 n+1 维空间、2n 维空间、2^n 维空间。本对偶之理，2n 维空间与 2^n 维空间互为对偶，n+1 维空间为自对偶。对偶者，n 维空间之 n-1 维胞腔与 0 维之顶点，以及 n-2 维与 1 维之线，n-3 维与 2 维之面……等等，数皆相等。

以希尔伯特空间论，胞腔数为 2n，顶点为 2^n 点，其单位球，于球心坐标轴为 n 维维数，于球面有 2n 点，以当 n 维希尔伯特空间之胞腔中心，于 2^n 顶点必凸出，此凸出之象，为希尔伯特空间单位球之特点。然有凸出之象，必有凹进之象互为对偶，是即以 2n 为顶点数，2^n 为胞腔数之 n 维空间之单位球，其凹进点，当 2^n 维空间之胞腔中心。若维数增加无已，凹凸之象渐趋接近，必及 ∞ 维，则 2n 维空间与 2^n 维空间合一而无凹凸之象。以凹凸对偶言，犹成自对偶之 n+1 维空间。

凡 n+1 维空间，即拓扑学中所谓三角剖分，彭加勒（Jules Henri Poincaré）曾研究之，亦名彭加勒体（figure of Poincaré）。其顶点数同胞腔数，皆加 1 于维数，故必在单位球面上，且各顶点或各胞腔中心，皆应连线以成 n+1 维空间。其自对偶者，过中心之轴一端当顶点，一端当胞腔中心，且须分观二端，以合 n+1 维之维数，当顶点者为凹的 n+1 维空间，当胞腔中心者为凸的 n+1 维空间。故自对偶者，本身可凹可凸。

又 2^n 维空间之顶点，在希尔伯特空间之胞腔中心，然唯通过球心之二点，不可连线，方成 2^n 维空间之形象。其胞腔皆为 n+1 维类型之空间，即 2^n 维类型之空间必以 n+1 维类型之空间围成，故前者较后者多一维。若通过球心之二点亦连以线，则 2^n 维空间之形象，自然变成希尔伯特空间所有胞腔间之关系，而重要者，即在通过球心之相对两胞腔。

今定义希尔伯特空间，必指凸象（见 *A Hilbert Space Problem Book*，Problem 3），实则未尝不可有凹象。唯凹象者，通过球心之轴数，与维数不同，变化数以下式决定：

$$f(n) = 2^n - 2n$$

即 2^n 顶点中仅有 n 轴可通过坐标中心。而于单位球面上仅有 2n 点，故维数增加不可通过球心之点激增，然可辗转取 n+1 点，以成 n+1 维类型之空间。凡相对两侧共取 2(n+1) 点，此两个 n+1 维空间相交于凹的 n 维希尔伯特空间，其维数减一而恰与希尔伯特空间之维数同，是当凹象 n 维希尔伯特空间表面之 n 维球面波。

若使希尔伯特空间可凹可凸，即使 2n 与 2^n 两类型之多维正则空间皆可通于 n+1 维类型之正则空间，则不待 ∞ 维，凹凸之象已可互变，而三种正则多维空间之坐标可一。

凡互为对偶者，以凹凸视之为不连续，今名非阿几何（non-Archimedean geometry）。自对偶者，本身可凹可凸为连续，为阿基米德几何。又于三维以上多胞腔间之关系，以减若干维视之，今名非欧几何（non-Euclidean geometry）。

此一极简单之数学模型，亦有深刻之认识过程，要在变化凹凸。且此模型得自易象，实为吾国易理中所固有，是之谓"出入无疾"。详见《周易与几何学》，是否有当，呈请高明，教正万幸。

论正则多维空间之顶点与胞腔中心点之关系

由五维起，正则多维空间之类型唯三，即 2n 型、2^n 型、n+1 型。

凡 n 为维数，以 n + 1 型论，其胞腔数，亦即胞腔中心数，同其顶点数，故为自对偶。以 2n 型论，其胞腔中心数为 2n 点，而顶点数为 2^n 点。以 2^n 型论，其胞腔中心数为 2^n 点，而顶点数为 2n 点。故此二种类型，互为对偶。

若以胞腔中心数求其维数，可各以其类型求得其 n 即是。或以顶点数求其维数，于自对偶者仍同。于互为对偶者，须各以其对偶之类型，以求其 n。

再者 n 维正则空间之顶点数，虽有三种不同，当其属于某型，于各点间有不同方法相连，已构成 n 维正则空间之形象。故此零维之点，可有三种维数以当三种类型。至于 n 维正则空间之胞腔数，亦即胞腔中心数，当然亦宜属于某型之维数，唯仅以一个胞腔中心点论，此点所属空间之维数，宜比视此点为顶点时之维数减一。此种关系，于取对偶时，更使三种类型之正则多维空间相合时，极为重要。

结论如下：同为一零维之点，宜本其所属之空间，决定其维数。凡属于顶点者，必比属于胞腔中心点者多一维。

论易矩阵与几何元素

《周易·系辞上》有言："易有太极，是生两仪，两仪生四象，四象生八卦。"是即阴阳生生先天的次序，可由八卦倍之，以至无穷。然《易》止于六十四卦的变化，其理既可合于矩阵（matrix）之算，又可通于几何元素以及多维空间（higher space）。

凡矩阵有行列的不同，《周易》于先秦，早知有贞悔之名。太极者，犹 0 维的点。是生两仪，犹点动成 1 维的线。两仪即阴阳，于易矩阵名贞悔。两仪生四象，犹线动成 2 维的面，四象即太阳、少阴、少阳、太阴。于易矩阵两仪各当贞悔而四。四象生八卦，犹面动成 3 维的体，八卦即乾兑离震巽坎艮坤。于易矩阵有二式：或贞取四象，悔取两仪；或贞取两仪，悔取四象。其理仍同。

若八卦而生十六卦，犹 3 维体动成 4 维体，十六卦即十六互卦，于易矩阵四象各当贞悔而十六。又十六卦生三十二卦，犹 4 维体动成 5 维体，三十二卦即三十二伍卦，于易矩阵有二式：或贞取八卦，悔取四象；或贞取四象，悔取八卦。以下行列数不同，必有二式，其理皆同。行列数同，即矩阵成方阵，故仅一式。又三十二卦生六十四卦，犹 5 维体动成 6 维体，即《周易》的六十四卦，于易矩阵八卦各当贞悔而成。是即自古本有，至宋大盛的《周易先天方图》。

上述的易矩阵，顶点数的通式为 2^n，n 即维（dimension）数，是式就是今日的希尔伯特空间（Hilbert Space）。或视通式为 2n，则其数为胞腔（cell）。凡胞腔数与顶点数互为对偶（dual），故 2^n 空间与 2n 空间亦互为对偶。今日或以胞腔数为主，则视 2n 为希尔伯特空间，2^n 就成了希尔伯特空间的对偶空间。此以《周易》视之，两者本通。若《周易》六十四卦当（6 维—12 胞腔）的顶点，则其对偶空间就是用九用六的十二爻，当（6 维—64 胞腔）的顶点是其象。

至于六十四卦的变化，极于六十四卦变六十四卦。以易矩阵言，以下为：十六互卦与八卦当贞悔，成一百二十八卦，犹 6 维体动成 7 维体；十六互卦各当贞悔，成二百五十六卦，犹 7 维体动成 8 维体；三十二伍卦与十六互卦当贞悔，成五百一十二卦，犹 8 维体动成 9 维体；三十二伍卦各当贞悔，成一千又二十四卦，犹 9 维体动成 10 维体；六十四卦与三十二伍卦当贞悔，成二千又四十八卦，犹 10 维体动成 11 维体；六十四卦各当贞悔，成四千又九十六卦，犹 11 维体动成 12 维体。

吾国的易矩阵，盖极于 12 维希尔伯特空间。然如是而上推，可至无穷，而吾国已知 12 维可归于自对偶的（5 维—6 胞腔）。故一切以五维有体，六维无体为主，其理实堪惊人。三千年前有此思想，迄今有现代数学与之相应，更不可不重视之。

论六维希尔伯特空间的边界与直观图形

六维希尔伯特空间，用符号（6—12）表示。括号内前一数代表维数（dimension），后一数代表胞腔数（cell）。此（6—12）的边界，有12个（5—10）；每一个（5—10）的边界，有10个（4—8）。计12个（5—10），当有120（4—8）。事实上，同一个（4—8）必并属于二个不同的（5—10）。故12个（5—10）的共同边界，仅有60个（4—8）。

由四维以上，因不容于三维空间，其图形必须以投影法或移动法表示。于四维以下，则有三维实物模型，投影于二维平面之种种几何图形，亦容易为人接受。每一个（4—8）的边界，有8个立方体（3—6）。此即立方体，今用统一符号表示。这就是希尔伯特空间的基本方体。

唯立方体有实物可验。以下由6个正方形围成一个立方体，又由4根直线围成一个正方形，又由二点连成一根直线，其本在于无长阔厚的一点。所谓点动成线，线动成面，面动成体，此点线面体为欧氏几何的基本元素。若由三维而上，于十九世纪中叶，因发现平行线可相交而产生非欧几何所引起。至于希尔伯特空间已是二十世纪的产物，其维数可推至无穷，则又能容纳种种非欧几何。故希尔伯特空间，犹扩充笛卡尔的三维坐标成无穷维坐标。

作为一切几何图形的坐标，宜用正则的多维空间。其类型由五维起仅有三种，希尔伯特空间为三种类型之一。又凡成几何图形必有边界，由三维以上称边界为胞腔。胞腔中心点的维数，必比所处的整个几何图形的维数少一。今以胞腔中心点为五维，则整个几何图形为六维。故取六维希尔伯特空间为准，可推至无穷维空间。而类型唯三，皆可例求。以下详述六维希尔伯特空间的种种几何元素及其边界：

1个顶点数64、胞腔中心数12、胞腔类型为（5—10）的（6—

12），即（6—12）的边界，有 12 个（5—10）。

每 1 个顶点数 32、胞腔中心数 10、胞腔类型为（4—8）的（5—10），合于（6—12）则 12 个顶点数 64、胞腔中心数 60、胞腔类型为（4—8）的（5—10）。即一个（6—12），以四维论，边界有 60 个（4—8）。

每 1 个顶点数 16、胞腔中心数 8、胞腔类型为（3—6）的（4—8），合于（6—12）则 60 个顶点数 64、胞腔中心数 160、胞腔类型为（3—6）的（4—8）。即一个（6—12），以三维论，边界有 160 个（3—6）。

每 1 个顶点数 8、胞腔中心数 6、胞腔类型为（2—4）的（3—6），合于（6—12）则 160 个顶点数 64、胞腔中心数 240、胞腔类型为（2—4）的（3—6）。即一个（6—12），以二维论，边界有 240 个（2—4）。

每 1 个顶点数 4、胞腔中心数 4、胞腔类型为（1—2）的（2—4），合于（6—12）则 240 个顶点数 64、胞腔中心数 192、胞腔类型为（1—2）的（2—4）。即一个（6—12），以一维论，边界有 192 根（1—2）。

每 1 根顶点数 2、胞腔中心数 2、胞腔类型为（0—1）的（1—2），合于（6—12）则 192 根顶点数 64、胞腔中心数 64、胞腔类型为（0—1）的（1—2）。即一个（6—12），以 0 维论，边界有 64 点。

今以（6—12）为坐标，主要明其边界条件，每减一维的边界，合其胞腔，有种种不同之数据。此必须明辨，始能适合（6—12）的基本坐标。若取 60 个以上的（4—8），即不容于（6—12）；不是 60 个（4—8），又不能围成封闭的（6—12）。因知上述 1 个（6—12）所具的边界数据极为重要。又可简述为下：

以（6—12）论，若取 0 维点坐标，当取 64 点；取 1 维线坐标，当取192根直线；取2维面坐标，当取240个正方形；取3维体坐标，当取160个立方体；取4维体坐标，当取60个（4—8）；取5维体坐标，当取12个（5—10）。此为（6—12）的边界条件，为其象数的基本结构。

此一数学模型，即六维希尔伯特空间。且可以投影兼移动法，画出其直观形象。详见《六维希尔伯特空间直观图形》。

论六维希尔伯特空间的对偶空间及其边界与直观图形

六维希尔伯特空间的对偶空间，用符号（6—64）表示。此（6—64）的边界，有64个（5—6），其顶点数为12。以对偶论，（6—64）的12顶点，对偶于（6—12）的12个（5—10）的胞腔中心。64个（5—6）又对偶于（6—12）的64顶点。

若此希尔伯特空间的对偶空间，其与胞腔空间的结构不同，故宜逐维分论此对偶空间及其胞腔空间，不然每致混乱难辨。先逐维分论，以录其数据如下：

	顶点数	胞腔中心数	胞腔类型为
1个（6—64）	12	64	（5—6）
1个（5—32）	10	32	（4—5）
1个（4—16）	8	16	（3—4）
1个（3—8）	6	8	（2—3）
1个（2—4）	4	4	（1—2）
1个（1—2）	2	2	（0—1）

此于（2—4）以下，似为自对偶，实则（1—2）的元素不同，即

易学与几何学

线有曲直。必以为直,所以成希尔伯特空间及其对偶空间;势必有曲,所以成希尔伯特对偶空间的胞腔空间。由是线而面,有方圆之辨。方即(2—4),圆即(2—3),可圆而仍以直线示之,即希尔伯特空间的对偶空间。因知由五维以上,仅有三种类型的正则空间,以顶点数辨,于 2^n 类型为方,于 n+1 类型为圆。于 2n 类型则基于圆而趋于方,故为 2^n 类型之对偶空间,而 n+1 类型又为其胞腔空间。

准此可合论(6—64)的种种几何元素。

1个顶点数12、胞腔中心数64、胞腔类型为(5—6)的(6—64),即(6—64)的边界,有64个(5—6)。然以顶点数对偶言,又有12个(5—32)。当于(6—64)的边界上观(5—32),须舍其两相对的顶点。十二点相对为六,故有六种(5—32),所取的10点各不相同,更分辨其不用的二点,故有12个(5—32)),以对偶于(6—12)的12个(5—10)。故一个(6—64),以五维论,边界有12个(5—32)及64个(5—6)。

每1个顶点数10、胞腔中心数32、胞腔类型为(4—5)的(5—32),合于(6—64)则12个(5—32)。以顶点数对偶言,又有60个(4—16)(当于(6—64)的边界上观(4—16),须舍其两两相对的顶点四。于六对取四对的变化有十五种,每种更有不取的二对,有四种变化,故有60个(4—16)),以对偶于(6—12)的60个(4—8)。故一个(6—64),以四维论,边界有384个(4—5)及60个(4—16)。

每1个顶点数8、胞腔中心数16、胞腔类型为(3—4)的(4—16),合于(6—64)则60个(4—16)。以顶点数对偶言,又有160个(3—8)以对偶于(6—12)的160个(3—6)。故一个(6—64),以三维论,边界有160个(3—8)及960个(3—4)。

论《周易》与六维希尔伯特空间

《周易》是我国三千年前的古文化,六维希尔伯特空间是二十世纪的西方新数学。虽时有三千年的前后,位有东西方的不同,今究其理而观其象,确有可合,因阴阳自然的变化,何来时空的限制,揆一其道,详述如下:

(6—12)的顶点64,犹六十四卦。每卦当一顶点,用先天自然之序。至于(6—12)可用投影法兼用移动法得其直观的几何图形(见图1(6—12))。于64顶点当六十四卦(见图2)。由图2的相合,宜明先天自然之序,先以八卦贞悔示之(见图3),亦当(6—12)。

此(6—12)的边界,为12个(5—10),每一个(5—10)有各不相同的三十二顶点,此三十二顶点各取六十四卦的一半,恰当阴阳六位,即用九用六的十二爻爻名。一爻的阴阳不变,其他五爻变其阴阳,则成三十二卦以当1个(5—10),凡十二爻以当12个(5—10)。见图4初九,图5初六,合以卦象图6初九初六。图7九二,图8六二,合以卦象图9九二六二。图10九三,图11六三,合以卦象图12九三六三。图13九四,图14六四,合以卦象图15九四六四。图16九五,图17六五,合以卦象图18九五六五。图19上九,图20上六,合以卦象图21上九上六。

此12个(5—10),合阴阳而六。即以六种方法,分图3为二。下以贞悔数示之:

图3 $\begin{cases} 贞\ 12345678 \\ 悔\ 12345678 \end{cases}$

图4 初九 $\begin{cases} 贞\ 1234 \\ 悔\ 12345678 \end{cases}$ 图5 初六 $\begin{cases} 贞\ 5678 \\ 悔\ 12345678 \end{cases}$

图7 九二 $\begin{cases} 贞\ 1256 \\ 悔\ 12345678 \end{cases}$ 图8 六二 $\begin{cases} 贞\ 3478 \\ 悔\ 12345678 \end{cases}$

图10 九三 $\begin{cases} 贞\ 1357 \\ 悔\ 12345678 \end{cases}$ 图11 六三 $\begin{cases} 贞\ 2468 \\ 悔\ 12345678 \end{cases}$

图13 九四 $\begin{cases} 贞\ 12345678 \\ 悔\ 1234 \end{cases}$ 图14 六四 $\begin{cases} 贞\ 12345678 \\ 悔\ 5678 \end{cases}$

易学与几何学

$$\text{图 16 九五} \begin{cases} \text{贞 12345678} \\ \text{悔 1256} \end{cases} \quad \text{图 17 六五} \begin{cases} \text{贞 12345678} \\ \text{悔 3478} \end{cases}$$

$$\text{图 19 上九} \begin{cases} \text{贞 12345678} \\ \text{悔 1357} \end{cases} \quad \text{图 20 上六} \begin{cases} \text{贞 12345678} \\ \text{悔 2468} \end{cases}$$

更观六帧卦象图，于图 21 上九上六，全同于汉京房的《八宫图》，于图 6 初九初六，又全同于《先天图》的两仪。其他中爻四帧，则未见前人有作，实则以象数推之，决不可无。又本宫的次序，当三索七八，故初、四爻不变，由六七八九之次而变七八的震巽，当一索于初爻（即先天图）。二、五爻不变，由六七八九之次而变七八的坎离当再索。三、上爻不变，由六七八九之次而变七八的艮兑，当三索于上爻（即《八宫图》）。至于世魂之次，全仿京房。

以伍卦论唯二，上伍卦犹先天图，下伍卦犹京房《八宫图》。分加以中爻，则伍卦有六，位数见下：

1. 二三四五上（上伍卦）《先天图》（可名初位伍卦）
2. 初三四五上（可名二位伍卦）
3. 初二四五上（可名三位伍卦）
4. 初二三五上（可名四位伍卦）
5. 初二三四上（可名五位伍卦）
6. 初二三四五（下伍卦）《八宫图》（可名上位伍卦）

凡 12 个（5—10）的几何图形，实完全相同，是犹三十二伍卦为顶点的（5—10），今不立六维坐标中心，则阴阳相对的两个（5—10）无交通的方法。待两方各投影成（4—8），方可相合成 1 个（5—10）。以卦象示之，图 3 的贞或悔，变八卦成四象，即为（5—10）的顶点三十二伍卦（见图 22）。

以四维的（4—8）论，当十六互卦，成于贞悔四象。合于（6—

12）论，其边界共有 60 个（4—8），凡六位取四，有十五种变化，其他二爻又有四象的变化，共有 60 种。详见 60 个（4—8）卦象表。

凡 60 个（4—8）的几何图形，亦完全相同。然以十六互卦为顶点的（4—8），此 60 个（4—8）即六十甲子。于易象当挥三发二，有五子之象。

以三维的（3—6）论，当三划八卦，成于贞悔为两仪与四象。合于（6—12）论，其边界共有 160 个（3—6）。凡六位取三，有二十种变化，每种三位之象，又有八种变化。详见 160 个（3—6）卦象表。

以二维的（2—4）论，当二划四象，成于贞悔皆为两仪。合于（6—12）论，其边界共有 240 个（2—4）。凡六位取四，有十五种变化，每种四位之象，又有十六种变化。详见 240 个（2—4）卦象表。

以一维的（1—2）论，当一划两仪，成于贞悔皆为一阴一阳。合于（1—2）论，其边界共有 192 根（1—2）。凡六位取五，有六种变化，每种五位之象，又有三十二种变化。详见 192 根（1—2）。凡六位取五，有六种变化，每种五位之象，又有三十二种变化。详见 192 根（1—2）卦象表。

总上所述，凡《周易》的取象，由一划起，继之为二划半卦，三划参卦，四划互卦，五划伍卦，以至六划之六十四别卦，完全与（6—12）密切相合。故有此数学模型，庶见《周易》之取象，确然有指，岂有丝毫之附会。只是此抽象之（6—12），如彻底体味之，仍须有若干时日之慎思明辨。

后　记

《周易象数丛稿》包括三部书：一、《易道履错》；二、《周易象数与道教》；三、《易学与几何学》。三部书之间，没有直接关联。整理者尝试编集在一起，以方便研究者阅读。

《易道履错》为观象玩辞之作，类似已出版的《过半刃言》《繇爻》（见《潘雨廷著作集》，上海古籍出版社，2016）。《过半刃言》玩卦辞，《繇爻》玩爻辞，而《易道履错》纵横交织，玩二篇经文，所观之象更深邃。

此书书名，取自离卦初九爻辞"履错然，敬之无咎"。全书无序，文稿也没有誊清。潘雨廷先生当年说起，此书不容易读，本来无发表之念。《过半刃言》《繇爻》完成于丙午（1966），《易道履错》可能完成于其后，大体在1968年至1972年之间。

全文共一百节，通观全《易》，辨析两两相对之辞，论辞必及象。于卷一，可试读5《龙与虎》、6《发蒙与执谦》、20《三与事》、38《初与终》；于卷二，可试读2《九陵与丘园》、6《九陵与履道》、7《小往大来与大往小来》、9《朋盍与噬嗑》、15《吉亨与吉无不利》、18《为咎与无大咎》、26《勿用有攸往与不利有攸往》、37《虎变与豹变》、50《畴河与筮占》。诸节气象阔大，辨析精微，出入于整体，发人所未发，言人所未言。

观象玩辞，到达极深处，常有惊人语。卷二33《彼兹发挥与纷若》："考汉《易林》、宋《启蒙》之象，悉在其中"，"呜呼，见几之君子，当具确乎不拔之德，本以观彼兹发挥纷，其能亲见伏羲乎？其已见之乎？"亲见伏羲，语出朱熹《答袁机仲论启蒙》，诗云："忽然半夜一声雷，万户千门次第开。若识无心含有象，许君亲见伏羲来。"通常认为此诗谈复象，盖见天地之心。而"万户千门"究竟何意？实指乎？泛指乎？若以"彼兹发挥纷"观之，极深研几，当有更深入的见界。而亲见伏羲者古今有几人？又何可轻易而语。

此书有不少图表，原稿阙如，是未完成之作。如卷一 5、6 以下，多次提及《六龙图》以及《既成万物图》。卷二 37、50 提及"图另详"，其图未见。卷一 34 提及《升阶》（取升六五"贞吉，升阶"）与《即次》（取旅六二"旅即次"）二图。书中屡屡提及纷卦，整理者找来《论纷卦之序》为附录一，其中有《升阶图》，或可稍稍弥补有兴趣深究者渴思。另外补《论十二时卦大矣哉》为附录二，《易》屡言"时""时用""时义"，解说纷纭，非明此不可贯通。

《周易象数与道教》，以校内油印本面世，原来是学术交流的讲义。潘先生关注中国科技史和道教史，此文是部分成果。因为无序跋，发表时间不详。潘先生 1981—1982 年通读《道藏》，此书论道教《度人经》中元始天尊的宝珠，判断写于 1983—1984 年前后。潘先生很多作品，不能不以油印本形式发表，是那个时代的特殊情景（参见《先秦古籍释义》后记一，作家出版社，2022）。当时的条件异常简陋，学术正开始万象更新。

此书除了提要、叙论、结论以外，共七篇。七篇之间的关联，以天干地支、卦爻、正则多维空间，作为贯通的线索，具体论述可参考"结论"。其中第三篇《论周易象数与正则多维空间》，附有五图。手边保存的油印本，缺少前四图，只有第五图。林潼、赵杨多方寻求他本，找到前四图补入。

第四篇"附篇"是七篇的中心，《论几何学的发展》虽然只有二千多字，却包罗宏富，梳理世界几何学史，是提纲挈领之作。此文与《易学与几何学》有内在联系，可以参考《论吾国文化中包含的自然科

后　记

学理论》(见《潘雨廷著作集》,同上)附录《发展几何学的人物》。

手边的油印本,有潘先生本人手写的订正,整理时已植入。此外,还有他手写的提要和简历,作为本书的附录。手写提要,可与油印本提要比对;自书的简历,也与他处不同。简历中提及的著作,《读易提要》《庄子析文》已刊行,《周易终始》始终在整理者念中,希望在将来能完成。而《汉易丛论》存稿中未见,《易学史丛论》(见《潘雨廷著作集》,同上)中部分内容,可能与此相合。

此外,列入两篇未完成的残篇《论爱因斯坦利用多维空间的物理意义》《论易学的象数与柏拉图的几何学》,两文一今一古,虽然只是开头,内容未显,依然可了解作者致思之所及。二文完善此书,并遥遥指向《易学与几何学》。

有一件事,整理者犹豫很久,还是决定附记于此。潘雨廷先生逝世后不久,油印本的部分内容,为华东师范大学历史系某人窃取,于1994年署名发表于某刊。今立此存照,并姑隐其名。

《易学与几何学》,虽然未完成,却有无比重要的地位。潘先生易学研究的核心是多维空间理论,以此总结中国的思想,并贯通东西方文化。理解潘先生的晚年著作,不能不反复回溯于此。他对易学与多维空间的理解,止于六维,通于无穷维,当年曾手绘若干帧图,题名《易学与几何学》。此稿在别处,又题名《周易与希尔伯特空间》。此书的整理,以前者为正标题,以后者为副标题,详情请参考《整理说明》。

在已发表的《论吾国文化中包含的自然科学理论》中,原有《周易与几何学》,与本书的题目接近,然而彼为详细论证,此为图形呈现,更为直观。用二十一图总结中国的思想,以当《易》与天地准之象,可谓易简之至。其余旁及六十四卦,三百八十四爻,也是核心图形的展开。由于此书未完成,诸图之间的关系,以及是否可能有新的生成,尚有待于未来有识者的阐发。

最后选取六文,作为此书的附录:《论希尔伯特空间与正则多维空间》《论正则多维空间之顶点与胞腔中心点之关系》《论易矩阵与几何元素》《论六维希尔伯特空间的边界与直观图形》《论六维希尔伯特空间的对偶空间及其边界与直观图形》《论周易与六维希尔伯特空间》，希望能帮助理解作者的思想进路。

《易道履错》由黄德海录文。附录一由林潼录文，附录二由叶沙录文。《周易象数与道教》和附录，由李阿慧、郭君臣、杨运筹录文。《易学与几何学》由整理者编辑，图表由林潼根据手稿绘制，附录也是由林潼录文。

潘雨廷先生最早发表的著作是《周易表解》（整理于1989—1990，出版于1993），至今已有三十年以上。三十年为一世，大浪淘沙，新的人正在登上历史的舞台。

张文江

2023年2月23日

	往 乾坤 消息 1	姤 复 2	遯 临 3	否 泰 4	观 大壮 5	剥 夬 6	同人 师 7	无妄 升 8	益 恒 9	噬嗑 大过 10	颐 谦 11	中孚 小过 12	损 咸 13	小畜 豫 14	大畜 萃 15	大有 比 16	讼 明夷 17	涣 丰 18	蒙 革 19	巽 震 20	蛊 随 21	鼎 屯 22	渐 归妹 23	艮 兑 24	旅 节 25	晋 需 26	家人 解 27	贲 困 28	离 坎 29	睽 噬嗑井 30	睽 蹇 31	未济 既济 32
往 乾坤 消息 1	1	2	3	4	5	6	7	8	9	10	11	12	13	14	15	16	17	18	19	20	21	22	23	24	25	26	27	28	29	30	31	32
姤 复 2	2	1	7	8	9	10	3	4	5	6	17	18	19	20	21	22	11	12	13	14	15	16	27	28	29	30	23	24	25	26	31	32
遯 临 3	3	7	1	11	12	13	2	17	18	19	4	23	24	5	25	26	8	27	28	29	6	30	14	15	16	31	9	10	20	21	22	32
否 泰 4	4	8	11	1	14	15	17	2	20	21	23	3	25	24	5	26	7	28	29	6	30	10	13	31	16	22	12	27	9	19	18	32
观 大壮 5	5	9	12	14	1	16	18	20	2	22	24	25	3	26	4	15	27	7	10	28	29	6	31	13	11	32	17	19	21	23	8	30
剥 夬 6	6	10	13	15	16	1	19	21	22	2	25	26	24	27	28	4	29	30	7	8	9	5	3	11	12	14	18	20	23	31	32	17
同人 师 7	7	3	2	17	18	19	1	11	12	13	8	14	15	16	31	29	4	23	24	5	25	26	10	30	9	6	20	21	22	28	27	32
无妄 升 8	8	4	17	2	20	21	11	1	14	15	3	24	32	25	26	30	23	6	27	7	18	28	19	16	5	10	13	31	12	22	9	29
益 恒 9	9	5	18	20	2	22	12	14	1	16	28	25	4	26	30	15	7	23	19	17	32	6	31	13	11	29	10	8	21	24	3	27
噬嗑 大过 10	10	6	19	21	22	2	13	15	16	1	30	11	26	28	29	3	24	25	5	4	17	18	32	20	14	31	27	9	12	23	7	8
颐 谦 11	11	17	4	23	24	25	8	3	28	30	1	14	15	16	31	20	2	26	6	32	19	18	5	12	13	22	21	29	10	27	9	7
中孚 小过 12	12	18	23	3	25	26	14	24	4	11	14	1	16	31	29	28	22	2	17	15	5	27	32	13	21	20	19	10	30	6	7	9
损 咸 13	13	19	24	25	3	26	15	32	4	26	15	16	1	29	28	31	17	32	2	22	27	5	11	21	31	13	9	27	7	25	30	11
小畜 豫 14	14	20	5	24	26	27	16	25	26	28	16	31	29	1	12	30	28	2	32	22	21	17	6	11	20	8	15	13	27	18	4	10
大畜 萃 15	15	21	25	5	4	28	31	26	30	29	31	29	28	12	1	11	29	32	2	21	20	14	27	16	7	8	18	15	13	17	24	23
大有 比 16	16	22	26	26	15	4	29	30	15	3	20	28	31	30	11	1	32	22	13	17	2	7	27	14	4	14	24	25	23	22	17	13

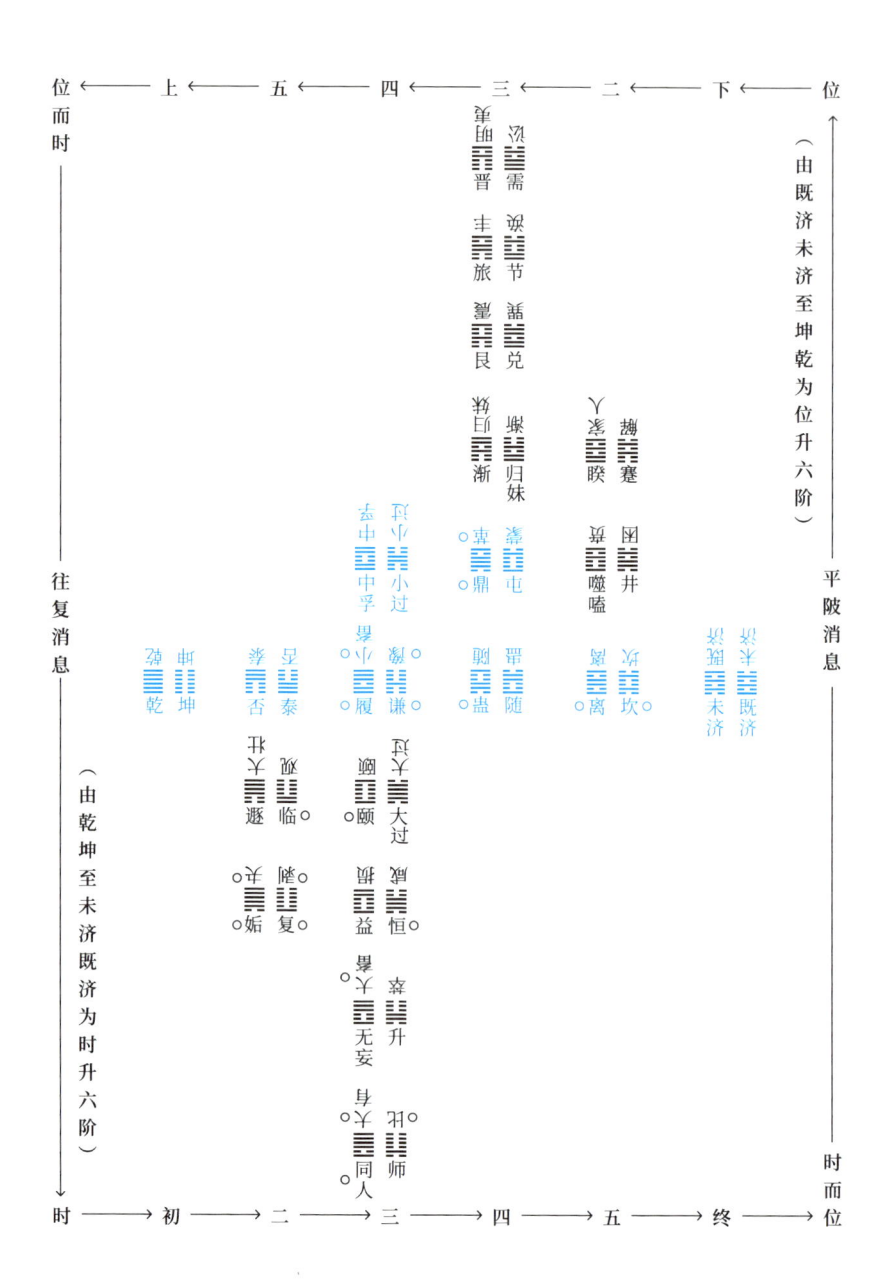

升阶综卦图

```
图书在版编目（ＣＩＰ）数据

周易象数丛稿 / 潘雨廷著 ; 张文江整理. -- 上海：
上海文艺出版社, 2025. -- (潘雨廷著作集). -- ISBN
978-7-5321-9270-0
    Ⅰ．B221.5
中国国家版本馆CIP数据核字第20252GX079号
```

责任编辑：肖海鸥
特约编辑：徐卓聪
封面设计：钱　祯

书　　名：	周易象数丛稿
作　　者：	潘雨廷
整　　理：	张文江
出　　版：	上海世纪出版集团　上海文艺出版社
地　　址：	上海市闵行区号景路159弄A座2楼 201101
发　　行：	上海文艺出版社发行中心
	上海市闵行区号景路159弄A座2楼206室 201101 www.ewen.co
印　　刷：	山东临沂新华印刷物流集团有限责任公司
开　　本：	720×1000 1/16
印　　张：	17.25
插　　页：	7
字　　数：	232,000
印　　次：	2025年6月第1版 2025年6月第1次印刷
ＩＳＢＮ：	978-7-5321-9270-0/B.124
定　　价：	98.00元

告　读　者：如发现本书有质量问题请与印刷厂质量科联系　T:0539-2925888